LES FLEURS

DE

MONSEIGNEUR DE SÉGUR

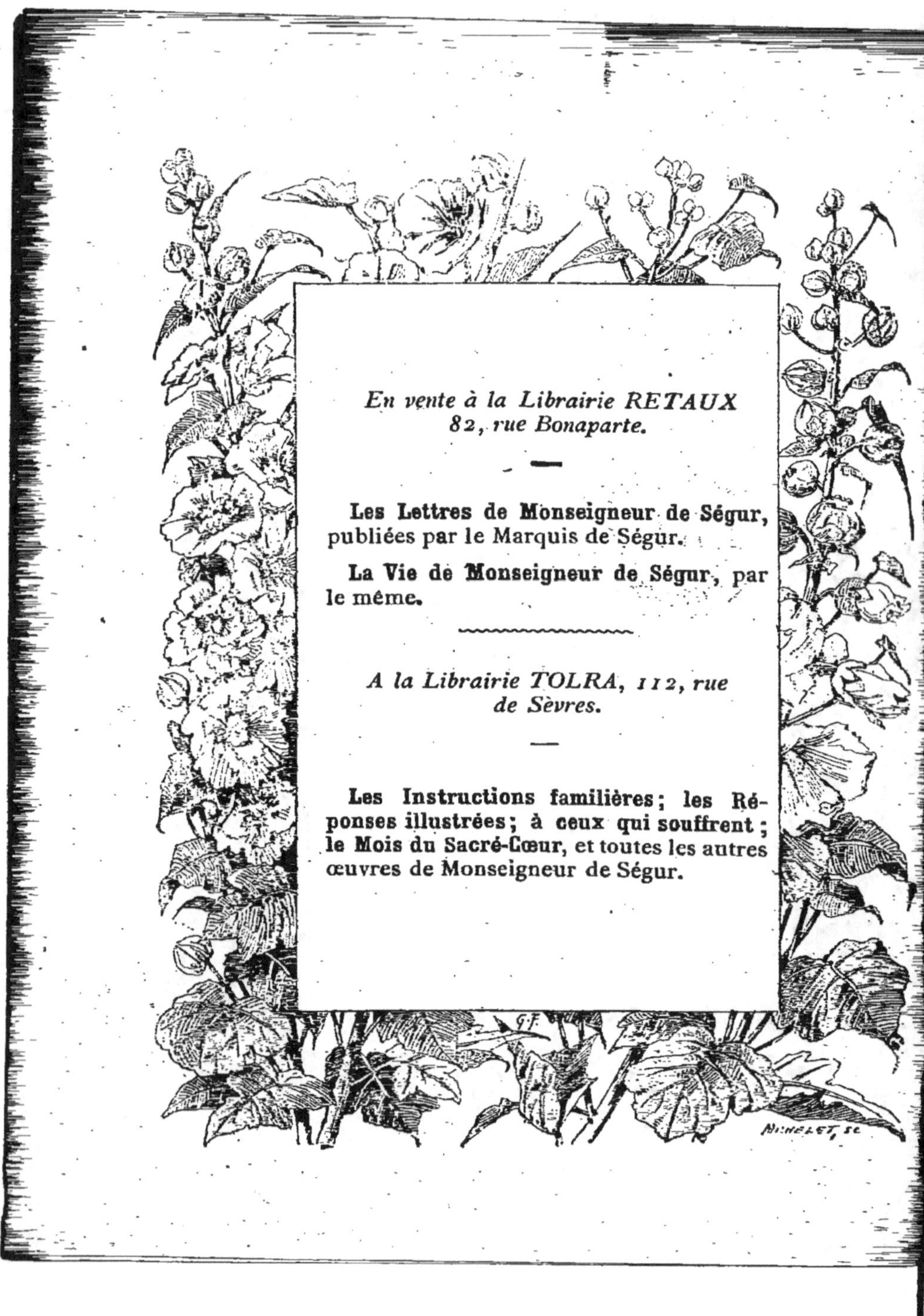

En vente à la Librairie RETAUX
82, rue Bonaparte.

Les Lettres de Monseigneur de Ségur,
publiées par le Marquis de Ségur.

La Vie de Monseigneur de Ségur, par
le même.

A la Librairie TOLRA, 112, rue
de Sèvres.

Les Instructions familières; les Réponses illustrées; à ceux qui souffrent;
le Mois du Sacré-Cœur, et toutes les autres
œuvres de Monseigneur de Ségur.

LES FLEURS

DE

MGR DE SÉGUR

PENSÉES ET TRAITS
LES PLUS TOUCHANTS DE SA VIE

PAR

Le Marquis de SÉGUR

PARIS

LIBRAIRIE RELIGIEUSE H. OUDIN

J. LEDAY ET Cie, SUCCESSEURS

10, Rue de Mézières

1890

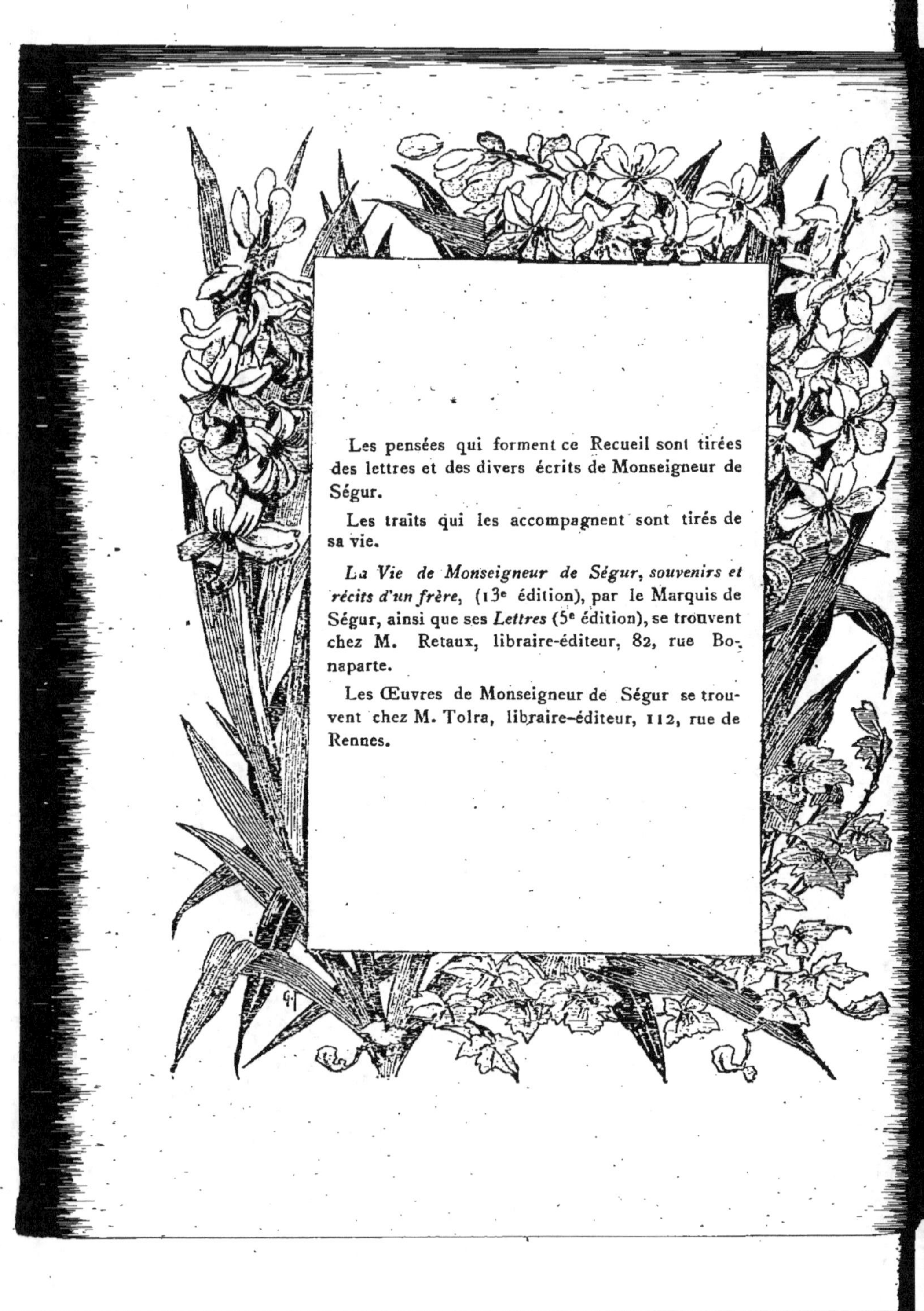

Les pensées qui forment ce Recueil sont tirées des lettres et des divers écrits de Monseigneur de Ségur.

Les traits qui les accompagnent sont tirés de sa vie.

La Vie de Monseigneur de Ségur, souvenirs et récits d'un frère, (13e édition), par le Marquis de Ségur, ainsi que ses *Lettres* (5e édition), se trouvent chez M. Retaux, libraire-éditeur, 82, rue Bonaparte.

Les Œuvres de Monseigneur de Ségur se trouvent chez M. Tolra, libraire-éditeur, 112, rue de Rennes.

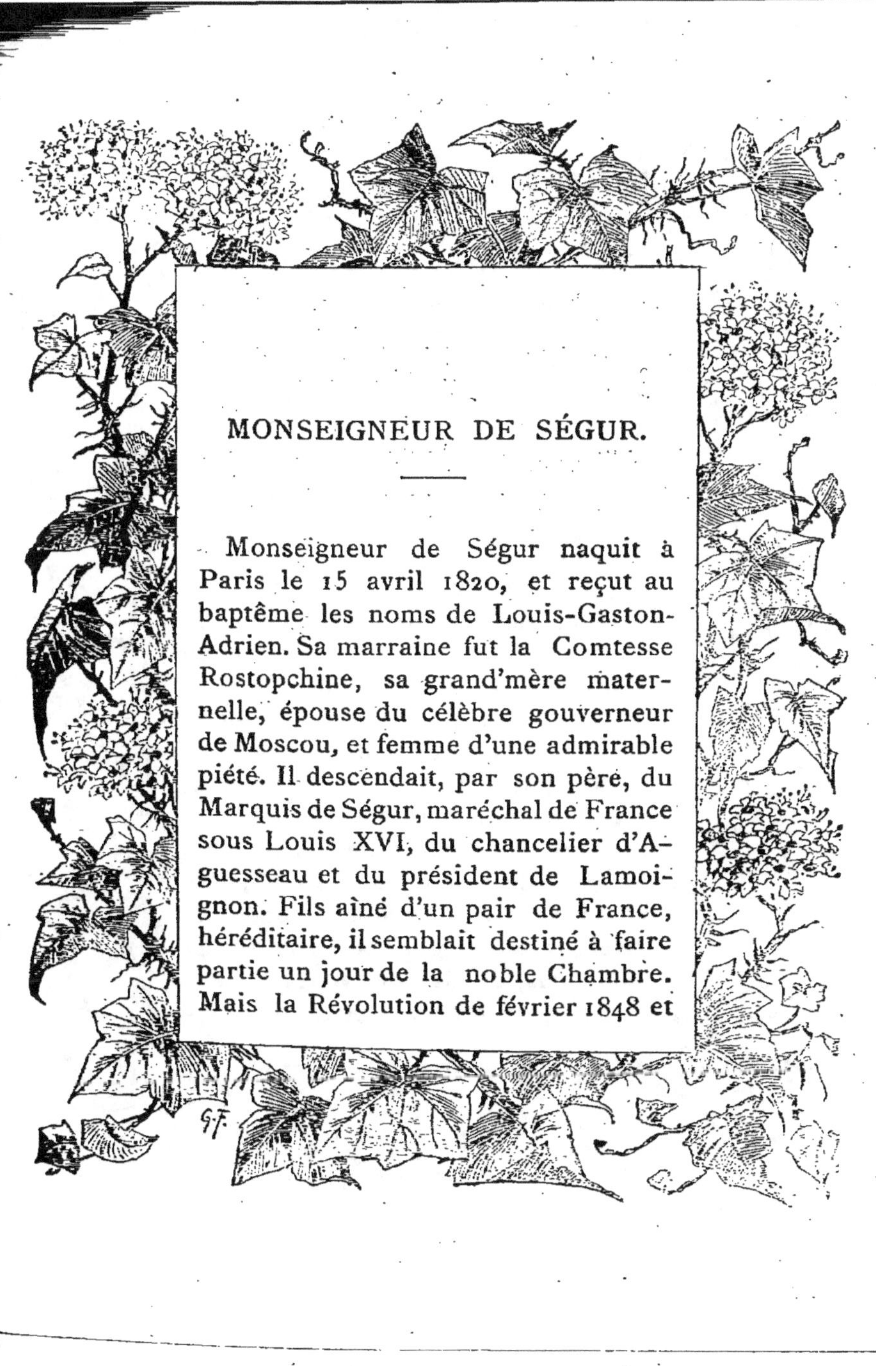

MONSEIGNEUR DE SÉGUR.

Monseigneur de Ségur naquit à
Paris le 15 avril 1820, et reçut au
baptême les noms de Louis-Gaston-
Adrien. Sa marraine fut la Comtesse
Rostopchine, sa grand'mère mater-
nelle, épouse du célèbre gouverneur
de Moscou, et femme d'une admirable
piété. Il descendait, par son père, du
Marquis de Ségur, maréchal de France
sous Louis XVI, du chancelier d'A-
guesseau et du président de Lamoi-
gnon. Fils aîné d'un pair de France,
héréditaire, il semblait destiné à faire
partie un jour de la noble Chambre.
Mais la Révolution de février 1848 et

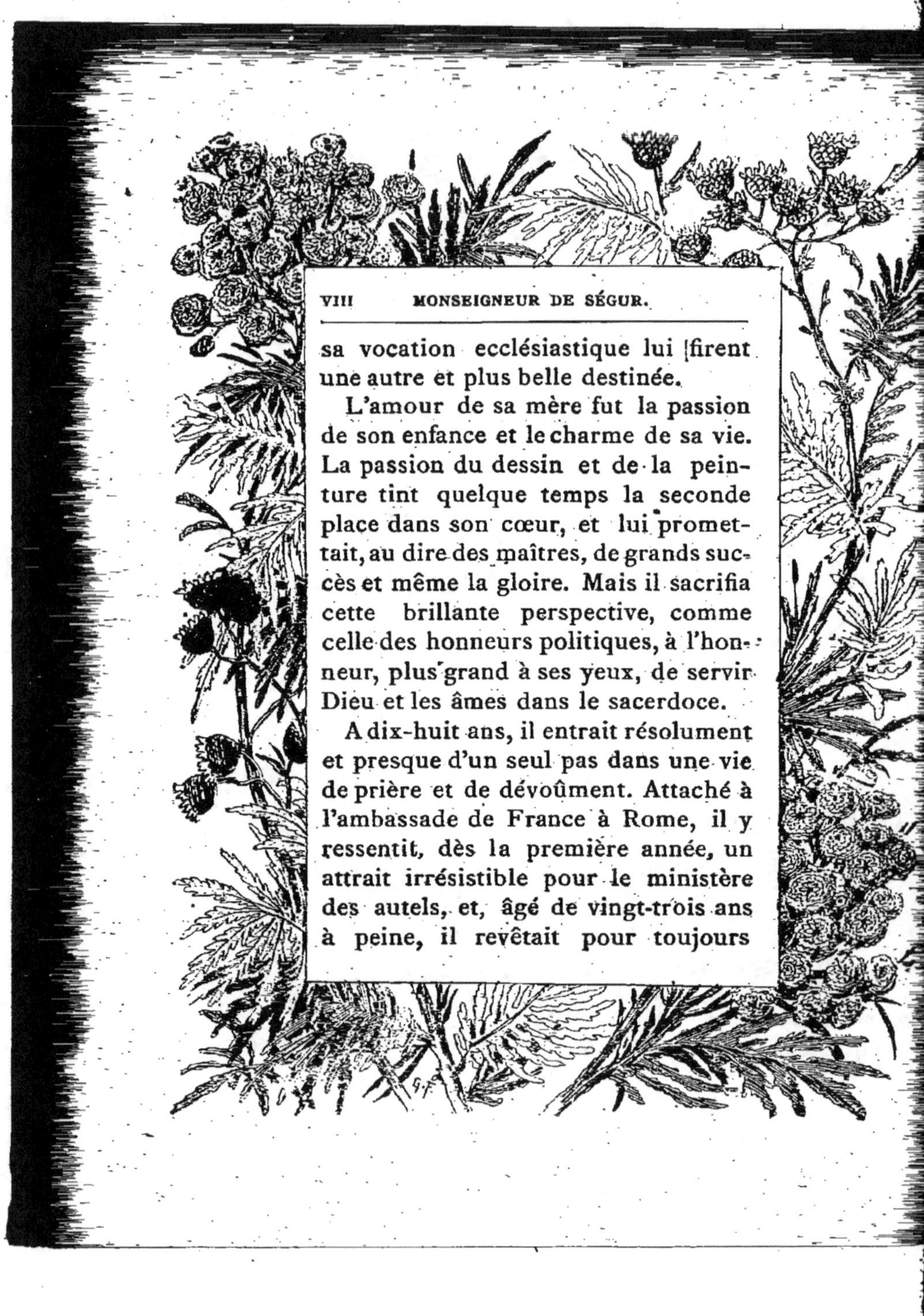

sa vocation ecclésiastique lui [firent
une autre et plus belle destinée.

L'amour de sa mère fut la passion
de son enfance et le charme de sa vie.
La passion du dessin et de la pein-
ture tint quelque temps la seconde
place dans son cœur, et lui promet-
tait, au dire des maîtres, de grands suc-
cès et même la gloire. Mais il sacrifia
cette brillante perspective, comme
celle des honneurs politiques, à l'honneur, plus grand à ses yeux, de servir
Dieu et les âmes dans le sacerdoce.

A dix-huit ans, il entrait résolument
et presque d'un seul pas dans une vie
de prière et de dévoûment. Attaché à
l'ambassade de France à Rome, il y
ressentit, dès la première année, un
attrait irrésistible pour le ministère
des autels, et, âgé de vingt-trois ans
à peine, il revêtait pour toujours

l'humble et sainte livrée de Jésus-Christ.

Ordonné prêtre à Saint-Sulpice le 17 décembre 1847, il y célébra sa première messe ave une angélique piété, et il demanda à la Sainte Vierge Marie, pour grâce première et suprême, de lui envoyer une infirmité qui le crucifierait sans entraver son ministère. La perte de ses yeux, survenue en 1854, fut la réponse de la Mère de Dieu à cette sublime prière.

De son ordination à l'avènement de Napoléon III, c'est-à-dire pendant cinq ans environ, il se jeta à corps perdu dans le service des pauvres, des enfants du peuple, des ouvriers, des prisonniers, instruisant, prêchant, confessant, consolant toutes les misères, assistant les soldats condamnés à mort jusqu'à leurs derniers moments,

et les disposant à mourir en pré-
destinés.

Envoyé à Rome en 1852, comme
auditeur de Rote, il y passa quatre
ans, mêlé aux plus hautes affaires de
l'Eglise, intermédiaire entre le Pape
et l'Empereur des questions les plus
difficiles et les plus importantes : le
sacre, la revision des articles organiques, le rétablissement, à Paris et en
France, de la liturgie romaine. Le
saint Pape Pie IX l'honora de sa
confiance et de son affection, et
l'aima, jusqu'à la fin de sa vie, comme
un fils de prédilection.

Dès 1853, le premier jour de mai,
il perdit subitement un de ses yeux,
et, persuadé que le second suivrait
promptement le premier, il accepta
avec une résignation joyeuse ce don
de la Vierge Marie. Ce fut seize mois

tard, le samedi 2 septembre 1854,
il perdit l'œil qui lui restait, et
pendant les vingt-six ans que dura
cette épreuve de la cécité, il la sup-
porta sans un murmure, sans un re-
gret, sans que jamais on pût le déci-
der à demander à Dieu sa guérison.
Ne rien demander, ne rien refuser,
fut toujours sa devise et sa règle de
conduite.

Une fécondité merveilleuse dans
son ministère fut la bénédiction de
cette croix et de cette patience héroï-
que. Sans être sacré évêque, ce que ne
permettait point sa cécité, il avait
reçu du Pape le rang, la dignité et les
privilèges d'honneur de l'épiscopat.
Il consacra toute cette seconde partie
de sa vie à défendre et propager les
doctrines et les traditions romaines,
par la parole, par la plume, par tous

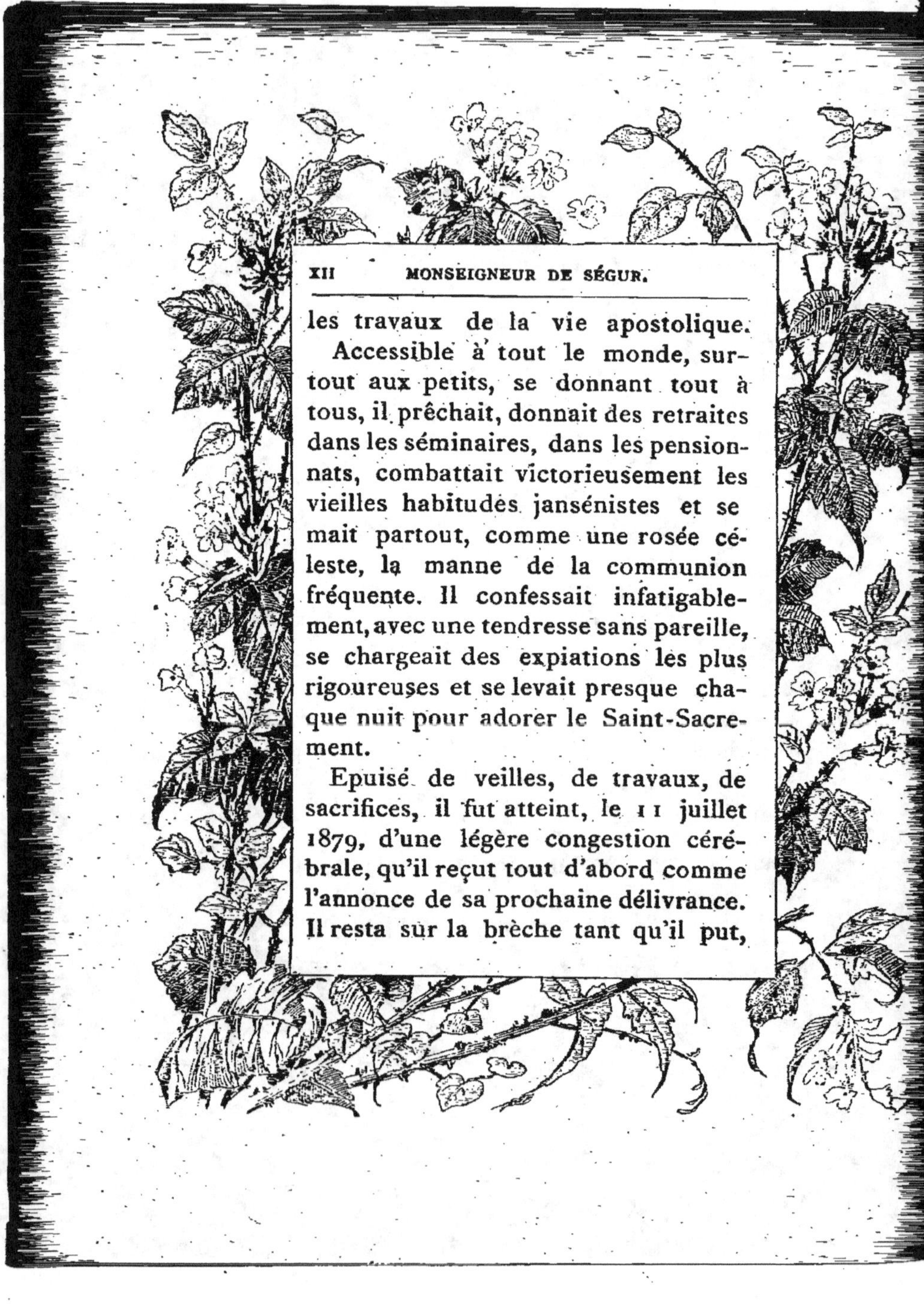

les travaux de la vie apostolique.

Accessible à tout le monde, surtout aux petits, se donnant tout à
tous, il préchait, donnait des retraites
dans les séminaires, dans les pension-
nats, combattait victorieusement les
vieilles habitudes jansénistes et se
mait partout, comme une rosée céleste, la manne de la communion
fréquente. Il confessait infatigable-
ment, avec une tendresse sans pareille,
se chargeait des expiations les plus
rigoureuses et se levait presque chaque nuit pour adorer le Saint-Sacrement.

Epuisé de veilles, de travaux, de
sacrifices, il fut atteint, le 11 juillet
1879, d'une légère congestion céré-
brale, qu'il reçut tout d'abord comme
l'annonce de sa prochaine délivrance.
Il resta sur la brèche tant qu'il put,

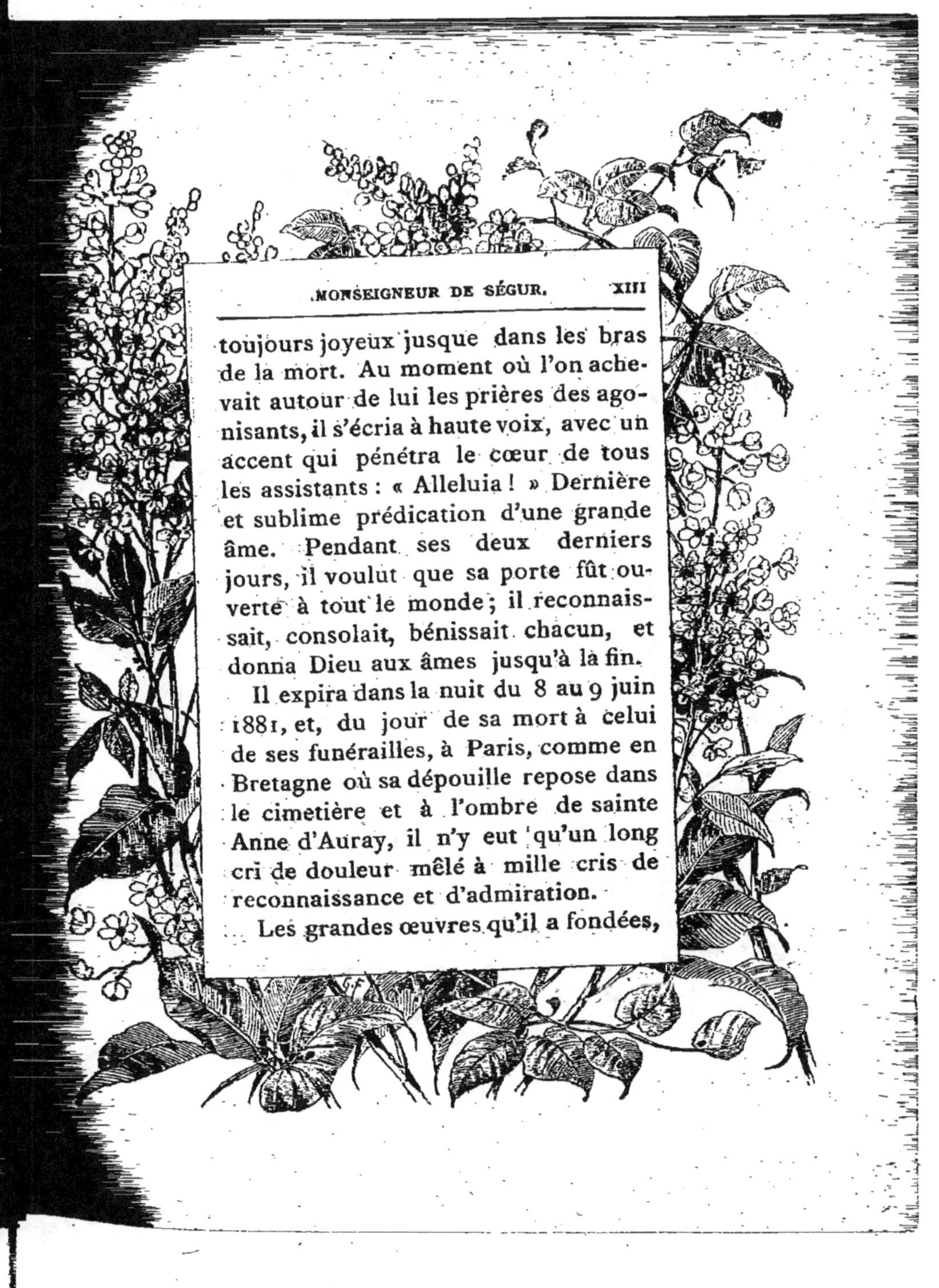

toujours joyeux jusque dans les bras de la mort. Au moment où l'on achevait autour de lui les prières des agonisants, il s'écria à haute voix, avec un accent qui pénétra le cœur de tous les assistants : « Alleluia ! » Dernière et sublime prédication d'une grande âme. Pendant ses deux derniers jours, il voulut que sa porte fût ouverte à tout le monde ; il reconnaissait, consolait, bénissait chacun, et donna Dieu aux âmes jusqu'à la fin.

Il expira dans la nuit du 8 au 9 juin 1881, et, du jour de sa mort à celui de ses funérailles, à Paris, comme en Bretagne où sa dépouille repose dans le cimetière et à l'ombre de sainte Anne d'Auray, il n'y eut qu'un long cri de douleur mêlé à mille cris de reconnaissance et d'admiration.

Les grandes œuvres qu'il a fondées,

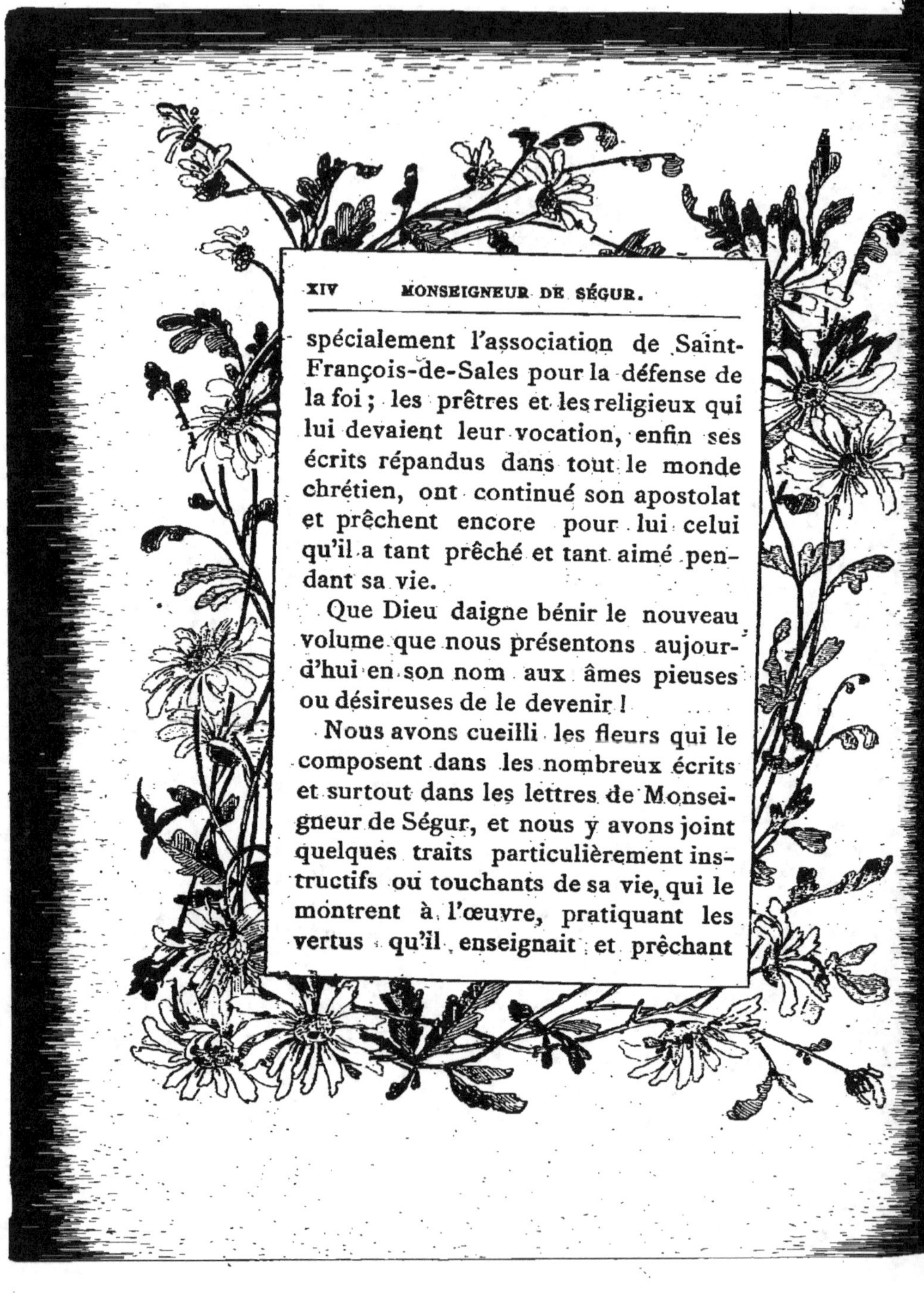

spécialement l'association de Saint-François-de-Sales pour la défense de la foi ; les prêtres et les religieux qui lui devaient leur vocation, enfin ses écrits répandus dans tout le monde chrétien, ont continué son apostolat et prêchent encore pour lui celui qu'il a tant prêché et tant aimé pendant sa vie.

Que Dieu daigne bénir le nouveau volume que nous présentons aujourd'hui en son nom aux âmes pieuses ou désireuses de le devenir !

Nous avons cueilli les fleurs qui le composent dans les nombreux écrits et surtout dans les lettres de Monseigneur de Ségur, et nous y avons joint quelques traits particulièrement instructifs ou touchants de sa vie, qui le montrent à l'œuvre, pratiquant les vertus qu'il enseignait et prêchant

... simple en même temps que de parole.

Il nous semble qu'après avoir lu
... aimables et saintes effusions d'une
... toujours joyeuse dans son austé-
... plus d'un lecteur appliquera à
... seigneur de Ségur ce qu'un cri-
... éminent, Sainte-Beuve, a dit,
... un barbarisme charmant de
... François de Sales : « Il séra-
... »

A. DE SÉGUR.

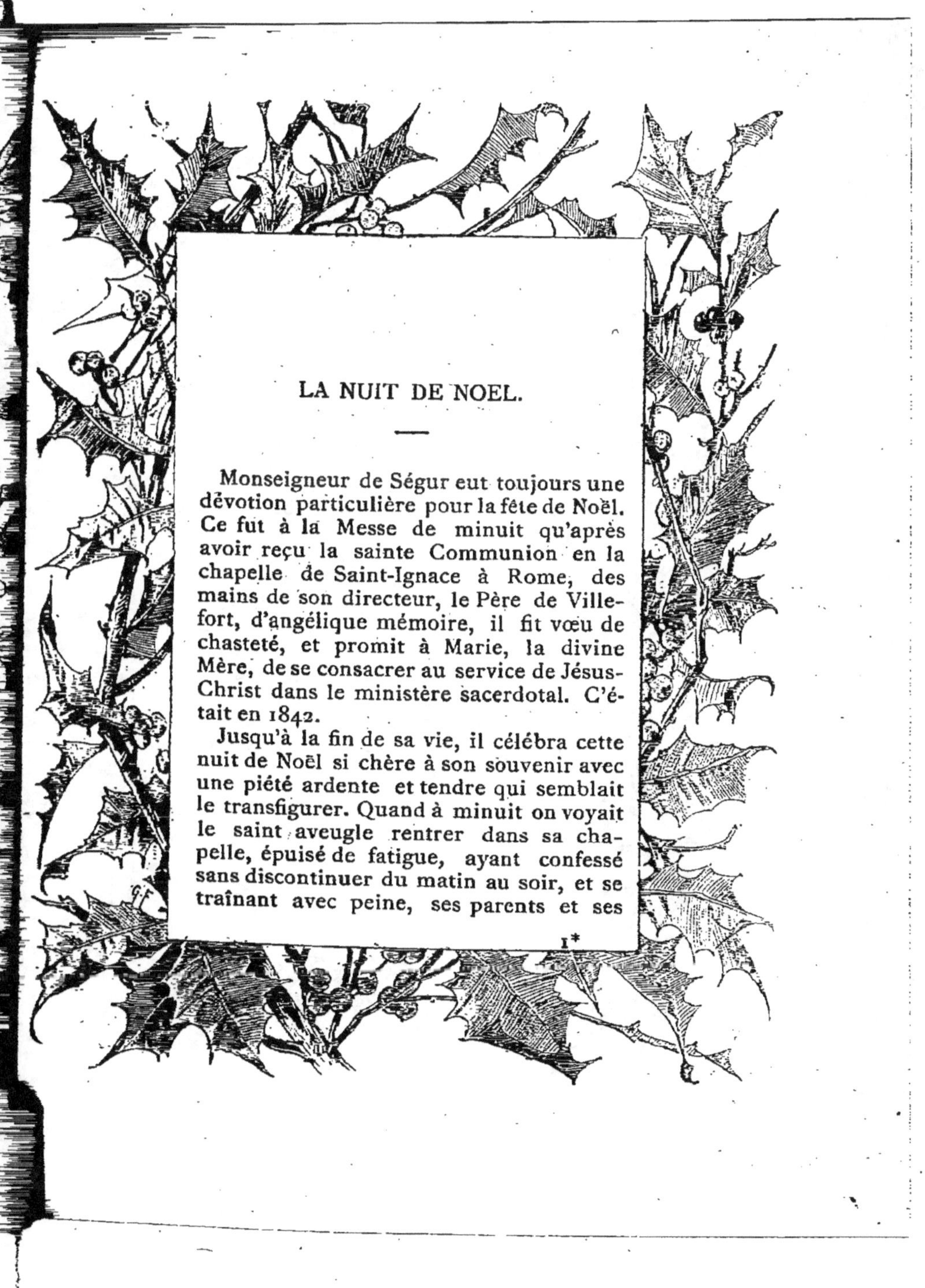

LA NUIT DE NOEL.

—

Monseigneur de Ségur eut toujours une dévotion particulière pour la fête de Noël. Ce fut à la Messe de minuit qu'après avoir reçu la sainte Communion en la chapelle de Saint-Ignace à Rome, des mains de son directeur, le Père de Villefort, d'angélique mémoire, il fit vœu de chasteté, et promit à Marie, la divine Mère, de se consacrer au service de Jésus-Christ dans le ministère sacerdotal. C'était en 1842.

Jusqu'à la fin de sa vie, il célébra cette nuit de Noël si chère à son souvenir avec une piété ardente et tendre qui semblait le transfigurer. Quand à minuit on voyait le saint aveugle rentrer dans sa chapelle, épuisé de fatigue, ayant confessé sans discontinuer du matin au soir, et se traînant avec peine, ses parents et ses

1*

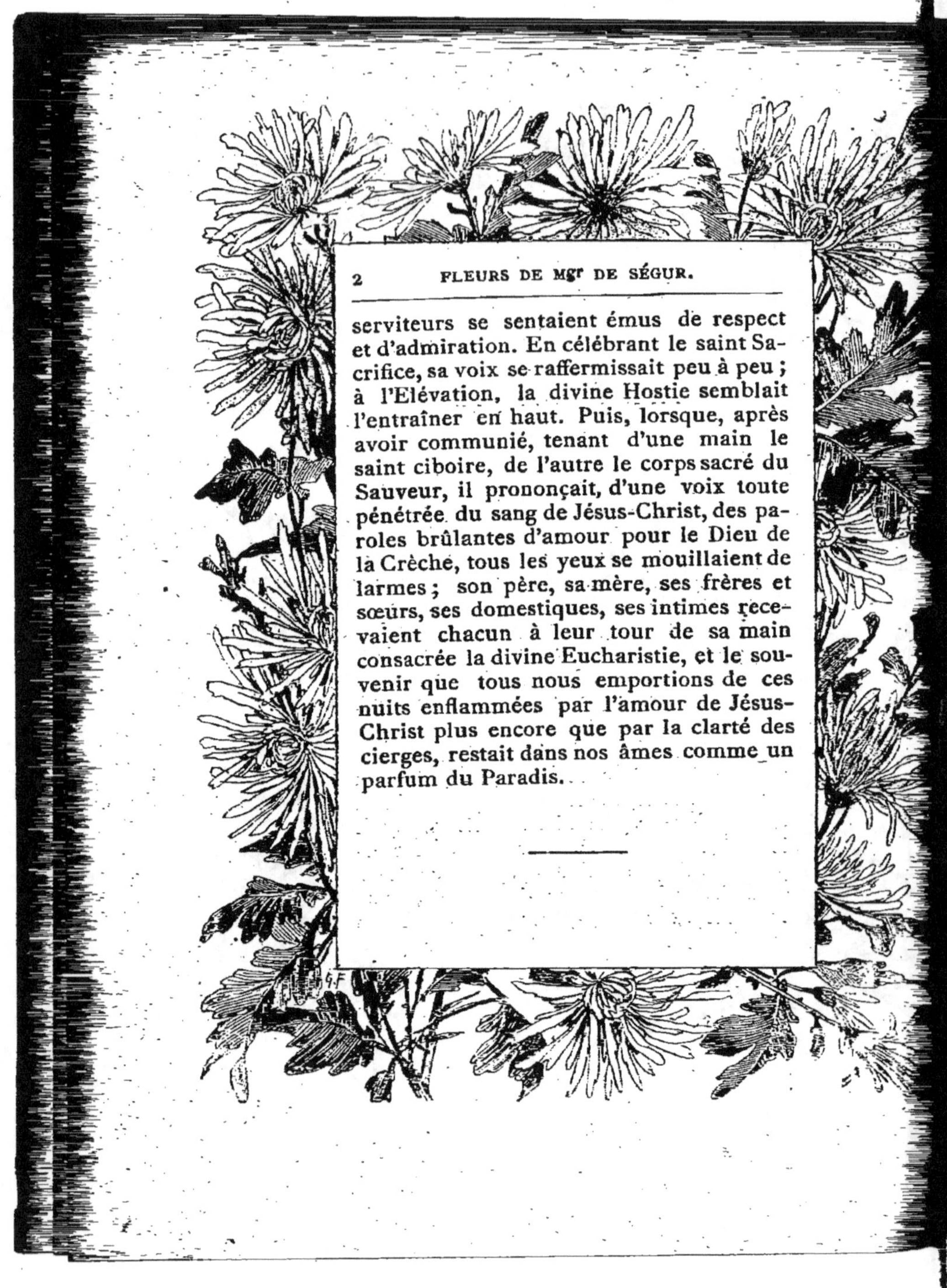

serviteurs se sentaient émus de respect
et d'admiration. En célébrant le saint Sacrifice, sa voix se raffermissait peu à peu ;
à l'Elévation, la divine Hostie semblait
l'entraîner en haut. Puis, lorsque, après
avoir communié, tenant d'une main le
saint ciboire, de l'autre le corps sacré du
Sauveur, il prononçait, d'une voix toute
pénétrée du sang de Jésus-Christ, des paroles brûlantes d'amour pour le Dieu de
la Crèche, tous les yeux se mouillaient de
larmes ; son père, sa mère, ses frères et
sœurs, ses domestiques, ses intimes rece-
vaient chacun à leur tour de sa main
consacrée la divine Eucharistie, et le souvenir que tous nous emportions de ces
nuits enflammées par l'amour de Jésus-
Christ plus encore que par la clarté des
cierges, restait dans nos âmes comme un
parfum du Paradis.

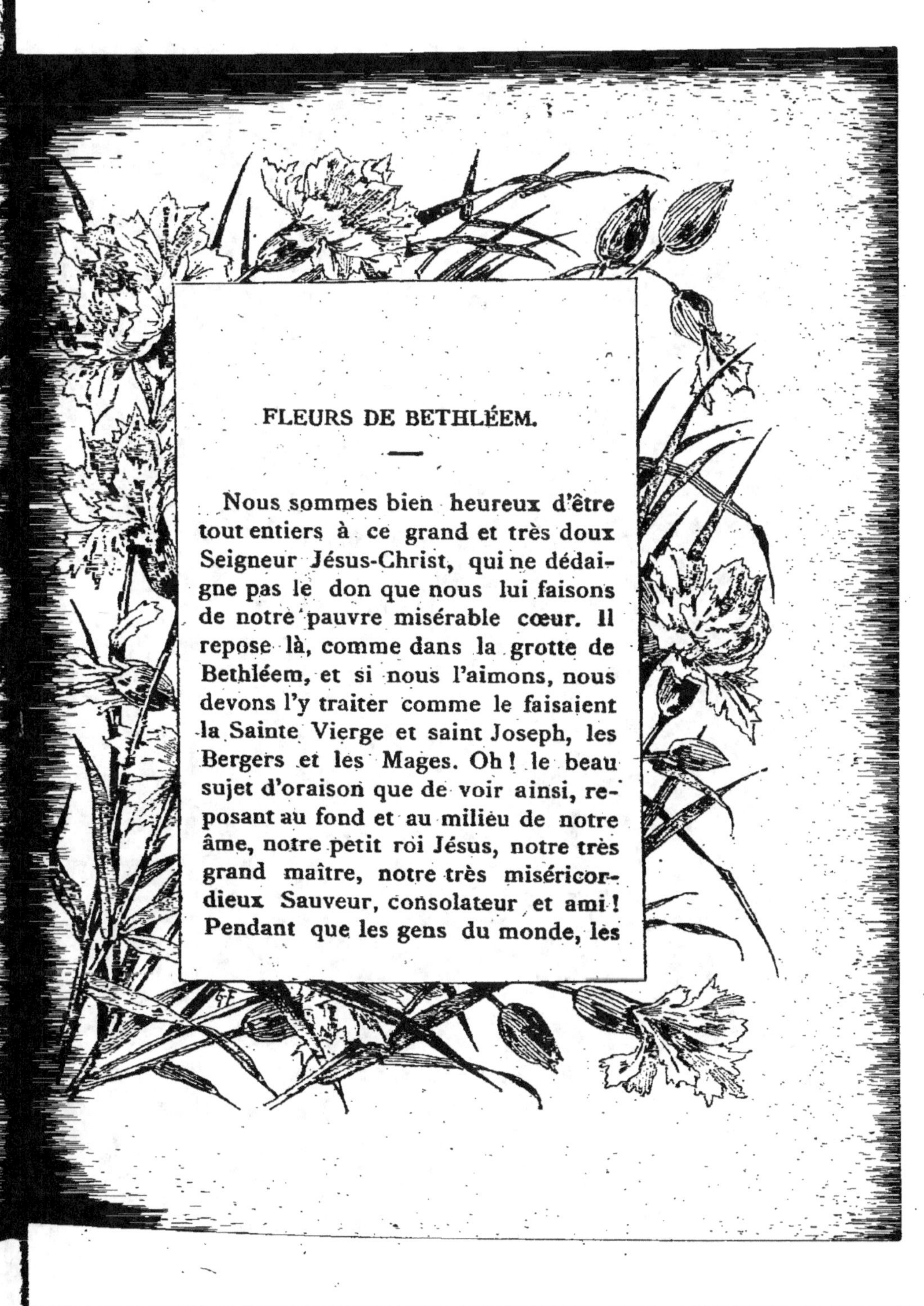

FLEURS DE BETHLÉEM.

—

Nous sommes bien heureux d'être tout entiers à ce grand et très doux Seigneur Jésus-Christ, qui ne dédaigne pas le don que nous lui faisons de notre pauvre misérable cœur. Il repose là, comme dans la grotte de Bethléem, et si nous l'aimons, nous devons l'y traiter comme le faisaient la Sainte Vierge et saint Joseph, les Bergers et les Mages. Oh ! le beau sujet d'oraison que de voir ainsi, reposant au fond et au milieu de notre âme, notre petit roi Jésus, notre très grand maître, notre très miséricordieux Sauveur, consolateur et ami ! Pendant que les gens du monde, les

ciboire est grand, et plus il peut con-
tenir d'hosties ; plus notre cœur sera
élargi par la simplicité, par la pauvreté
et par la joie, et plus notre bon Jésus
la remplira et aimera à y habiter.

—

Il faut que vous soyez l'Enfant
Jésus. C'est bien bon, mais ce n'est
pas facile. L'Enfant Jésus était absolument mort à lui-même, à toutes ses
volontés ; il ne vivait que pour son
Père, que de la vie de son Père, que
d'après les lumières et les impulsions
de l'Esprit de son Père. Il était le
grand pauvre de Dieu, absolument
détaché de tout, détaché surtout de
sa volonté. Vous voilà avec une sainte
et grande besogne : il faut laisser
l'Enfant Jésus vivre en vous, à votre
place, et, vous supprimant le plus possible, il faut le laisser, penser, juger,

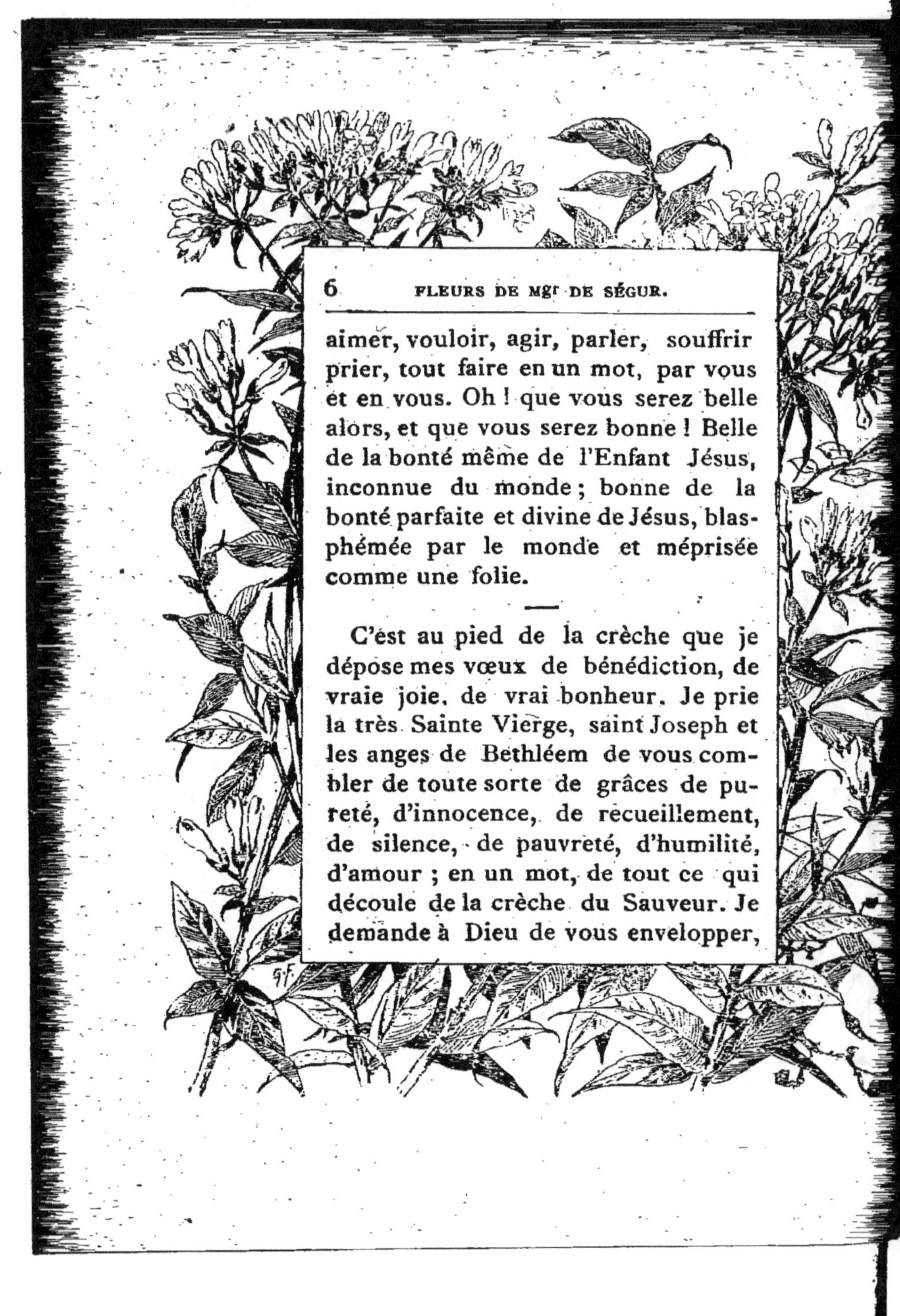

aimer, vouloir, agir, parler, souffrir
prier, tout faire en un mot, par vous
et en vous. Oh ! que vous serez belle
alors, et que vous serez bonne ! Belle
de la bonté même de l'Enfant Jésus,
inconnue du monde ; bonne de la
bonté parfaite et divine de Jésus, blas-
phémée par le monde et méprisée
comme une folie.

—

C'est au pied de la crèche que je
dépose mes vœux de bénédiction, de
vraie joie, de vrai bonheur. Je prie
la très Sainte Vierge, saint Joseph et
les anges de Bethléem de vous com-
bler de toute sorte de grâces de pureté, d'innocence, de recueillement,
de silence, de pauvreté, d'humilité,
d'amour ; en un mot, de tout ce qui
découle de la crèche du Sauveur. Je
demande à Dieu de vous envelopper,

comme les bergers de sa crèche, de
ces divines lumières dont parle l'E-
vangile : « *Claritas Dei circumfulsit
illos.* » Cette lumière, c'est la foi vive
en Jésus anéanti au mystère de l'Incarnation, plus encore au mystère de
la Rédemption, plus encore au mystère de l'Eucharistie. Nouveaux bergers de Bethléem, allez à lui avec joie
et ferveur, tout lumineux de cette foi
vive, pleine et efficace. Voyez-le, quoique vous ne le voyiez pas, et soyez
tout à lui.

———

Unissons-nous aux adorations, aux
prières et à l'amour de la Sainte Vierge
et de saint Joseph, lorsque nous nous
trouvons dans nos églises au pied du
Saint Sacrement. L'Enfant-Jésus est
là présent comme il l'était dans la
grotte de Bethléem ; et du fond du

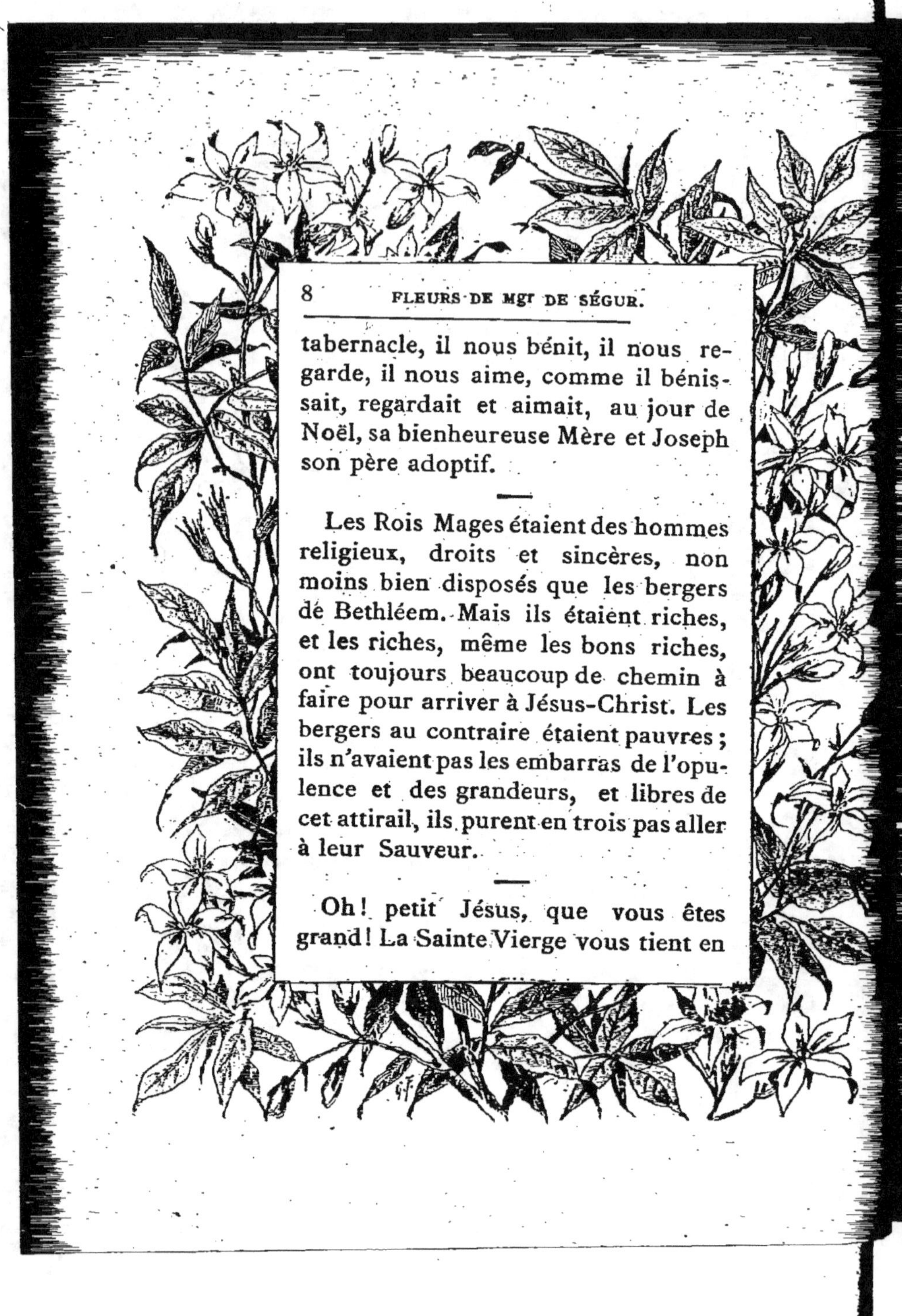

tabernacle, il nous bénit, il nous regarde, il nous aime, comme il bénissait, regardait et aimait, au jour de Noël, sa bienheureuse Mère et Joseph son père adoptif.

—

Les Rois Mages étaient des hommes religieux, droits et sincères, non moins bien disposés que les bergers de Bethléem. Mais ils étaient riches, et les riches, même les bons riches, ont toujours beaucoup de chemin à faire pour arriver à Jésus-Christ. Les bergers au contraire étaient pauvres; ils n'avaient pas les embarras de l'opulence et des grandeurs, et libres de cet attirail, ils purent en trois pas aller à leur Sauveur.

—

Oh! petit Jésus, que vous êtes grand! La Sainte Vierge vous tient en

... et vous êtes plus grand que
... de, plus puissant que tous les
... sage que tous les docteurs !
... avez rien, et vous êtes plus
... de tous les riches ! S'abaisser
... vous, c'est s'élever jusqu'aux
... vous donner, c'est laisser
... n'est rien pour acquérir, en
... le bon Dieu et la vie éter-
... vous servir, ô Jésus, c'est

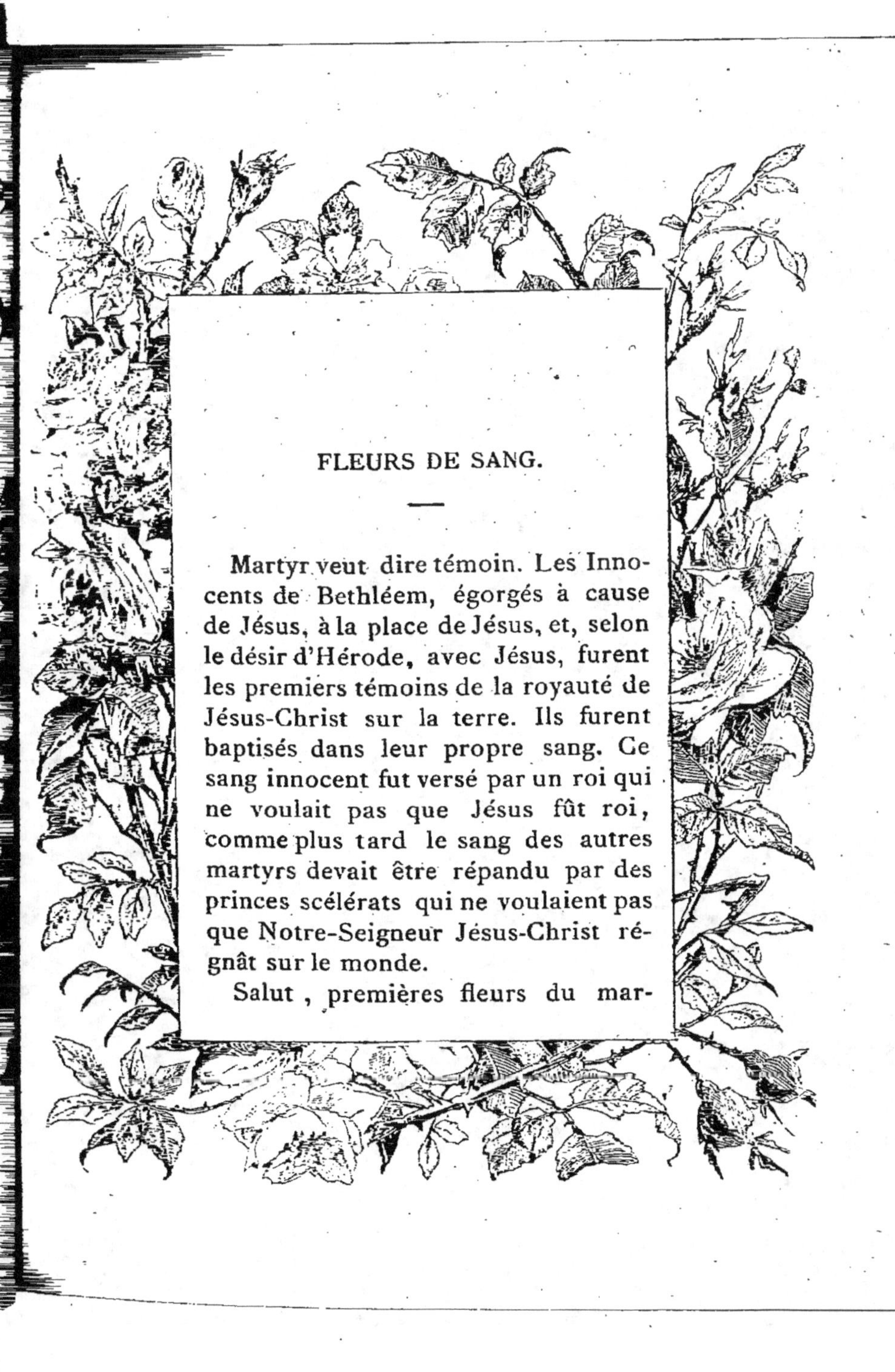

FLEURS DE SANG.

—

Martyr veut dire témoin. Les Innocents de Bethléem, égorgés à cause de Jésus, à la place de Jésus, et, selon le désir d'Hérode, avec Jésus, furent les premiers témoins de la royauté de Jésus-Christ sur la terre. Ils furent baptisés dans leur propre sang. Ce sang innocent fut versé par un roi qui ne voulait pas que Jésus fût roi, comme plus tard le sang des autres martyrs devait être répandu par des princes scélérats qui ne voulaient pas que Notre-Seigneur Jésus-Christ régnât sur le monde.

Salut , premières fleurs du mar-

victimes innocentes, petits témoins de l'Enfant Jésus, roses à peine entr'ouvertes et déjà cueillies pour une mort glorieuse ! Chers petits... amour de Bethléem, parangs et protégez les petits enfants chrétiens, et ... jusques à leur ... ils rendent comme eux un témoignage à notre Sauveur par une vie innocente et par un grand amour de l'Enfant Jésus, de la Sainte Vierge et de l'Église !

NAZARETH.

... par surnommer Mgr de Ségur
... la Sainte Vierge.
... le sanctuaire de Lorette,
... dans la maison de Nazareth,
... résolution, réalisée trois mois
... de quitter le monde pour les
autels.
... chapelle de la Sainte-Vierge,
... de Saint-Sulpice, qu'il célé-
... première Messe avec une piété

... la Sainte Vierge qu'il demanda
... d'une vie crucifiée.
... elle qu'il voua son sacerdoce et
... toutes les communions, toutes
... les œuvres, tous les mérites de sa
... prière.
... Le premier jour du Mois de Marie,
... 1843, qu'il perdit un œil à Rome,

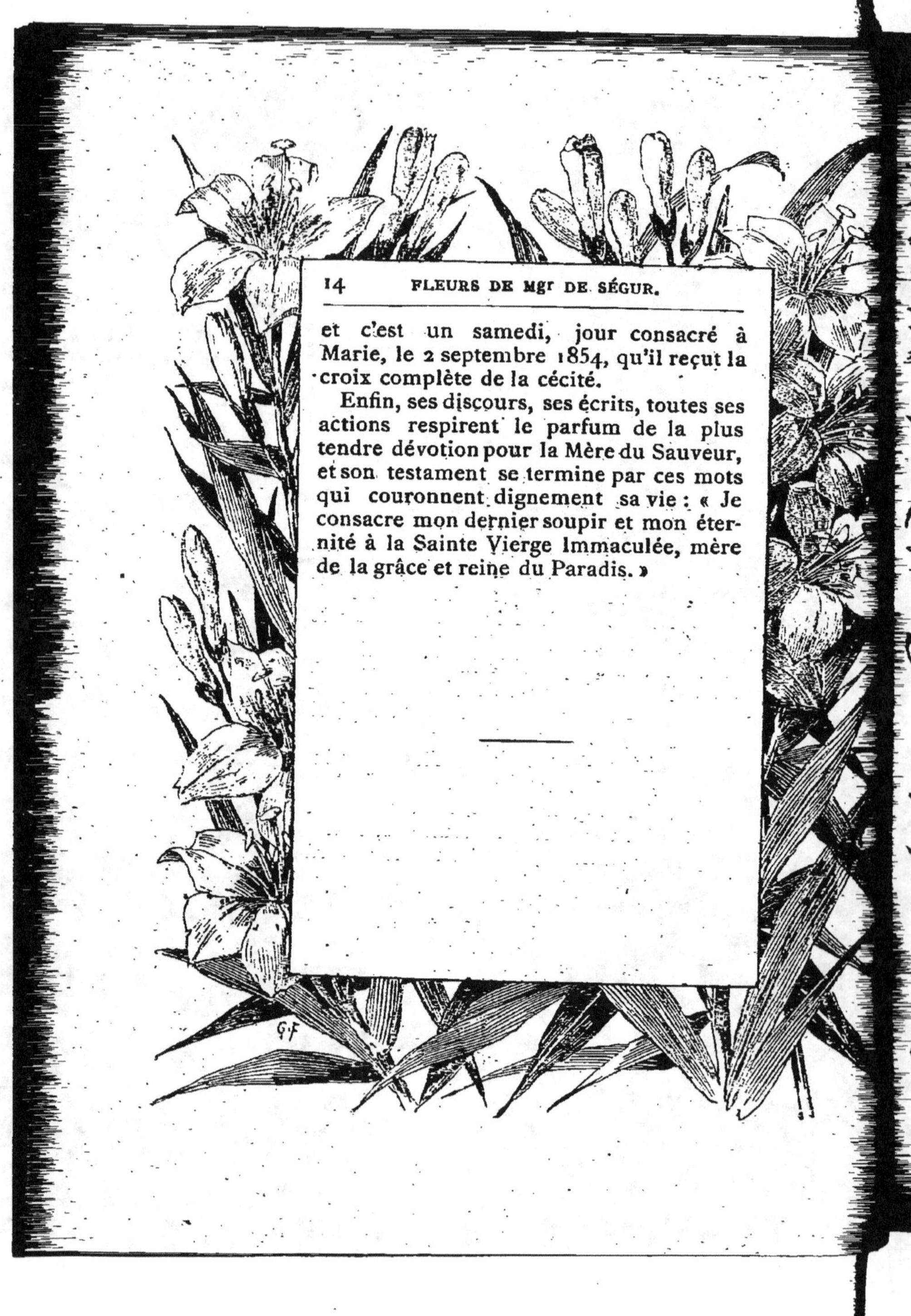

et c'est un samedi, jour consacré à
Marie, le 2 septembre 1854, qu'il reçut la
croix complète de la cécité.

Enfin, ses discours, ses écrits, toutes ses
actions respirent le parfum de la plus
tendre dévotion pour la Mère du Sauveur,
et son testament se termine par ces mots
qui couronnent dignement sa vie : « Je
consacre mon dernier soupir et mon éternité à la Sainte Vierge Immaculée, mère
de la grâce et reine du Paradis. »

FLEURS DE LA SAINTE FAMILLE.

—

Quand on est doux et humble, on est bien facilement obéissant. L'obéissance est un parfum composé de douceur et d'humilité.

L'Enfant-Jésus était si obéissant qu'il semblait n'avoir d'autre volonté que la volonté de son Père Céleste, celle de Marie et de Joseph. Il était le maître de tout, et il se comportait en pauvre serviteur, soumis à tous et à tout. Dans sa crèche, il se laisse prendre, déposer, envelopper de langes, coucher sur la paille. Les bergers et les mages le prennent et le reprennent ; il ne connaît qu'un seul mot :

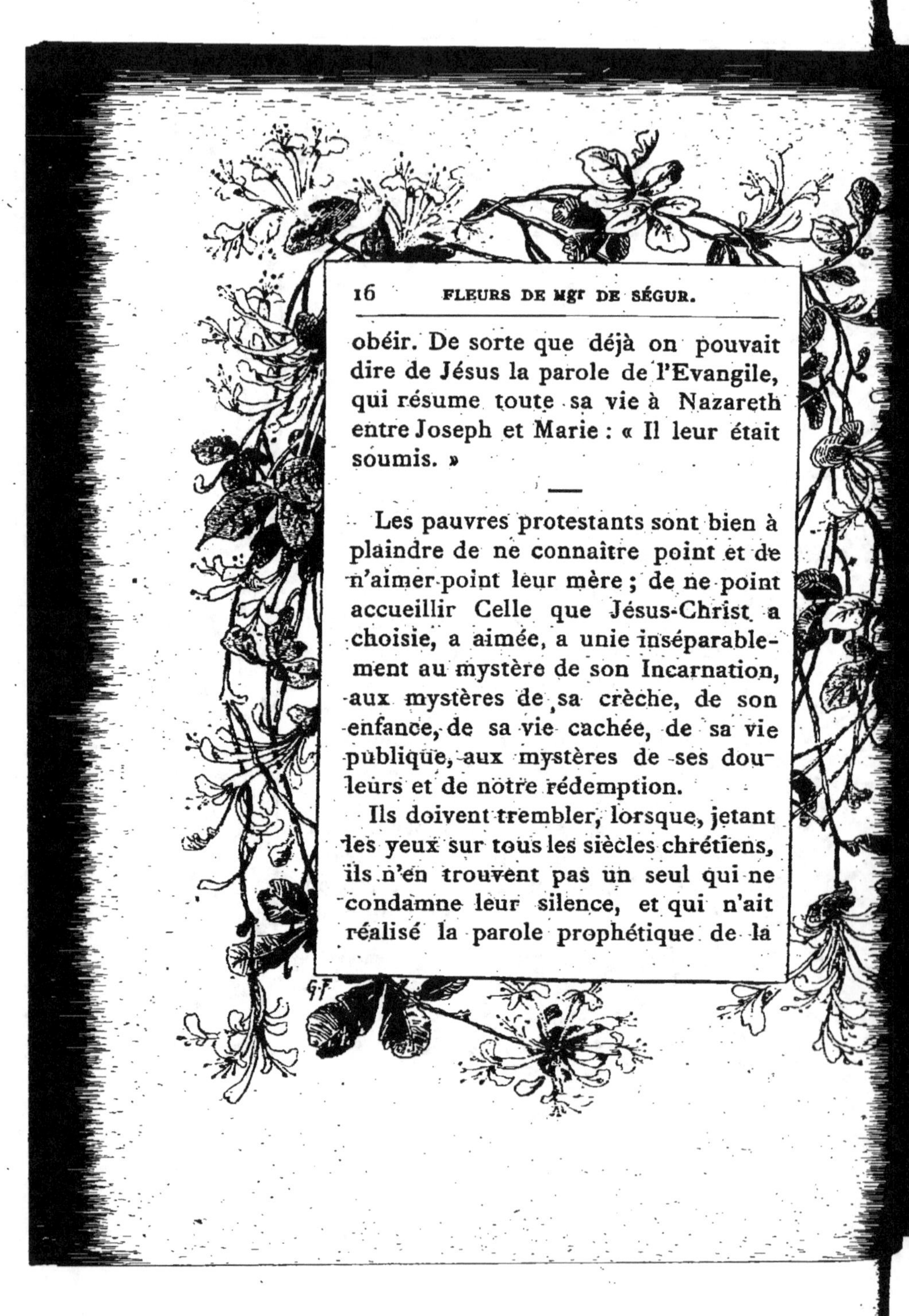

obéir. De sorte que déjà on pouvait
dire de Jésus la parole de l'Evangile,
qui résume toute sa vie à Nazareth
entre Joseph et Marie : « Il leur était
soumis. »

———

Les pauvres protestants sont bien à
plaindre de ne connaître point et de
n'aimer point leur mère ; de ne point
accueillir Celle que Jésus-Christ a
choisie, a aimée, a unie inséparable-
ment au mystère de son Incarnation,
aux mystères de sa crèche, de son
enfance, de sa vie cachée, de sa vie
publique, aux mystères de ses douleurs et de notre rédemption.

Ils doivent trembler, lorsque, jetant
les yeux sur tous les siècles chrétiens,
ils n'en trouvent pas un seul qui ne
condamne leur silence, et qui n'ait
réalisé la parole prophétique de la

Vierge elle-même : « Toutes les gé-
nérations m'appelleront bienheu -
reuse. »

Nulle part on n'aperçoit ce Christ
solitaire, rêvé par Luther et Calvin
et leurs disciples ; mais on retrouve
partout le Christ tel qu'il se montre
à l'œil des prophètes : enfant de la
Vierge, formé de sa chair et de son
sang, porté longtemps dans son sein
et dans ses bras, remplissant trente
ans envers elle les devoirs du fils le
plus soumis, expirant sous ses yeux,
et reposant encore dans ses bras avant
de passer de la croix au sépulcre.

Catholiques, nous sommes la grande
famille de Jésus-Christ. Est-il éton-
nant que nous aimions sa Mère ?

—

Portés que nous sommes à l'orgueil,
nous croyons toujours que la sain-

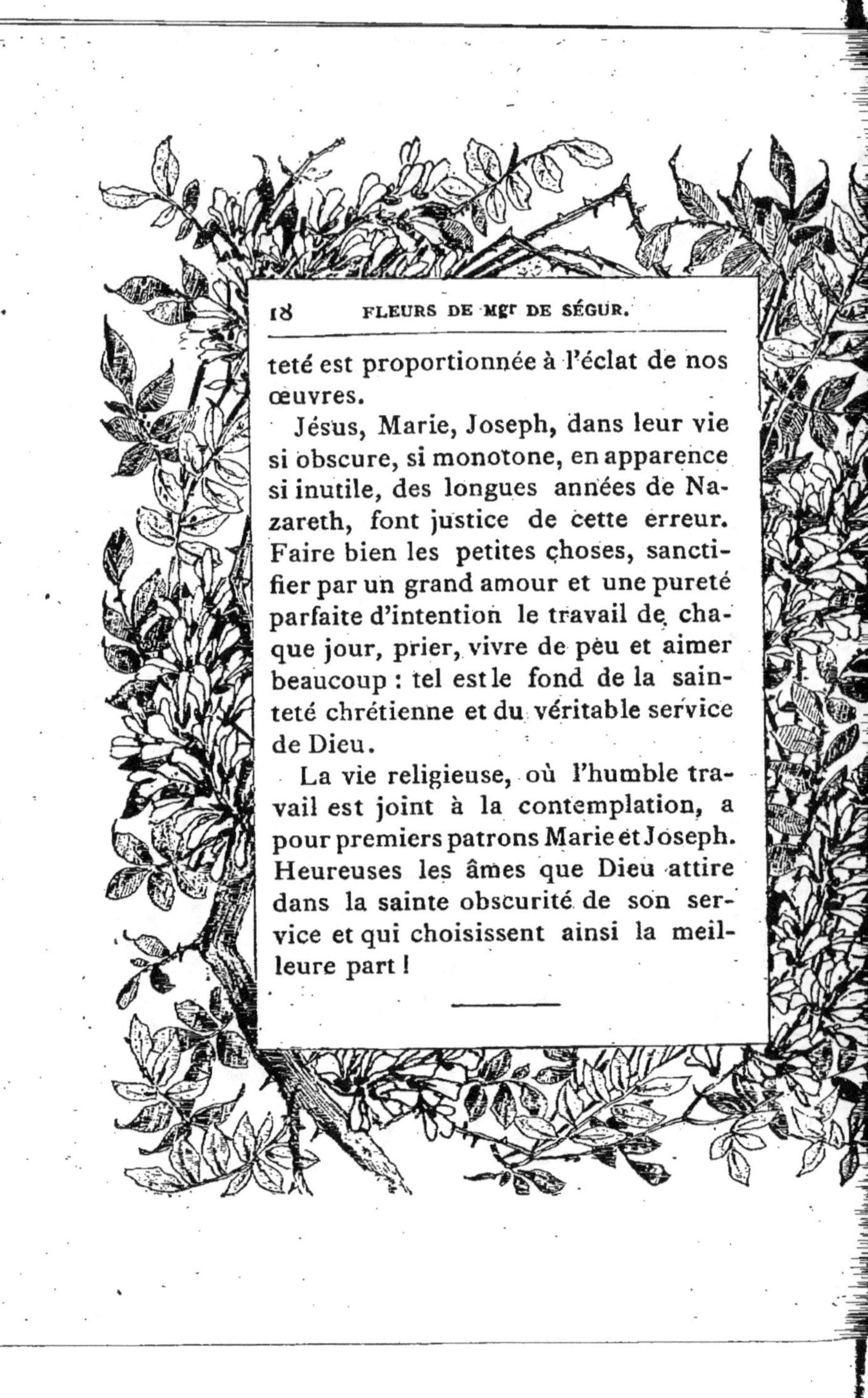

teté est proportionnée à l'éclat de nos œuvres.

Jésus, Marie, Joseph, dans leur vie si obscure, si monotone, en apparence si inutile, des longues années de Nazareth, font justice de cette erreur. Faire bien les petites choses, sanctifier par un grand amour et une pureté parfaite d'intention le travail de chaque jour, prier, vivre de peu et aimer beaucoup : tel est le fond de la sainteté chrétienne et du véritable service de Dieu.

La vie religieuse, où l'humble travail est joint à la contemplation, a pour premiers patrons Marie et Joseph. Heureuses les âmes que Dieu attire dans la sainte obscurité de son service et qui choisissent ainsi la meilleure part !

FLEURS DU JOUR DE L'AN.

—

Si vous le voulez, cette année qui
commence sera bonne et très bonne,
malgré tous les démons du dehors et
du dedans. Les bonnes années, en
effet, ne sont pas celles où l'on souffre,
où l'on pleure le moins ; ce sont celles
où l'on pèche le moins, où l'on mérite le plus, où l'on aime le plus le
bon Dieu. Ici-bas, nous semons notre
éternité ; et quelle en est la semence ? Ce sont nos bonnes pensées,
nos bonnes œuvres, nos petits mérites de chaque jour et de chaque instant. Ce sont toutes les minutes et
même toutes les secondes qui compo-

sent nos journées et dont l'ensemble
forme le tout de notre vie. Le temps,
voilà donc la semence de l'éternité.
Si, pendant cette nouvelle année,
nous semons, comme autant de petits
grains de froment, toutes nos minutes
et toute nos heures dans la terre éternellement féconde du royaume des
cieux, nous aurons une très bonne
année, en dépit du diable et de ses
compères, de la Révolution et de ses
sectaires.

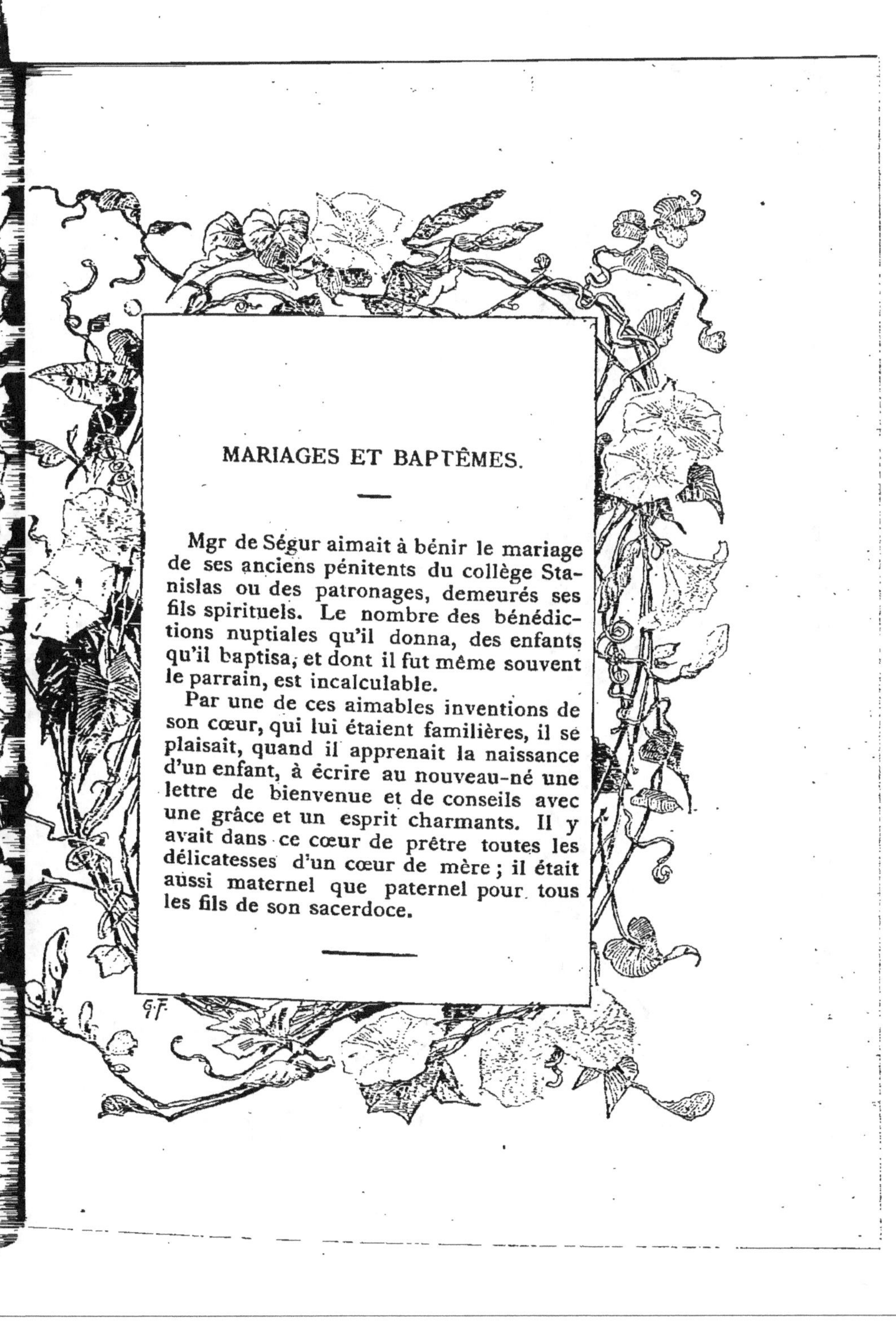

MARIAGES ET BAPTÊMES.

—

Mgr de Ségur aimait à bénir le mariage de ses anciens pénitents du collège Stanislas ou des patronages, demeurés ses fils spirituels. Le nombre des bénédictions nuptiales qu'il donna, des enfants qu'il baptisa, et dont il fut même souvent le parrain, est incalculable.

Par une de ces aimables inventions de son cœur, qui lui étaient familières, il se plaisait, quand il apprenait la naissance d'un enfant, à écrire au nouveau-né une lettre de bienvenue et de conseils avec une grâce et un esprit charmants. Il y avait dans ce cœur de prêtre toutes les délicatesses d'un cœur de mère ; il était aussi maternel que paternel pour tous les fils de son sacerdoce.

FLEURS DU FOYER.

—

Lettre adressée à de jeunes époux
dont il avait béni l'union

Mon fils et ma fille, vous voici donc père et mère en herbe, ou pour mieux dire en fleur ! Le fruit encore caché dans la fleur ne pourra être cueilli qu'à la naissance du printemps.

Je le bénis d'avance, en vous bénissant tous deux, ce cher enfant de *votre mutuel* amour, déjà bien des fois sans doute offert au bon Dieu et consacré à la Vierge Immaculée.

Quel beau symbole de Dieu et de la vie divine que la famille !

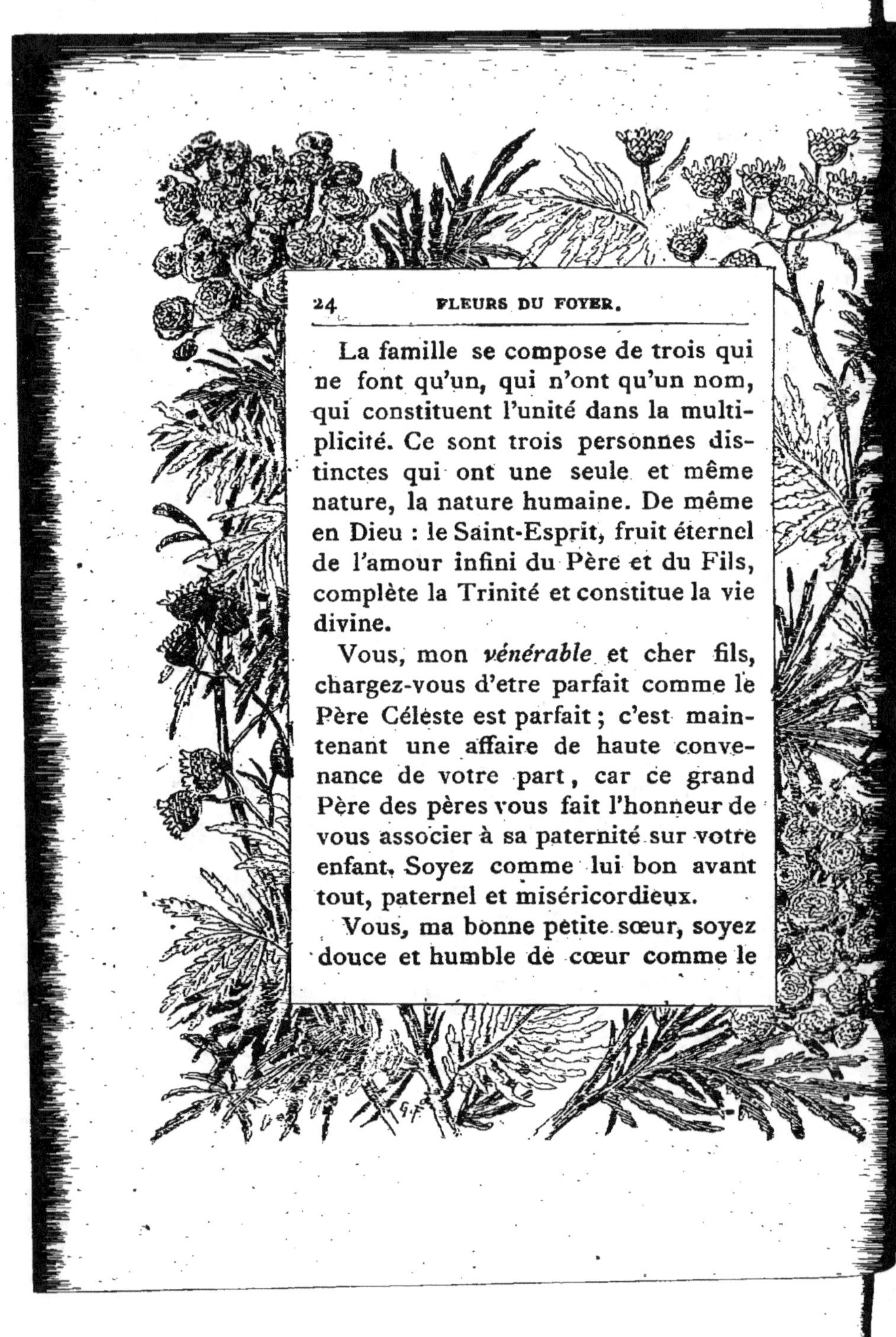

La famille se compose de trois qui ne font qu'un, qui n'ont qu'un nom, qui constituent l'unité dans la multiplicité. Ce sont trois personnes distinctes qui ont une seule et même nature, la nature humaine. De même en Dieu : le Saint-Esprit, fruit éternel de l'amour infini du Père et du Fils, complète la Trinité et constitue la vie divine.

Vous, mon *vénérable* et cher fils, chargez-vous d'etre parfait comme le Père Céleste est parfait ; c'est maintenant une affaire de haute convenance de votre part, car ce grand Père des pères vous fait l'honneur de vous associer à sa paternité sur votre enfant. Soyez comme lui bon avant tout, paternel et miséricordieux.

Vous, ma bonne petite sœur, soyez douce et humble de cœur comme le

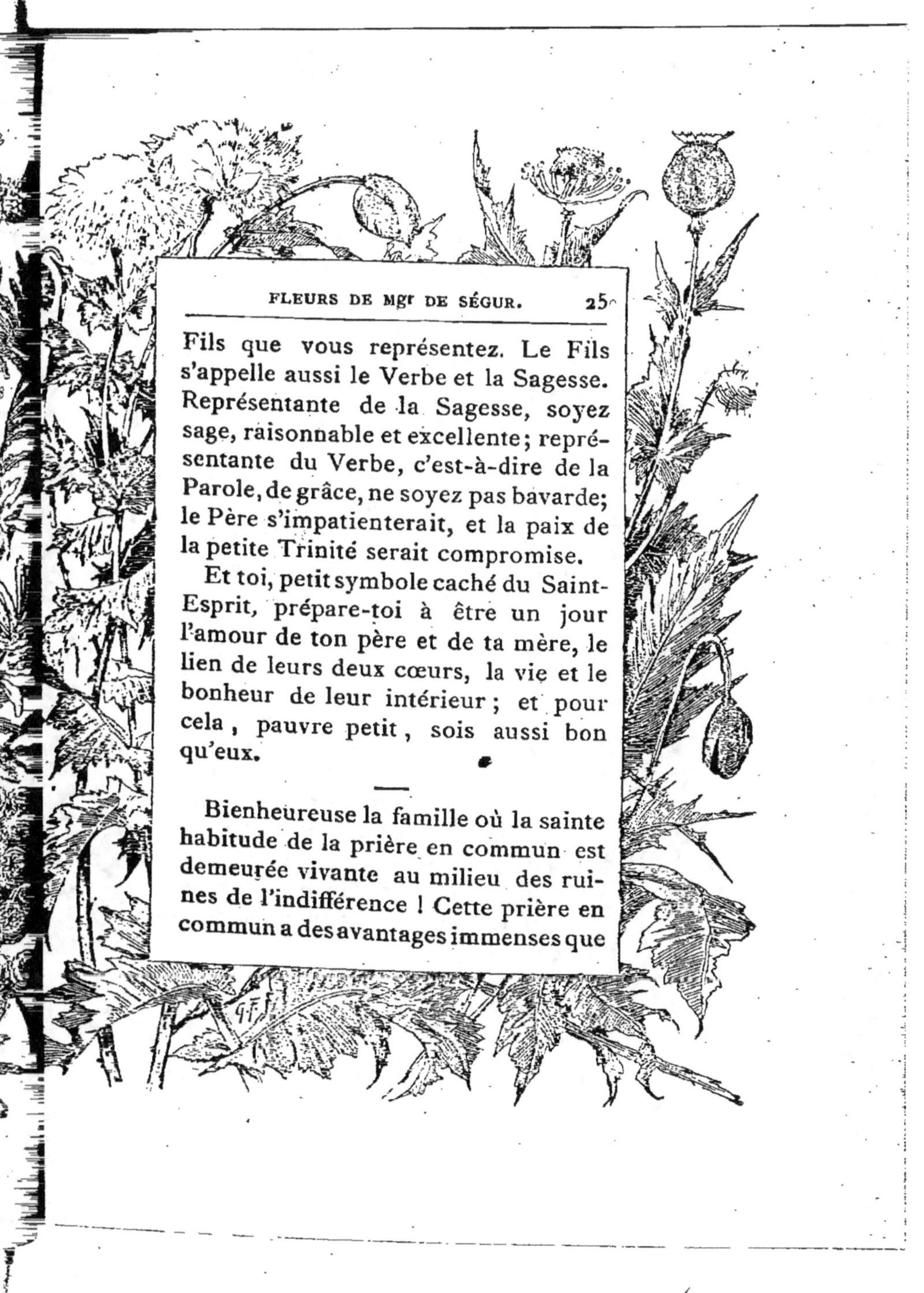

Fils que vous représentez. Le Fils s'appelle aussi le Verbe et la Sagesse. Représentante de la Sagesse, soyez sage, raisonnable et excellente; représentante du Verbe, c'est-à-dire de la Parole, de grâce, ne soyez pas bavarde; le Père s'impatienterait, et la paix de la petite Trinité serait compromise.

Et toi, petit symbole caché du Saint-Esprit, prépare-toi à être un jour l'amour de ton père et de ta mère, le lien de leurs deux cœurs, la vie et le bonheur de leur intérieur; et pour cela, pauvre petit, sois aussi bon qu'eux.

Bienheureuse la famille où la sainte habitude de la prière en commun est demeurée vivante au milieu des ruines de l'indifférence ! Cette prière en commun a des avantages immenses que

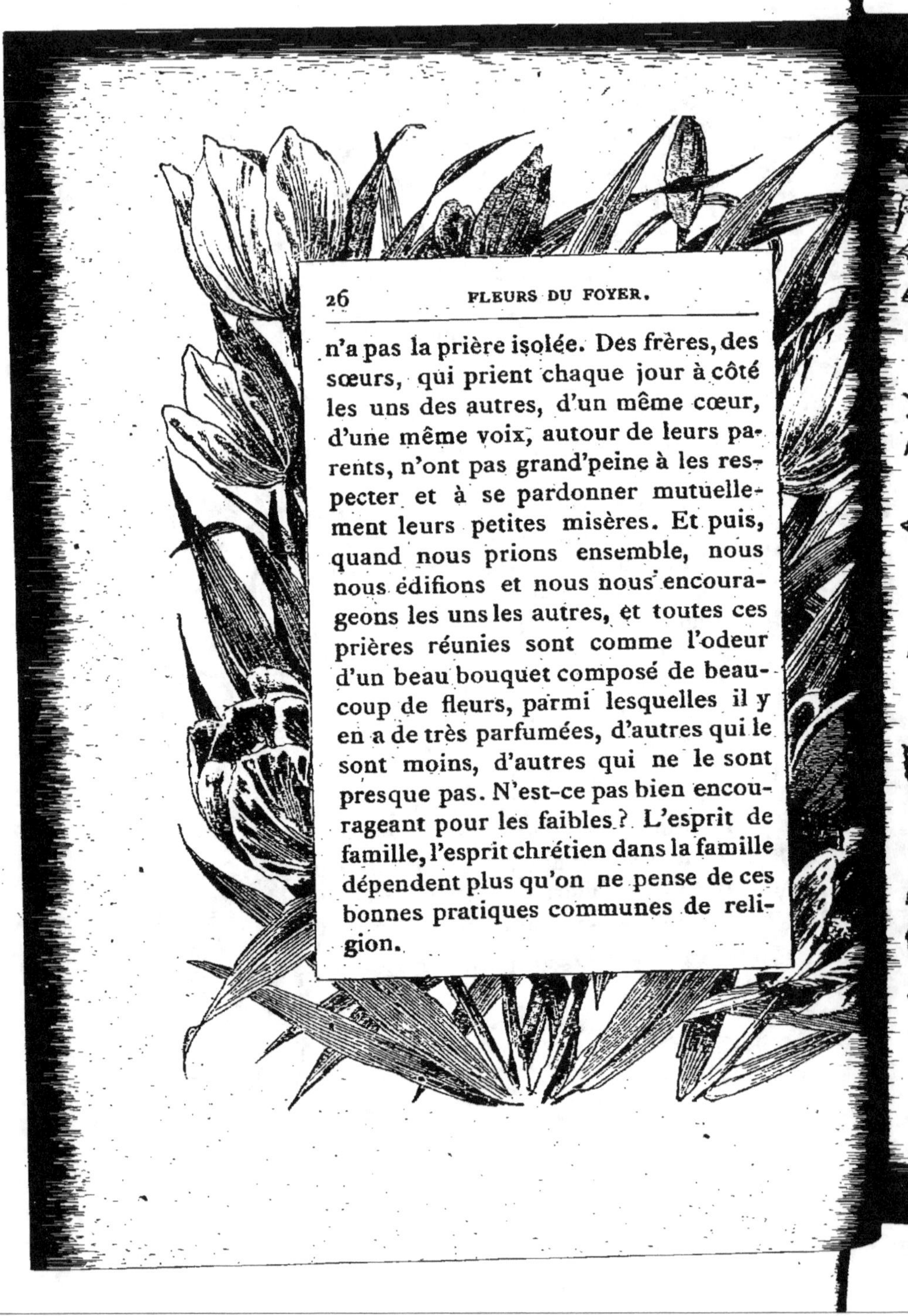

n'a pas la prière isolée. Des frères, des sœurs, qui prient chaque jour à côté les uns des autres, d'un même cœur, d'une même voix, autour de leurs parents, n'ont pas grand'peine à les respecter et à se pardonner mutuellement leurs petites misères. Et puis, quand nous prions ensemble, nous nous édifions et nous nous encourageons les uns les autres, et toutes ces prières réunies sont comme l'odeur d'un beau bouquet composé de beaucoup de fleurs, parmi lesquelles il y en a de très parfumées, d'autres qui le sont moins, d'autres qui ne le sont presque pas. N'est-ce pas bien encourageant pour les faibles ? L'esprit de famille, l'esprit chrétien dans la famille dépendent plus qu'on ne pense de ces bonnes pratiques communes de religion.

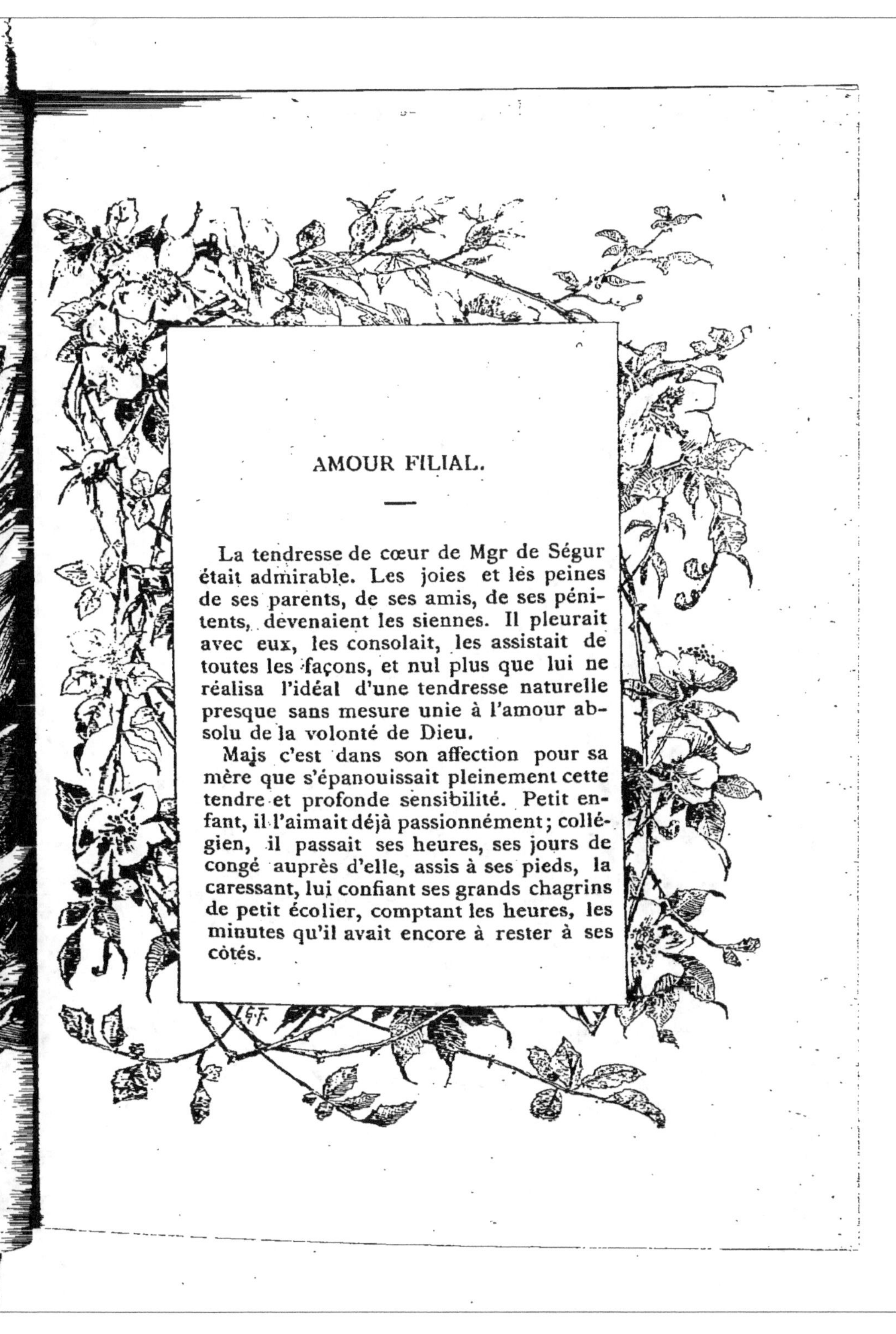

AMOUR FILIAL.

—

La tendresse de cœur de Mgr de Ségur
était admirable. Les joies et les peines
de ses parents, de ses amis, de ses pénitents, devenaient les siennes. Il pleurait
avec eux, les consolait, les assistait de
toutes les façons, et nul plus que lui ne
réalisa l'idéal d'une tendresse naturelle
presque sans mesure unie à l'amour ab-
solu de la volonté de Dieu.

Mais c'est dans son affection pour sa
mère que s'épanouissait pleinement cette
tendre et profonde sensibilité. Petit enfant, il l'aimait déjà passionnément; collé-
gien, il passait ses heures, ses jours de
congé auprès d'elle, assis à ses pieds, la
caressant, lui confiant ses grands chagrins
de petit écolier, comptant les heures, les
minutes qu'il avait encore à rester à ses
côtés.

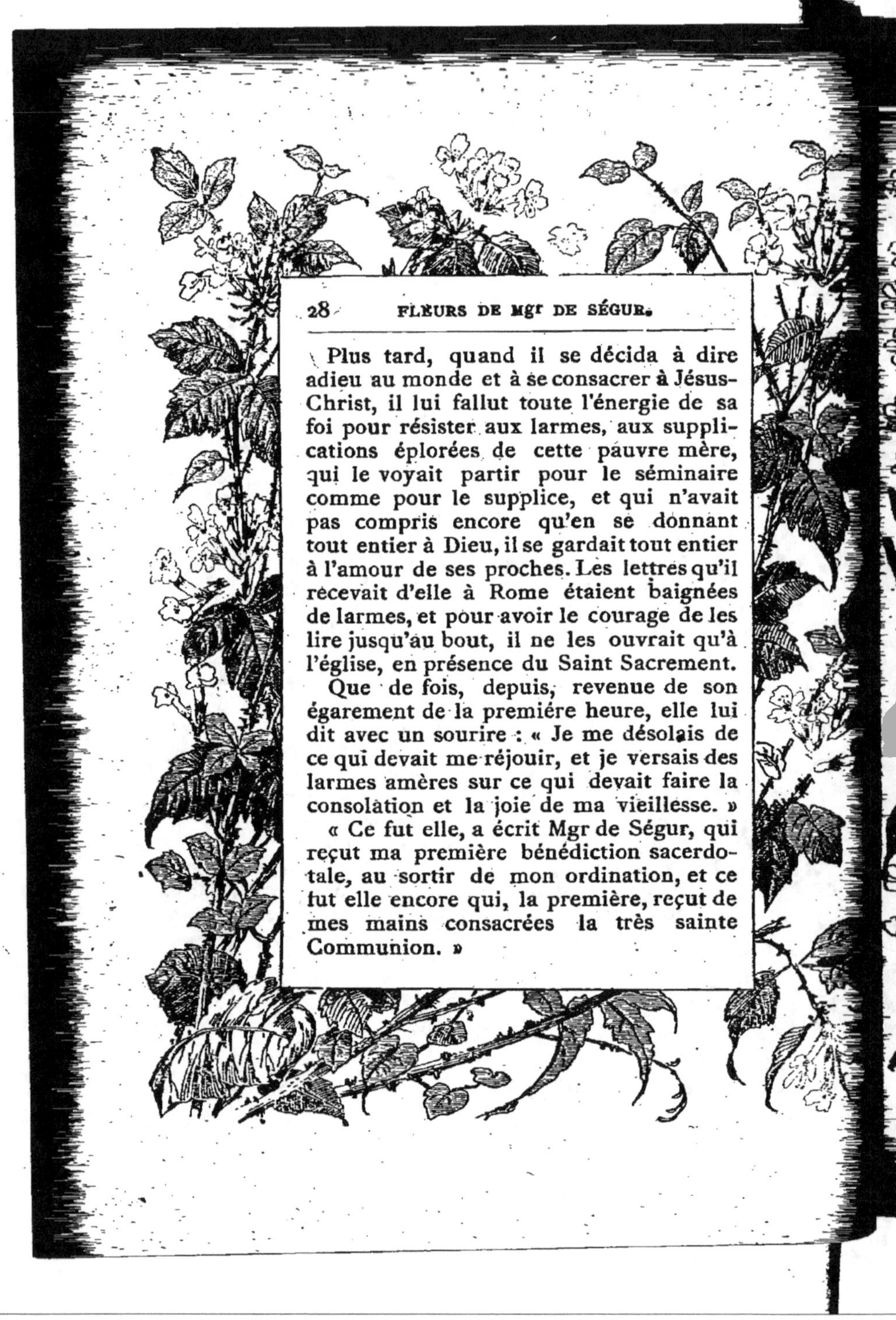

Plus tard, quand il se décida à dire adieu au monde et à se consacrer à Jésus-Christ, il lui fallut toute l'énergie de sa foi pour résister aux larmes, aux supplications éplorées de cette pauvre mère, qui le voyait partir pour le séminaire comme pour le supplice, et qui n'avait pas compris encore qu'en se donnant tout entier à Dieu, il se gardait tout entier à l'amour de ses proches. Les lettres qu'il recevait d'elle à Rome étaient baignées de larmes, et pour avoir le courage de les lire jusqu'au bout, il ne les ouvrait qu'à l'église, en présence du Saint Sacrement.

Que de fois, depuis, revenue de son égarement de la première heure, elle lui dit avec un sourire : « Je me désolais de ce qui devait me réjouir, et je versais des larmes amères sur ce qui devait faire la consolation et la joie de ma vieillesse. »

« Ce fut elle, a écrit Mgr de Ségur, qui reçut ma première bénédiction sacerdotale, au sortir de mon ordination, et ce fut elle encore qui, la première, reçut de mes mains consacrées la très sainte Communion. »

… devenu aveugle, elle fut
… soutien, sa lectrice, ses
… Elle mourut, ce fut lui
… derniers jours, lui donna
… sacrements, et reçut son
… spirituelle et dans son
… elle était devenue une
… et quand elle expira,
… qu'elle était sauvée, sauvée.
… assurance, il la pleura avec
… abondance de larmes qu'après
… dit pour elle immédiatement son lit de mort, ses
… rideaux étaient transper-
… on les eût trempés dans l'eau.
… une pieuse amie, ac-
… pour le voir, le trouva dans
… priant les mains jointes, le
… ruisselant de pleurs : « maman est morte », lui dit-il tout
… remit à prier et à pleurer.
… plus tard, pendant qu'il
… écrivait des lettres, qu'il
… écrivait souvent encore ses

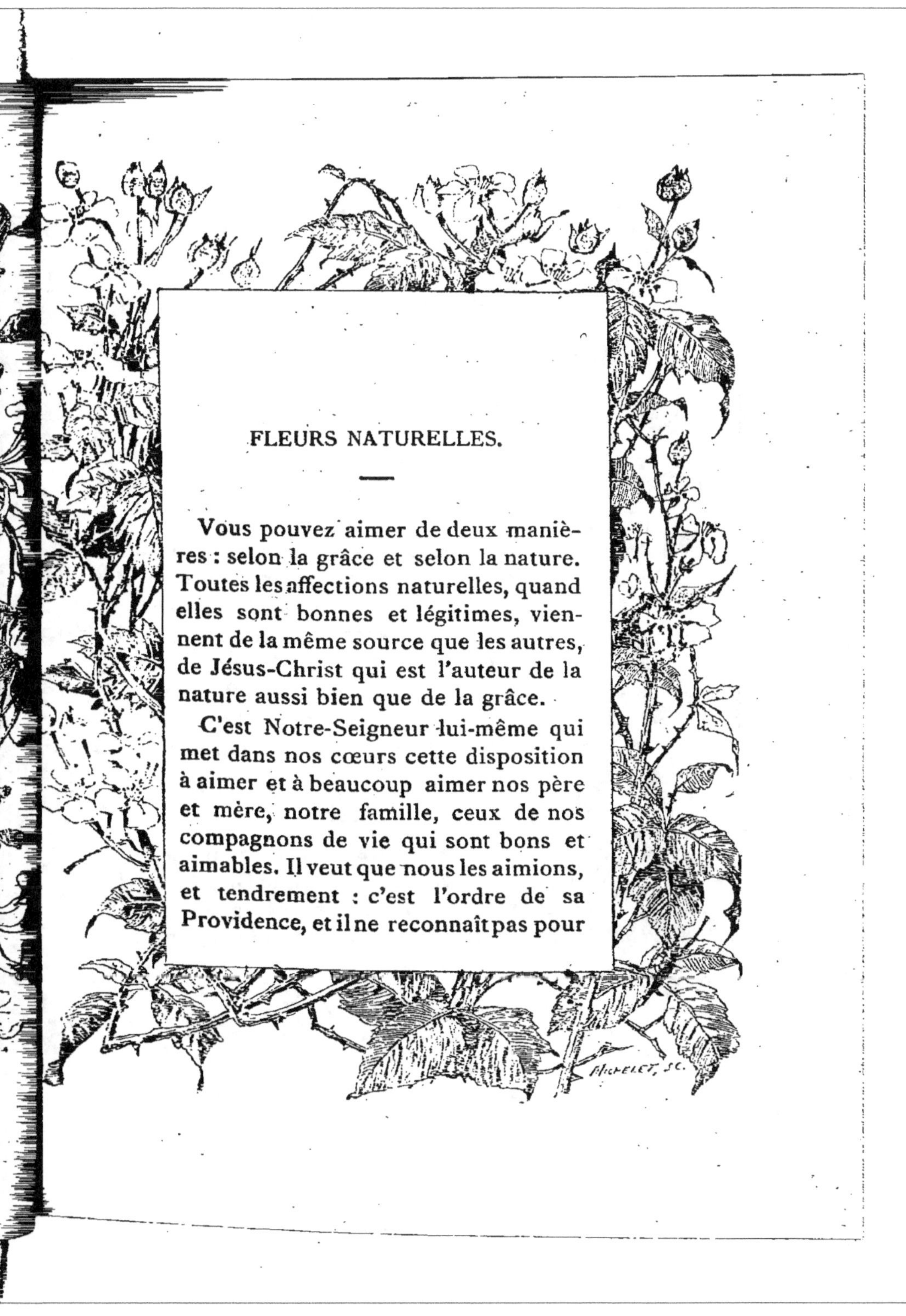

FLEURS NATURELLES.

—

Vous pouvez aimer de deux manières : selon la grâce et selon la nature.
Toutes les affections naturelles, quand
elles sont bonnes et légitimes, viennent de la même source que les autres,
de Jésus-Christ qui est l'auteur de la
nature aussi bien que de la grâce.

C'est Notre-Seigneur lui-même qui
met dans nos cœurs cette disposition
à aimer et à beaucoup aimer nos père
et mère, notre famille, ceux de nos
compagnons de vie qui sont bons et
aimables. Il veut que nous les aimions,
et tendrement : c'est l'ordre de sa
Providence, et il ne reconnaît pas pour

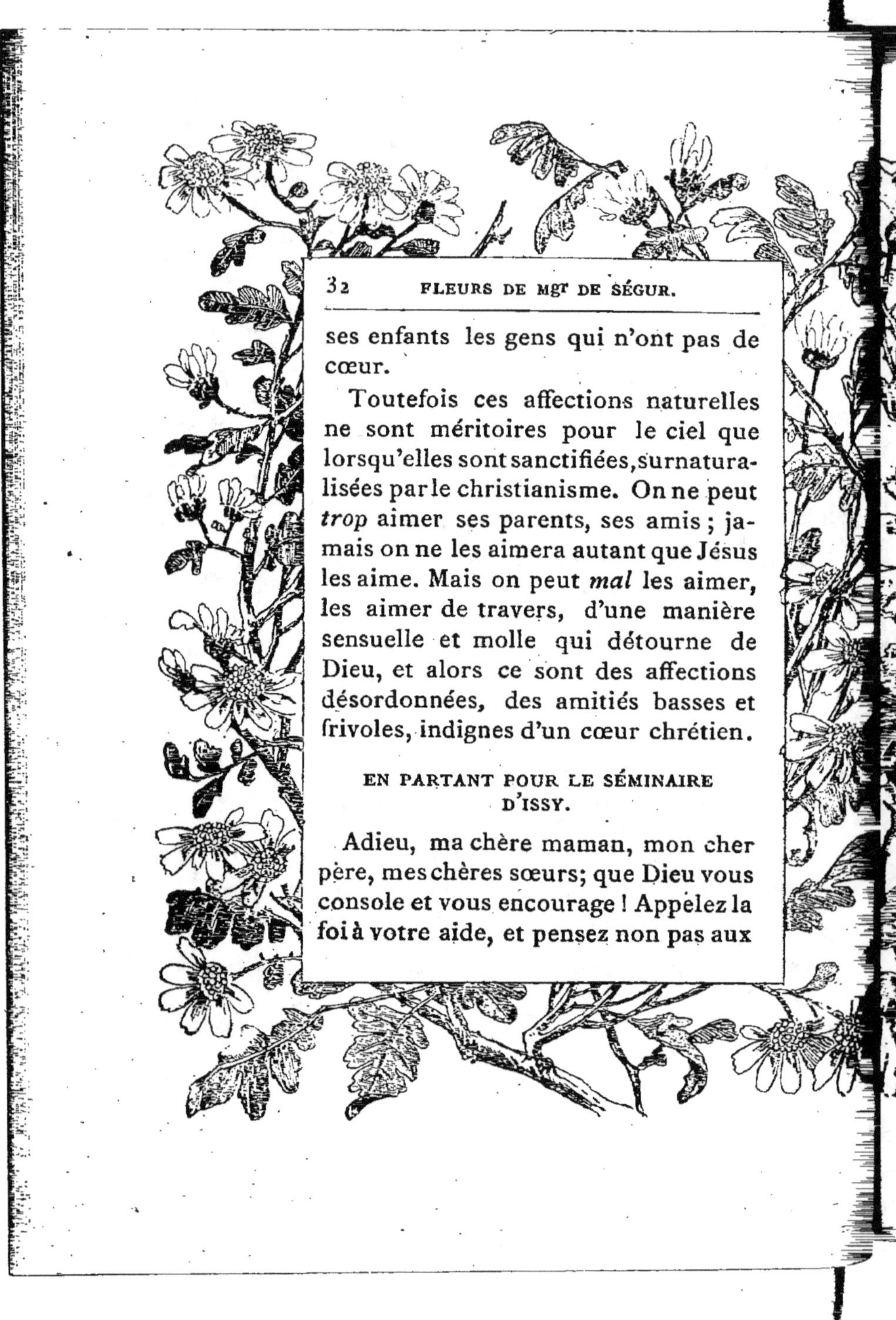

ses enfants les gens qui n'ont pas de cœur.

Toutefois ces affections naturelles ne sont méritoires pour le ciel que lorsqu'elles sont sanctifiées, surnaturalisées par le christianisme. On ne peut *trop* aimer ses parents, ses amis ; jamais on ne les aimera autant que Jésus les aime. Mais on peut *mal* les aimer, les aimer de travers, d'une manière sensuelle et molle qui détourne de Dieu, et alors ce sont des affections désordonnées, des amitiés basses et frivoles, indignes d'un cœur chrétien.

EN PARTANT POUR LE SÉMINAIRE D'ISSY.

Adieu, ma chère maman, mon cher père, mes chères sœurs; que Dieu vous console et vous encourage ! Appelez la foi à votre aide, et pensez non pas aux

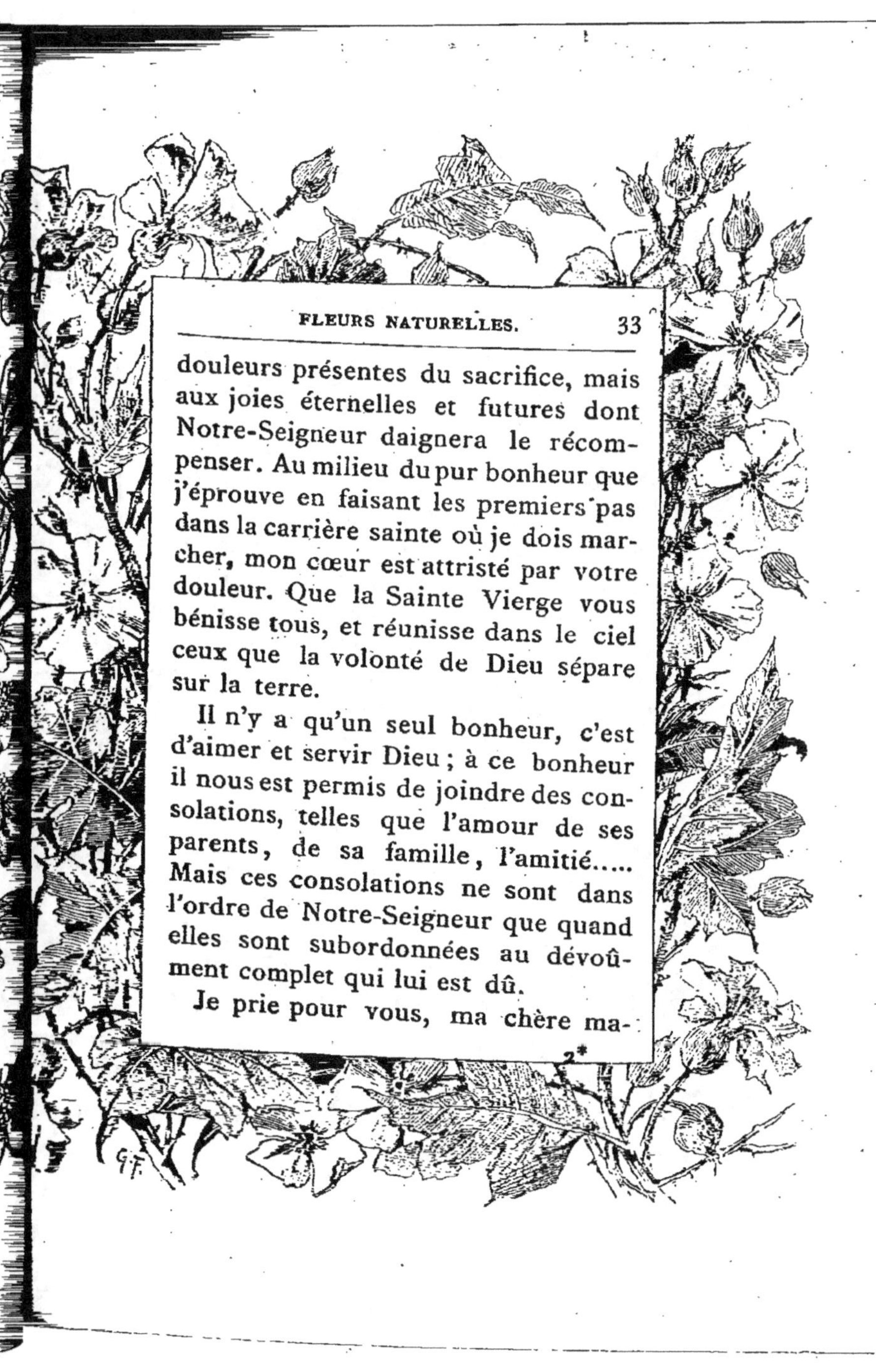

douleurs présentes du sacrifice, mais aux joies éternelles et futures dont Notre-Seigneur daignera le récompenser. Au milieu du pur bonheur que j'éprouve en faisant les premiers pas dans la carrière sainte où je dois marcher, mon cœur est attristé par votre douleur. Que la Sainte Vierge vous bénisse tous, et réunisse dans le ciel ceux que la volonté de Dieu sépare sur la terre.

Il n'y a qu'un seul bonheur, c'est d'aimer et servir Dieu ; à ce bonheur il nous est permis de joindre des consolations, telles que l'amour de ses parents, de sa famille, l'amitié..... Mais ces consolations ne sont dans l'ordre de Notre-Seigneur que quand elles sont subordonnées au dévoûment complet qui lui est dû.

Je prie pour vous, ma chère ma-

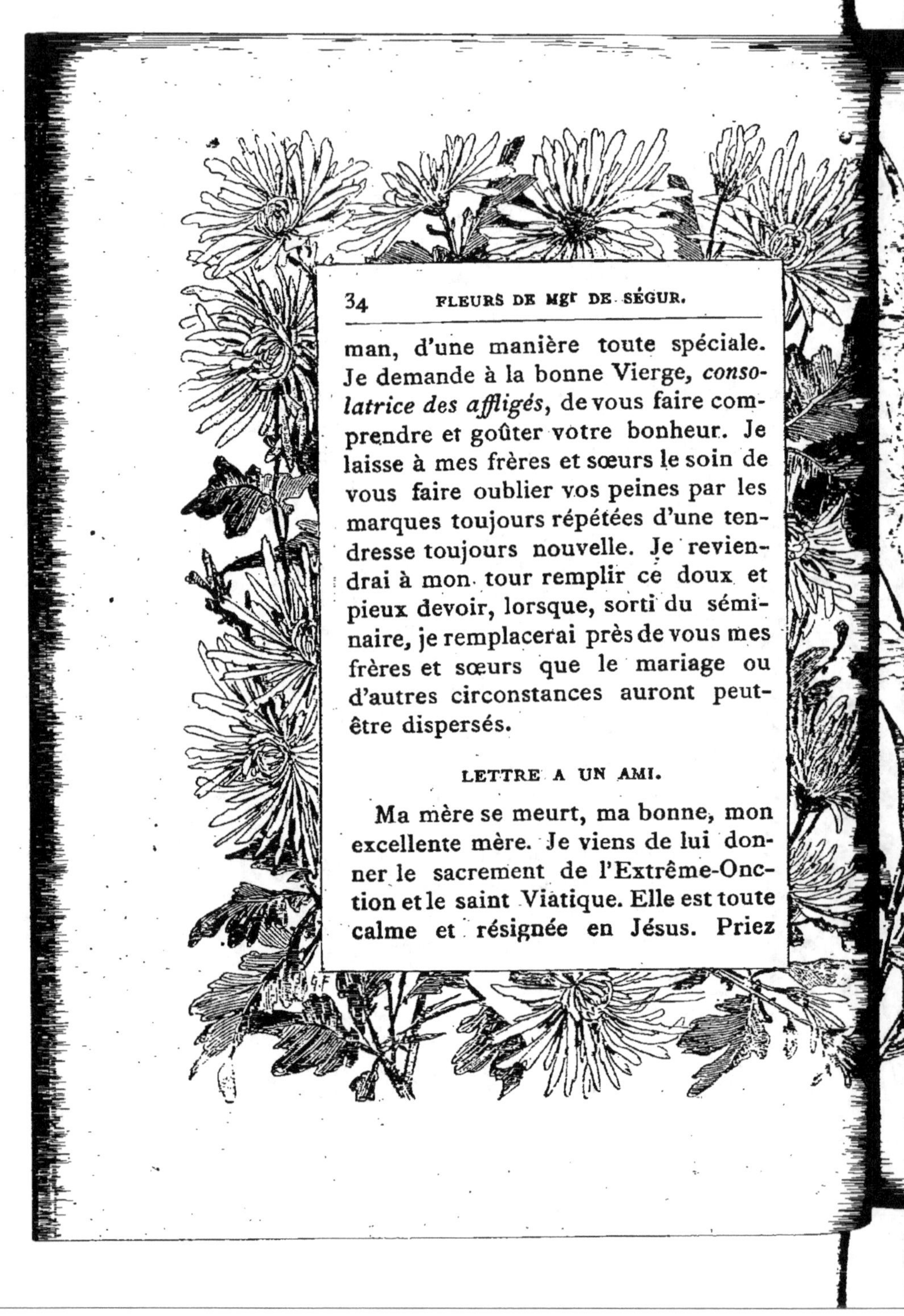

man, d'une manière toute spéciale. Je demande à la bonne Vierge, *consolatrice des affligés*, de vous faire comprendre et goûter votre bonheur. Je laisse à mes frères et sœurs le soin de vous faire oublier vos peines par les marques toujours répétées d'une tendresse toujours nouvelle. Je reviendrai à mon tour remplir ce doux et pieux devoir, lorsque, sorti du séminaire, je remplacerai près de vous mes frères et sœurs que le mariage ou d'autres circonstances auront peut-être dispersés.

LETTRE A UN AMI.

Ma mère se meurt, ma bonne, mon excellente mère. Je viens de lui donner le sacrement de l'Extrême-Onction et le saint Viatique. Elle est toute calme et résignée en Jésus. Priez

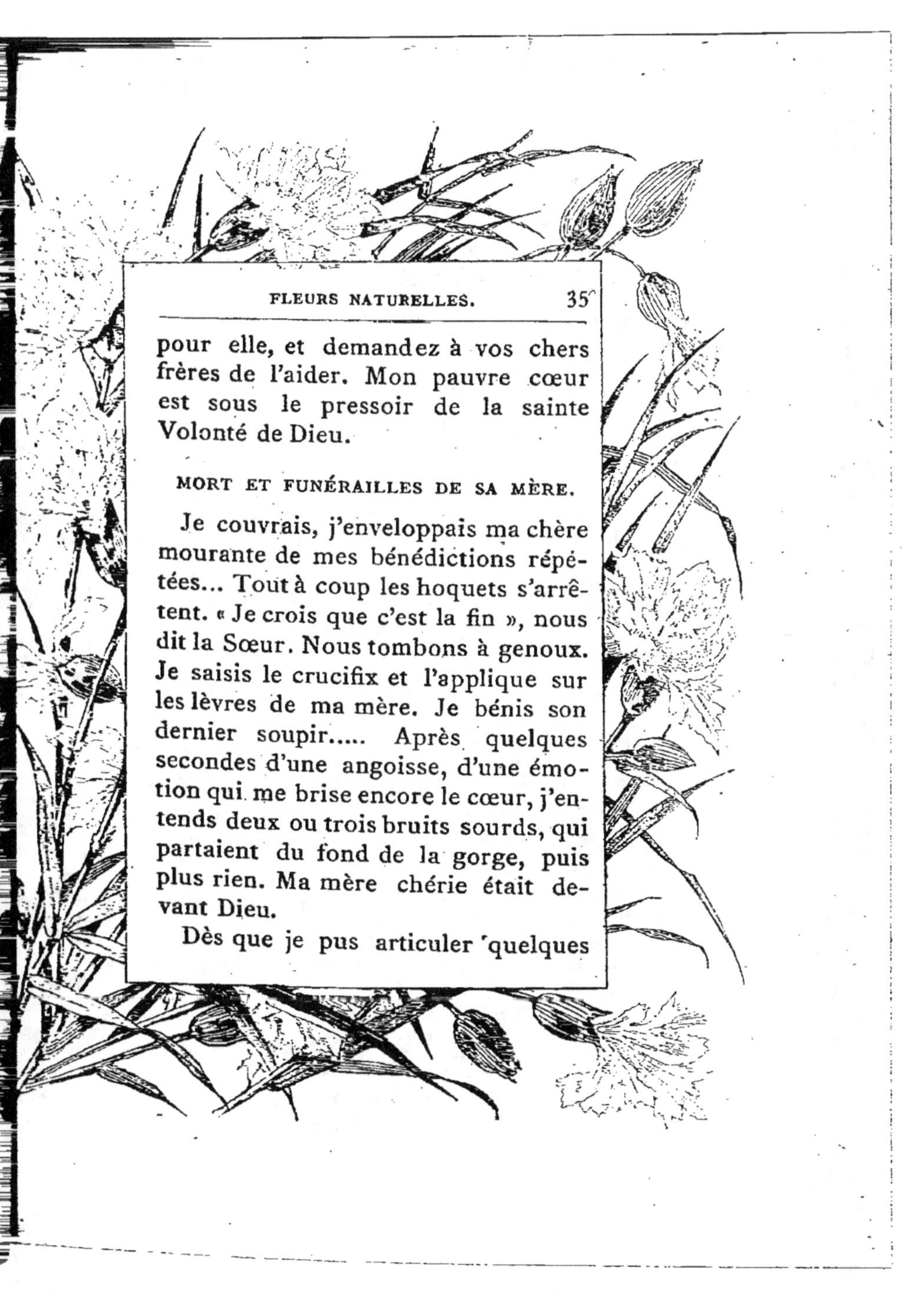

pour elle, et demandez à vos chers frères de l'aider. Mon pauvre cœur est sous le pressoir de la sainte Volonté de Dieu.

MORT ET FUNÉRAILLES DE SA MÈRE.

Je couvrais, j'enveloppais ma chère mourante de mes bénédictions répétées... Tout à coup les hoquets s'arrêtent. « Je crois que c'est la fin », nous dit la Sœur. Nous tombons à genoux. Je saisis le crucifix et l'applique sur les lèvres de ma mère. Je bénis son dernier soupir..... Après quelques secondes d'une angoisse, d'une émotion qui me brise encore le cœur, j'entends deux ou trois bruits sourds, qui partaient du fond de la gorge, puis plus rien. Ma mère chérie était devant Dieu.

Dès que je pus articuler quelques

paroles, je récitai le *De profundis* et le *Magnificat*, la prière de la propitiation et la prière de l'action de grâces. De mes mains consacrées, je fermai les yeux de ma mère. Une demi-heure après, je me hâtai d'aller offrir pour elle l'adorable et tout-puissant sacrifice.... Une joie surnaturelle dominait en mon cœur la douleur filiale ; je sentais ma mère sauvée, sauvée éternellement....

Au jour des funérailles, je me réservai l'honneur filial et le bonheur sacerdotal de célébrer devant ces chères dépouilles le divin sacrifice. J'espère que mon Dieu aura entendu le cri de mon cœur, uni à la voix du sang de son cher Fils.

Mgr Pie, l'illustre évêque de Poitiers, daigna faire l'absoute et mêler ses puissantes prières à nos prières

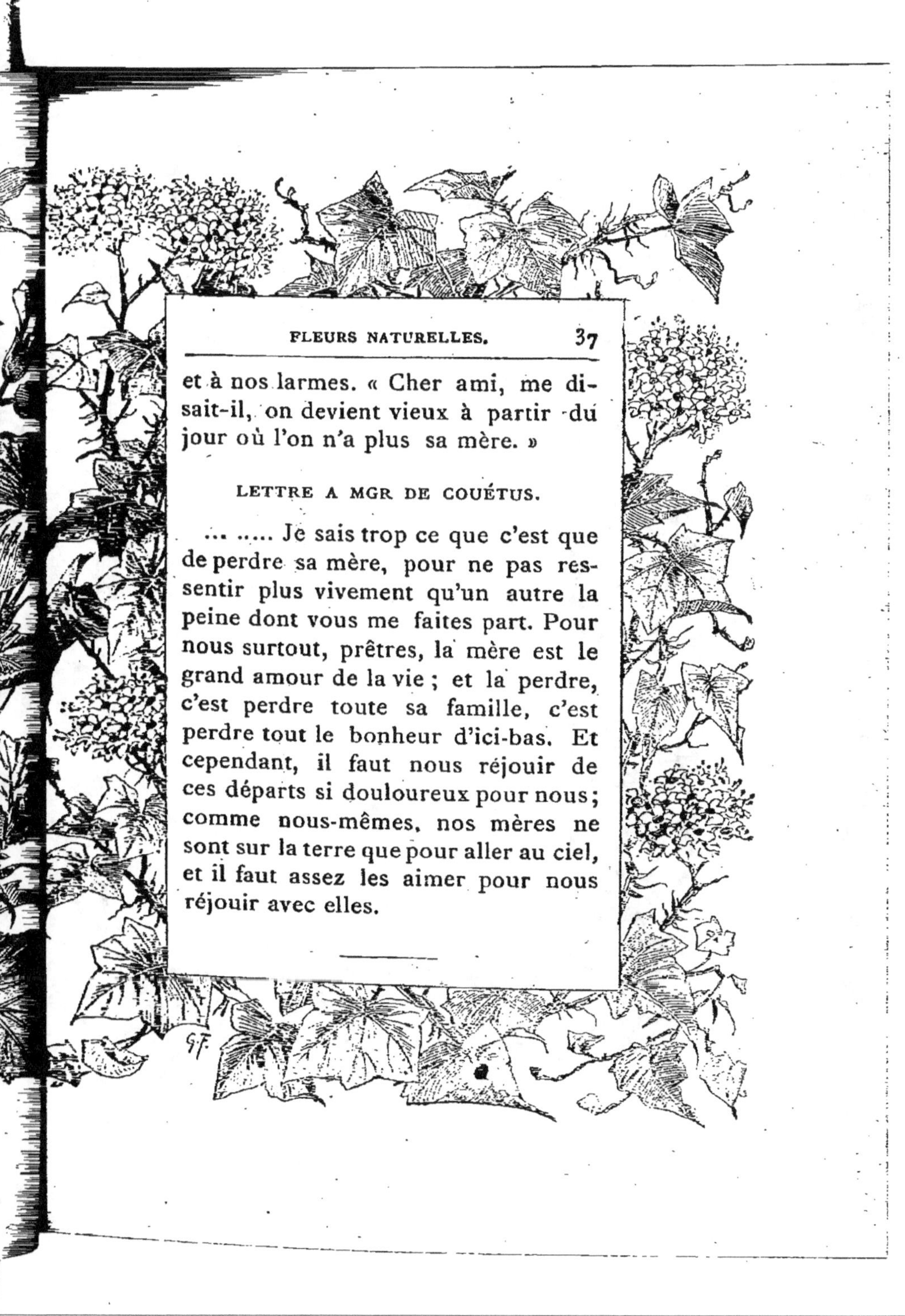

et à nos larmes. « Cher ami, me disait-il, on devient vieux à partir du jour où l'on n'a plus sa mère. »

LETTRE A MGR DE COUÉTUS.

... . Je sais trop ce que c'est que de perdre sa mère, pour ne pas ressentir plus vivement qu'un autre la peine dont vous me faites part. Pour nous surtout, prêtres, la mère est le grand amour de la vie ; et la perdre, c'est perdre toute sa famille, c'est perdre tout le bonheur d'ici-bas. Et cependant, il faut nous réjouir de ces départs si douloureux pour nous ; comme nous-mêmes, nos mères ne sont sur la terre que pour aller au ciel, et il faut assez les aimer pour nous réjouir avec elles.

FLEURS DE GRACE ET DE SALUT.

—

Savez-vous quel est le meilleur des états ? Ce n'est ni d'être rentier, ni d'être pauvre, ni d'être empereur ou roi. Le meilleur des états, c'est l'*état de grâce*.

La patente de cet état unique est donnée, non par le Gouvernement, mais par le bon Dieu, par le grand Roi du ciel et de la terre. Il la délivre gratuitement à tous ceux qui la désirent, et jamais il ne la retire que lorsqu'on n'en veut plus. Avec cette patente et dans cet admirable état, on fait une fortune rapide ; on gagne des trésors qui dépassent de beaucoup

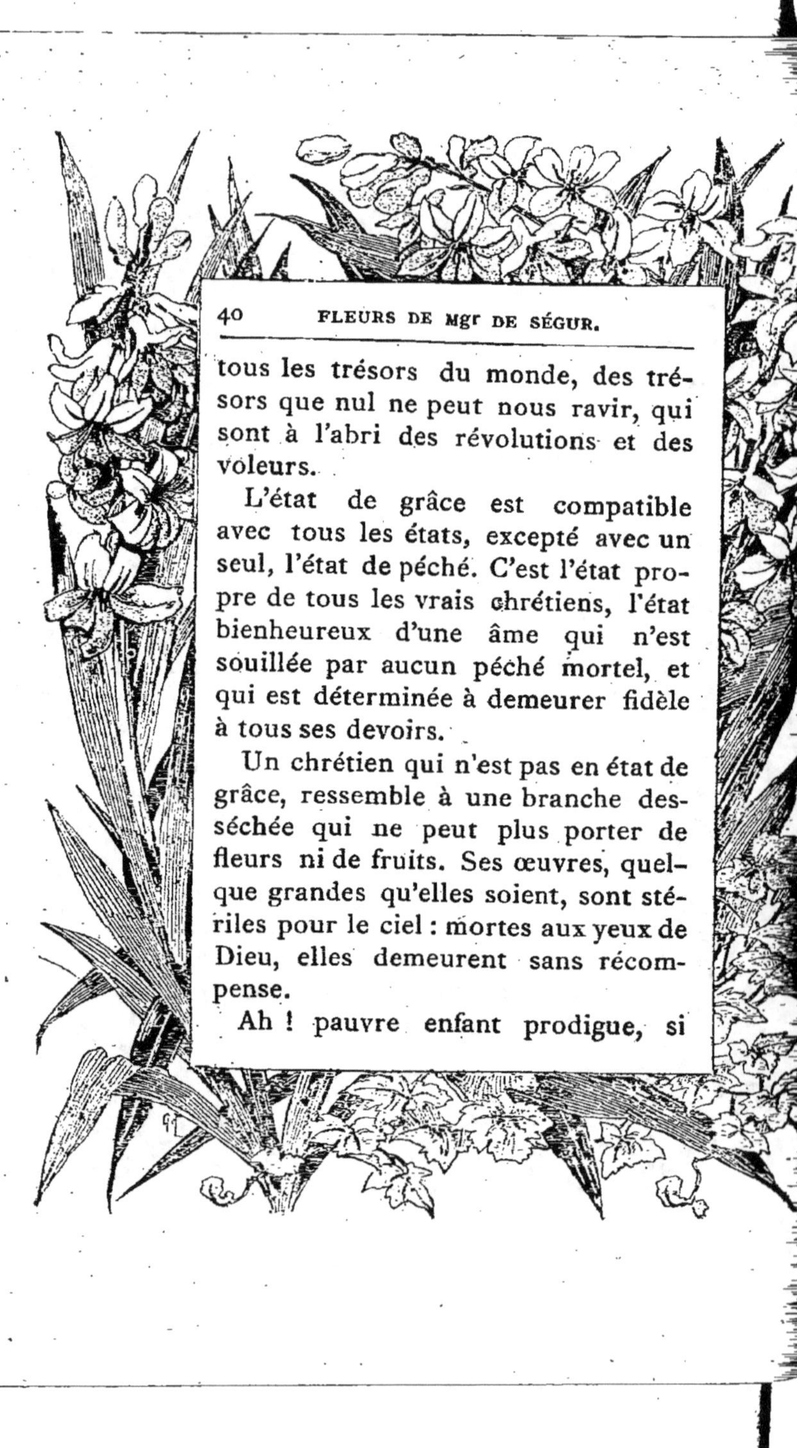

tous les trésors du monde, des trésors que nul ne peut nous ravir, qui sont à l'abri des révolutions et des voleurs.

L'état de grâce est compatible avec tous les états, excepté avec un seul, l'état de péché. C'est l'état propre de tous les vrais chrétiens, l'état bienheureux d'une âme qui n'est souillée par aucun péché mortel, et qui est déterminée à demeurer fidèle à tous ses devoirs.

Un chrétien qui n'est pas en état de grâce, ressemble à une branche desséchée qui ne peut plus porter de fleurs ni de fruits. Ses œuvres, quelque grandes qu'elles soient, sont stériles pour le ciel : mortes aux yeux de Dieu, elles demeurent sans récompense.

Ah ! pauvre enfant prodigue, si

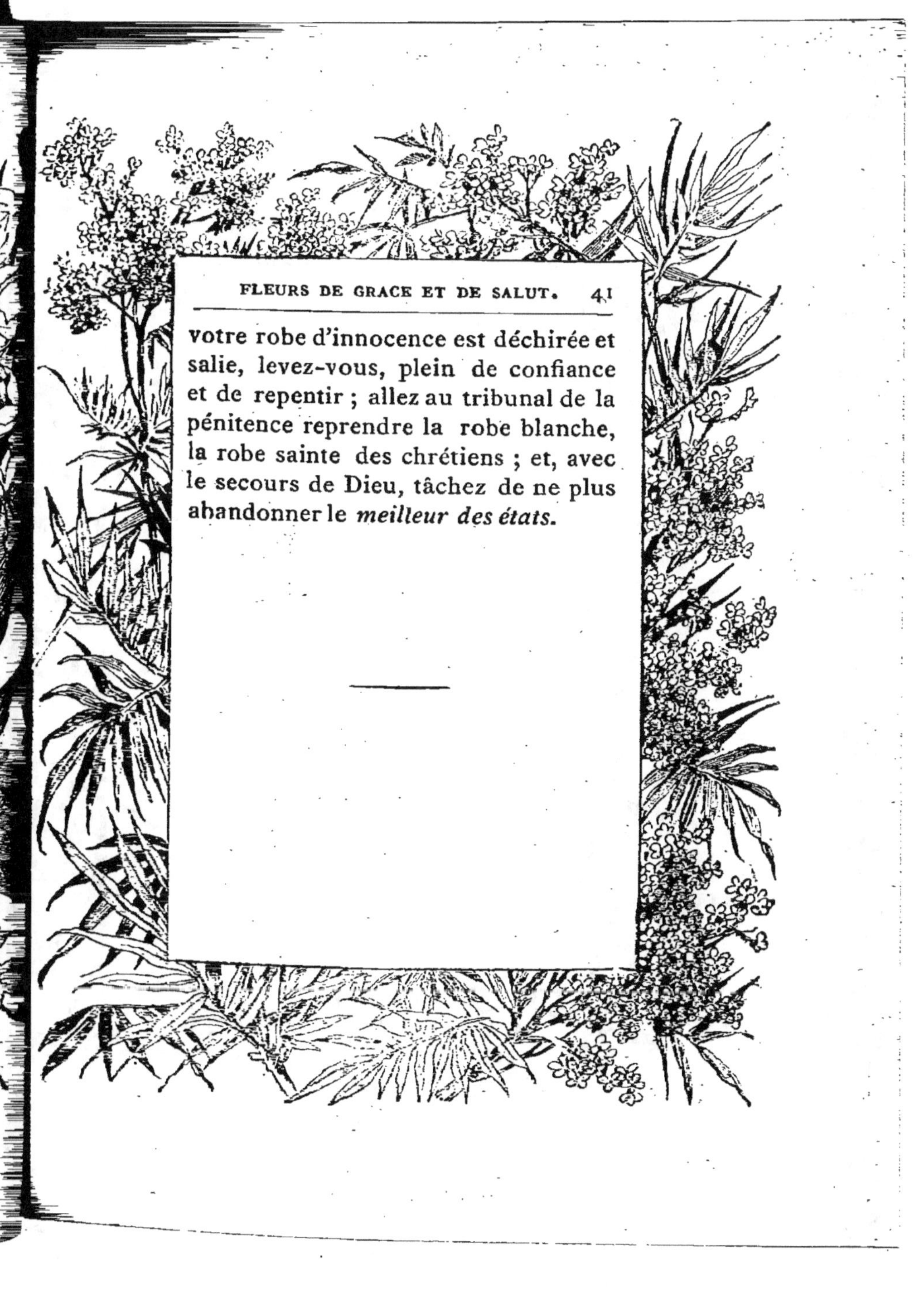

votre robe d'innocence est déchirée et salie, levez-vous, plein de confiance et de repentir ; allez au tribunal de la pénitence reprendre la robe blanche, la robe sainte des chrétiens ; et, avec le secours de Dieu, tâchez de ne plus abandonner le *meilleur des états*.

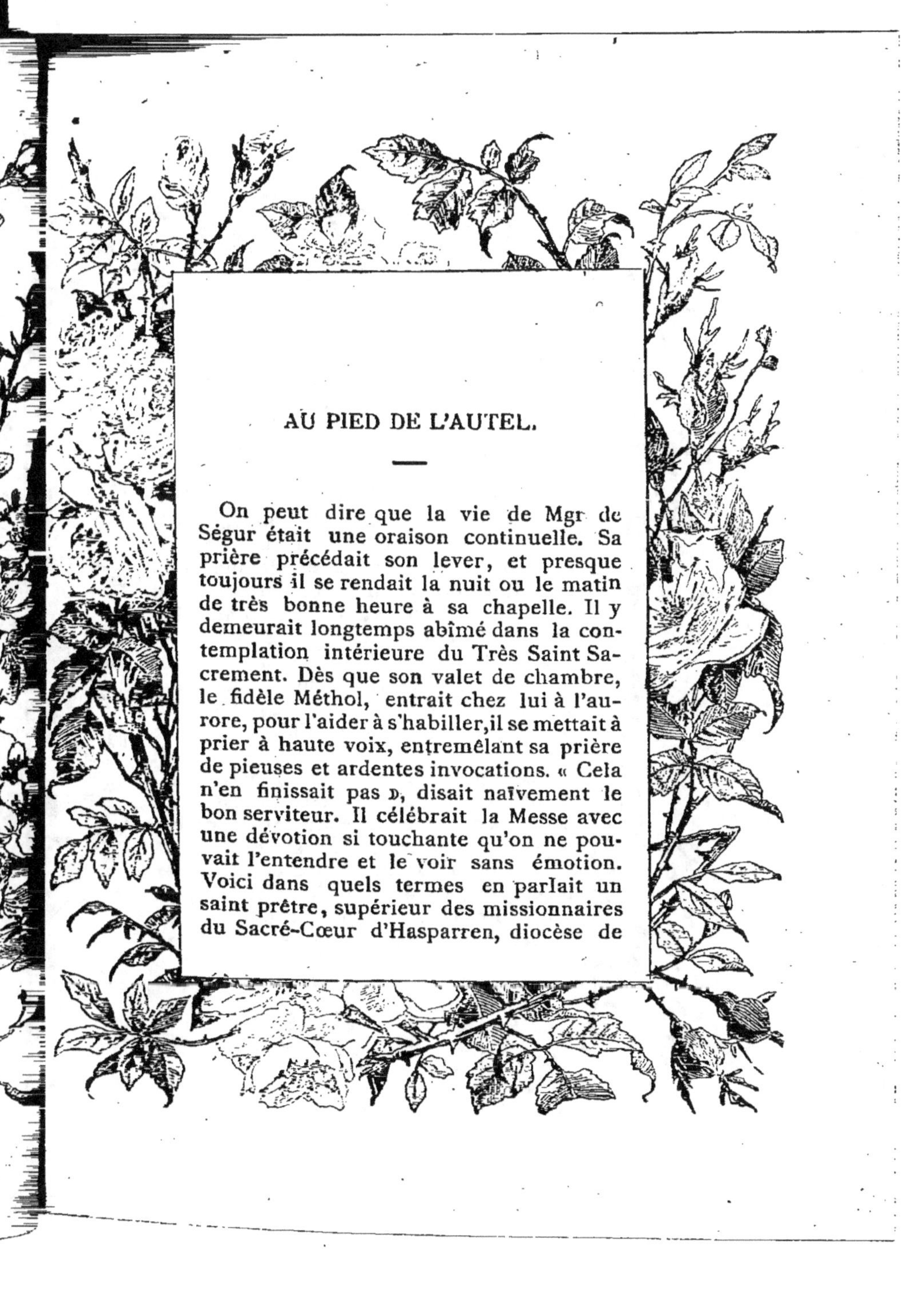

AU PIED DE L'AUTEL.

—

On peut dire que la vie de Mgr de Ségur était une oraison continuelle. Sa prière précédait son lever, et presque toujours il se rendait la nuit ou le matin de très bonne heure à sa chapelle. Il y demeurait longtemps abîmé dans la contemplation intérieure du Très Saint Sacrement. Dès que son valet de chambre, le fidèle Méthol, entrait chez lui à l'aurore, pour l'aider à s'habiller, il se mettait à prier à haute voix, entremêlant sa prière de pieuses et ardentes invocations. « Cela n'en finissait pas », disait naïvement le bon serviteur. Il célébrait la Messe avec une dévotion si touchante qu'on ne pouvait l'entendre et le voir sans émotion. Voici dans quels termes en parlait un saint prêtre, supérieur des missionnaires du Sacré-Cœur d'Hasparren, diocèse de

Bayonne, qui l'avait rencontré à Rome;
« Rien ne peut rendre sa modestie, sa
piété à l'autel; c'était quelque chose de
céleste, de séraphique. J'en fus si frappé
que je ne pus m'empêcher, la première
fois que je le vis, de demander autour de
moi quel était ce jeune prêtre. « C'est,
me dit-on, Mgr de Ségur, le nouvel auditeur de Rote. » De ce jour, je cherchai
à assister à sa Messe, et depuis mon
retour, je ne puis entendre parler de lui
sans me rappeler sa figure comme illu-
minée d'en haut au saint autel. »

Devenu aveugle, il continua à célébrer
le saint Sacrifice avec la même dévotion,
rendue plus touchante encore par son infirmité. Il disait d'habitude la Messe
votive de la Sainte Vierge, qu'il avait
apprise par cœur. Il avait appris égale-
ment plusieurs autres Messes, notamment
celle des morts, ainsi qu'un grand nombre
de psaumes et de prières latines.

Rien n'était beau comme de le voir en
méditation devant le Saint Sacrement,
immobile et semblant parfois, de ses
yeux éteints et tout grands ouverts, inter-

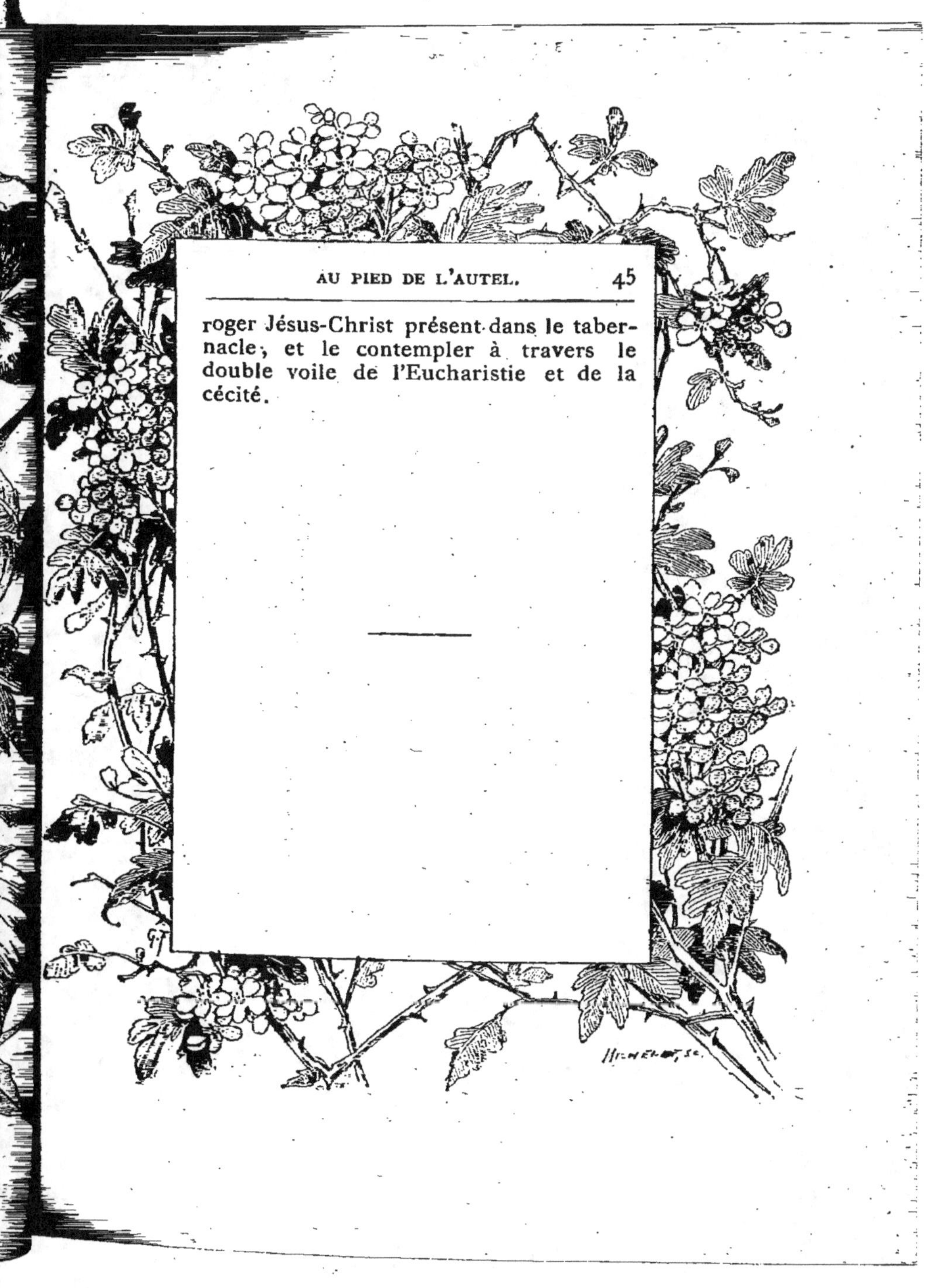

roger Jésus-Christ présent dans le tabernacle, et le contempler à travers le double voile de l'Eucharistie et de la cécité.

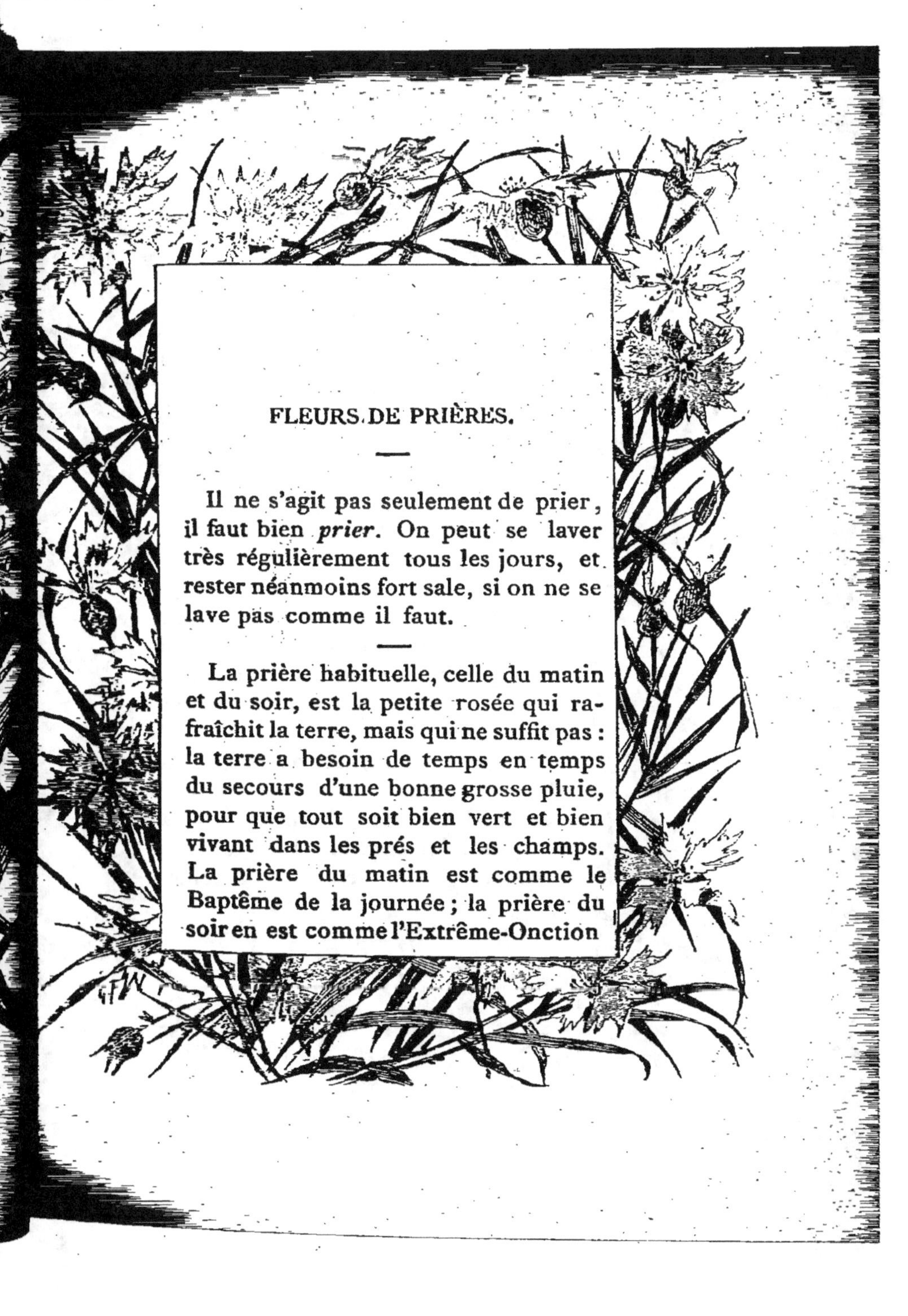

FLEURS DE PRIÈRES.

———

Il ne s'agit pas seulement de prier,
il faut bien *prier*. On peut se laver
très régulièrement tous les jours, et
rester néanmoins fort sale, si on ne se
lave pas comme il faut.

———

La prière habituelle, celle du matin
et du soir, est la petite rosée qui ra-
fraîchit la terre, mais qui ne suffit pas :
la terre a besoin de temps en temps
du secours d'une bonne grosse pluie,
pour que tout soit bien vert et bien
vivant dans les prés et les champs.
La prière du matin est comme le
Baptême de la journée ; la prière du
soir en est comme l'Extrême-Onction

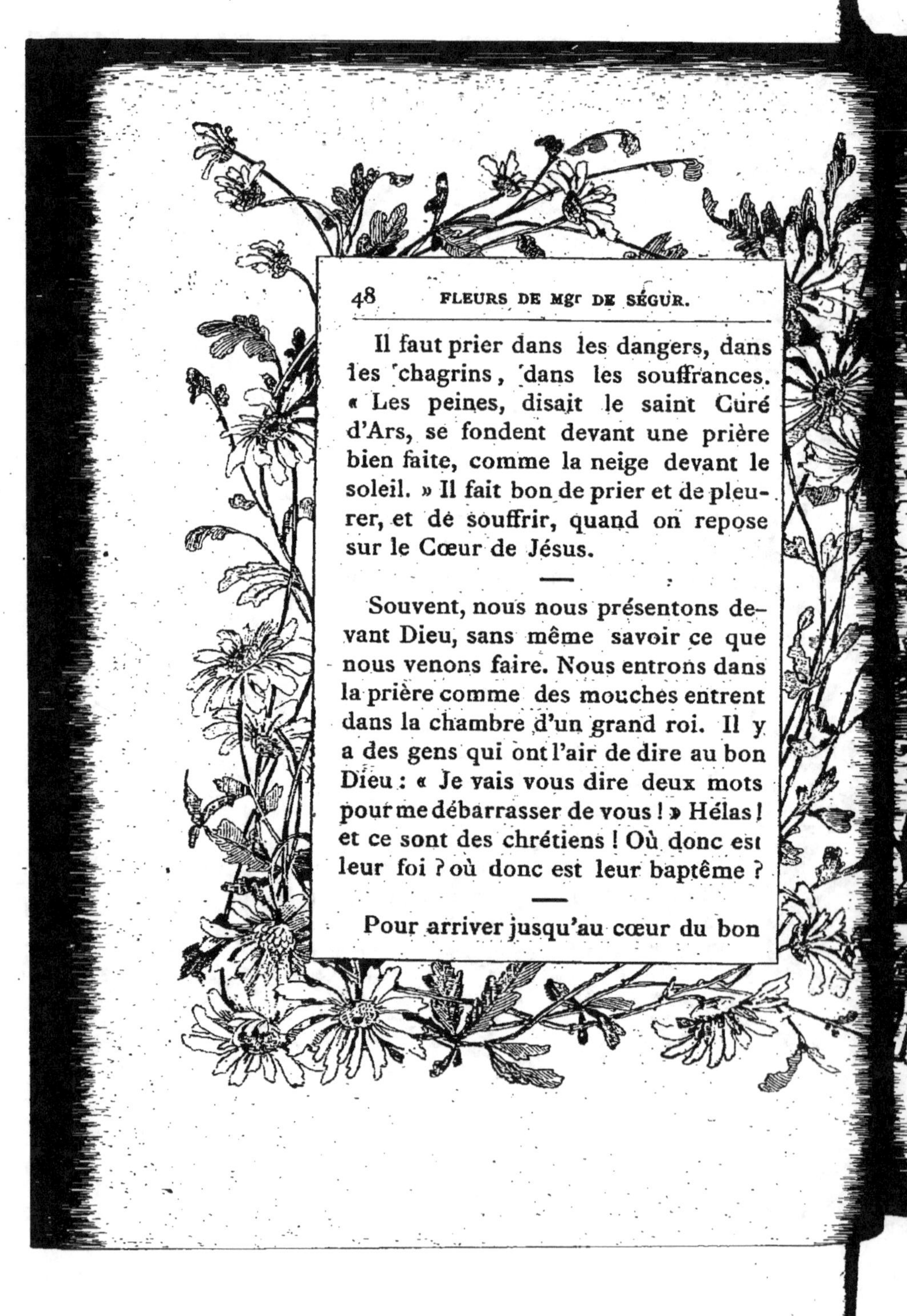

Il faut prier dans les dangers, dans les chagrins, dans les souffrances. « Les peines, disait le saint Curé d'Ars, se fondent devant une prière bien faite, comme la neige devant le soleil. » Il fait bon de prier et de pleurer, et de souffrir, quand on repose sur le Cœur de Jésus.

—

Souvent, nous nous présentons devant Dieu, sans même savoir ce que nous venons faire. Nous entrons dans la prière comme des mouches entrent dans la chambre d'un grand roi. Il y a des gens qui ont l'air de dire au bon Dieu : « Je vais vous dire deux mots pour me débarrasser de vous ! » Hélas ! et ce sont des chrétiens ! Où donc est leur foi ? où donc est leur baptême ?

—

Pour arriver jusqu'au cœur du bon

Dieu, la prière doit être chrétienne, c'est-à-dire unie à la très sainte prière de Jésus-Christ. Quand un rayon de soleil passe à travers les vitraux colorés de nos églises, il prend la couleur de ces vitraux, et tout en restant un rayon de soleil, il devient rouge, violet, bleu, jaune, comme le vitrail. Ainsi la prière devient chrétienne quand elle passe par Jésus.

———

La ferveur dans la prière ne consiste pas à pleurer, à s'attendrir, à sentir qu'on aime bien le bon Dieu. La ferveur est dans la volonté. Il y a différents degrés dans la ferveur, comme il y a différents degrés dans le vol des oiseaux. Les uns, comme les poules, les canards et les dindons, sont si lourds et ont des ailes si misérables, qu'ils peuvent à peine s'élever

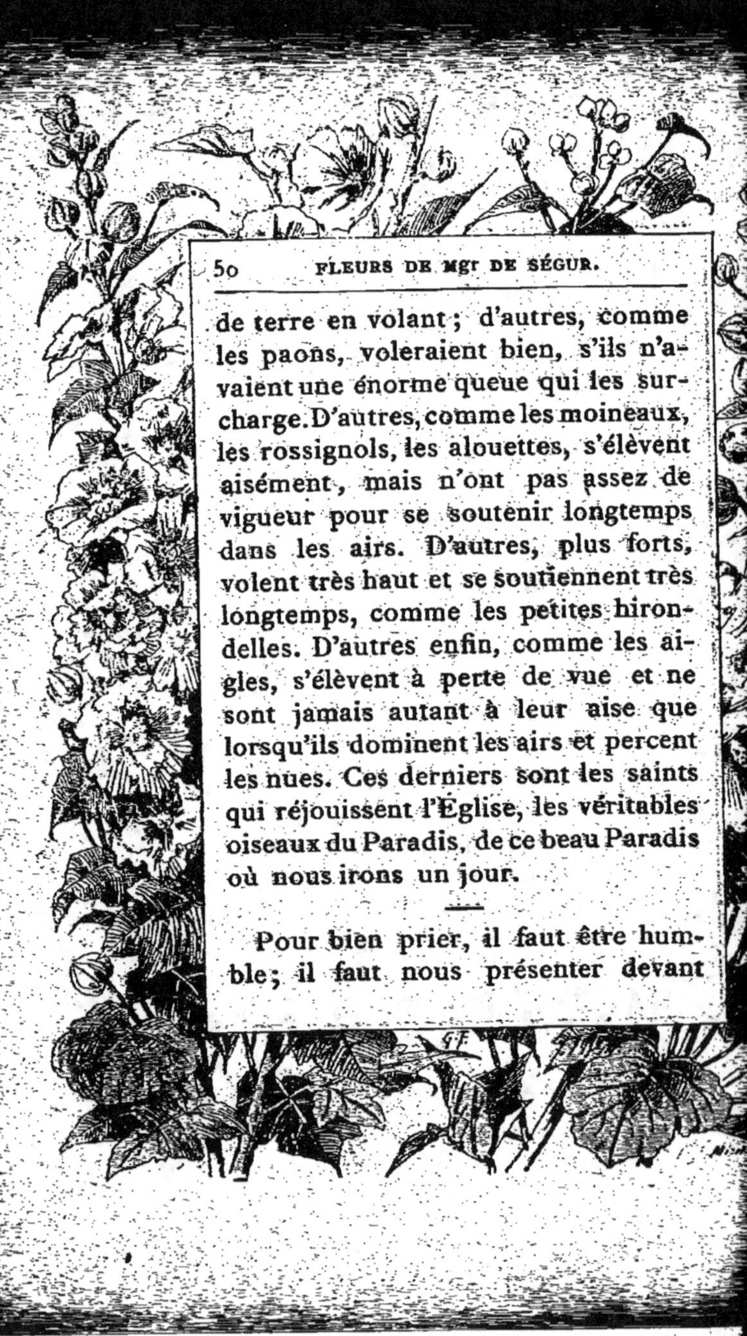

de terre en volant; d'autres, comme
les paons, voleraient bien, s'ils n'a-
vaient une énorme queue qui les sur-
charge. D'autres, comme les moineaux,
les rossignols, les alouettes, s'élèvent
aisément, mais n'ont pas assez de
vigueur pour se soutenir longtemps
dans les airs. D'autres, plus forts,
volent très haut et se soutiennent très
longtemps, comme les petites hiron-
delles. D'autres enfin, comme les ai-
gles, s'élèvent à perte de vue et ne
sont jamais autant à leur aise que
lorsqu'ils dominent les airs et percent
les nues. Ces derniers sont les saints
qui réjouissent l'Église, les véritables
oiseaux du Paradis, de ce beau Paradis
où nous irons un jour.

———

Pour bien prier, il faut être humble; il faut nous présenter devant

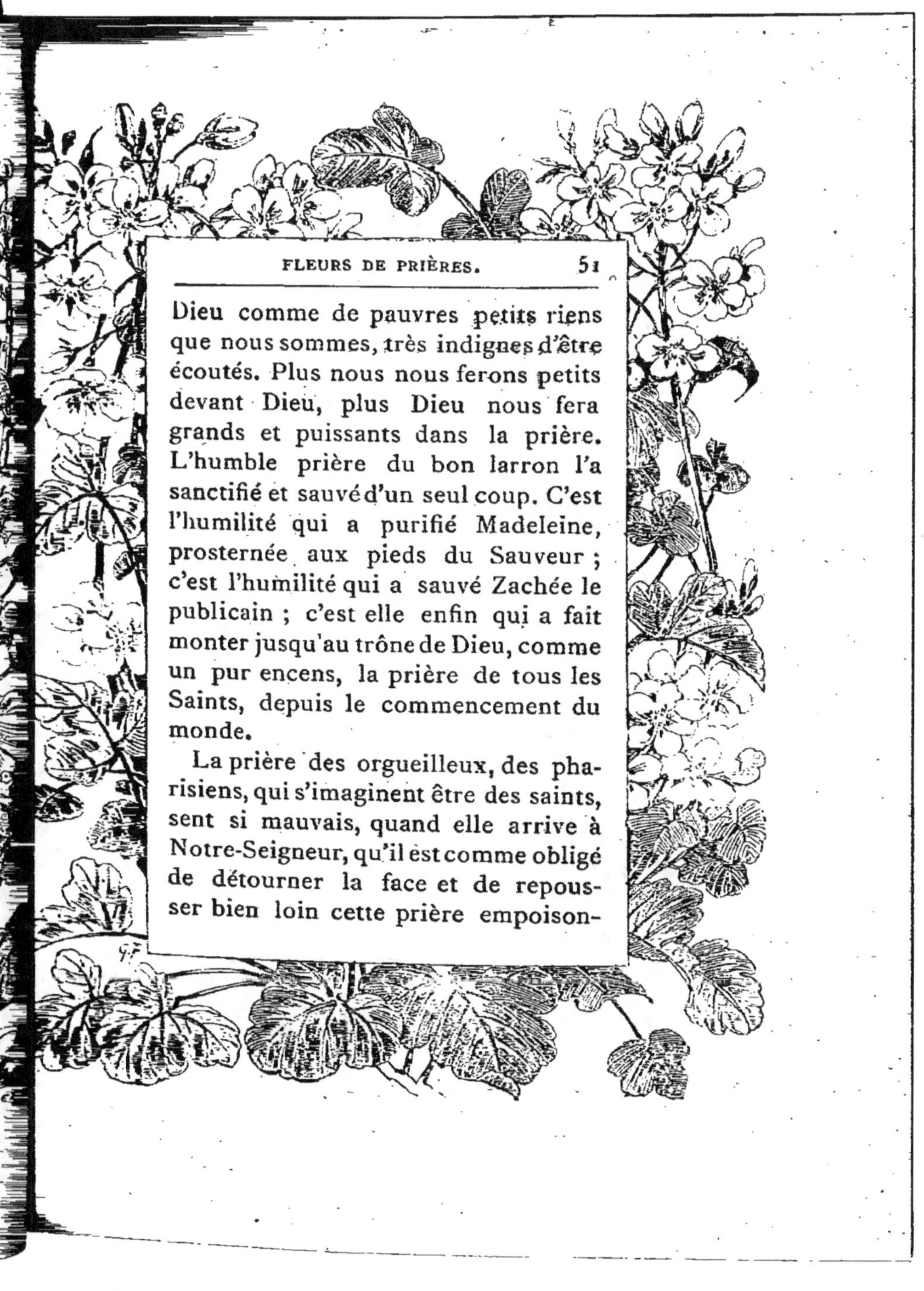

Dieu comme de pauvres petits riens que nous sommes, très indignes d'être écoutés. Plus nous nous ferons petits devant Dieu, plus Dieu nous fera grands et puissants dans la prière. L'humble prière du bon larron l'a sanctifié et sauvé d'un seul coup. C'est l'humilité qui a purifié Madeleine, prosternée aux pieds du Sauveur ; c'est l'humilité qui a sauvé Zachée le publicain ; c'est elle enfin qui a fait monter jusqu'au trône de Dieu, comme un pur encens, la prière de tous les Saints, depuis le commencement du monde.

La prière des orgueilleux, des pharisiens, qui s'imaginent être des saints, sent si mauvais, quand elle arrive à Notre-Seigneur, qu'il est comme obligé de détourner la face et de repousser bien loin cette prière empoison-

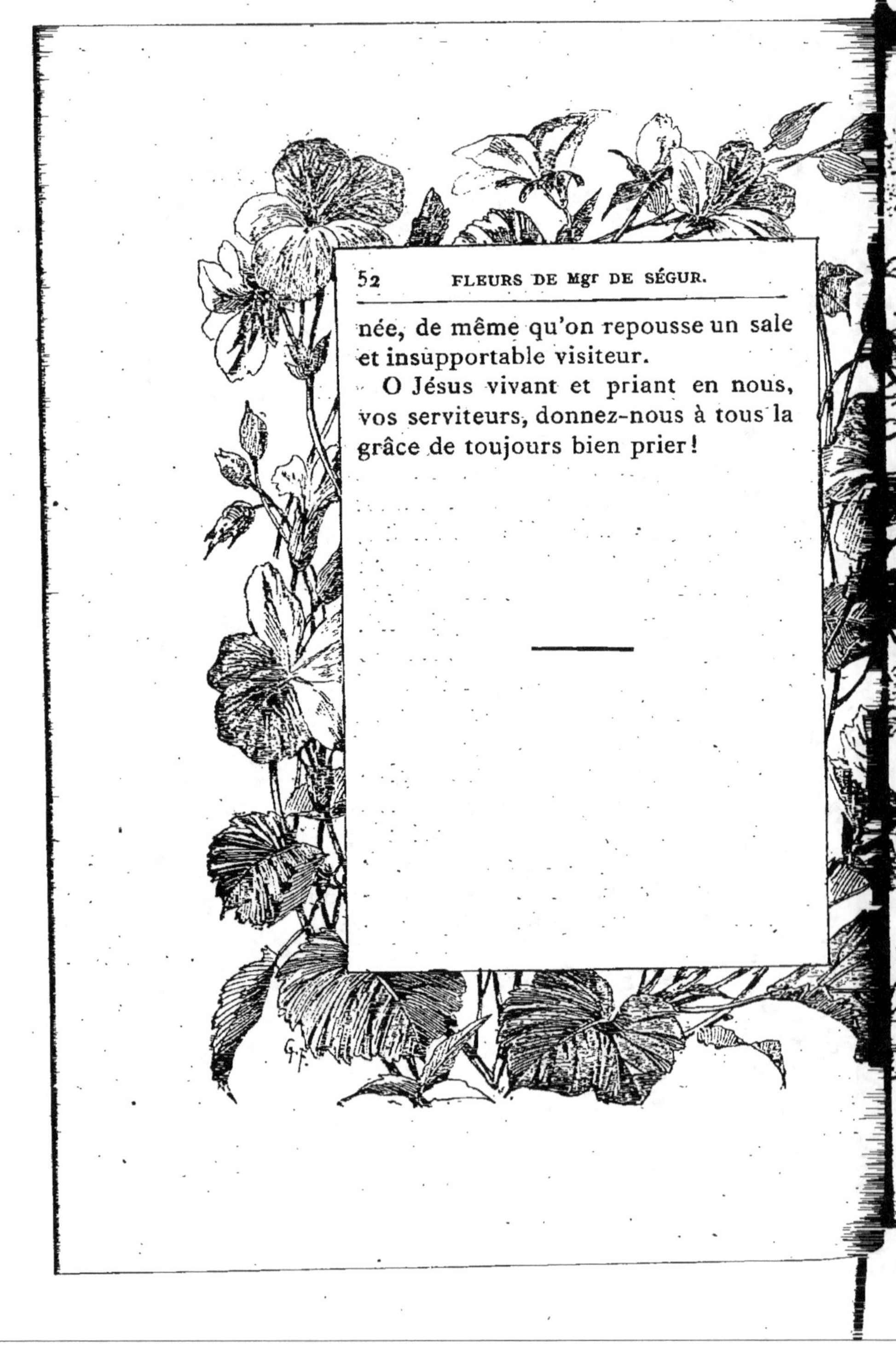

née, de même qu'on repousse un sale et insupportable visiteur.

O Jésus vivant et priant en nous, vos serviteurs, donnez-nous à tous la grâce de toujours bien prier !

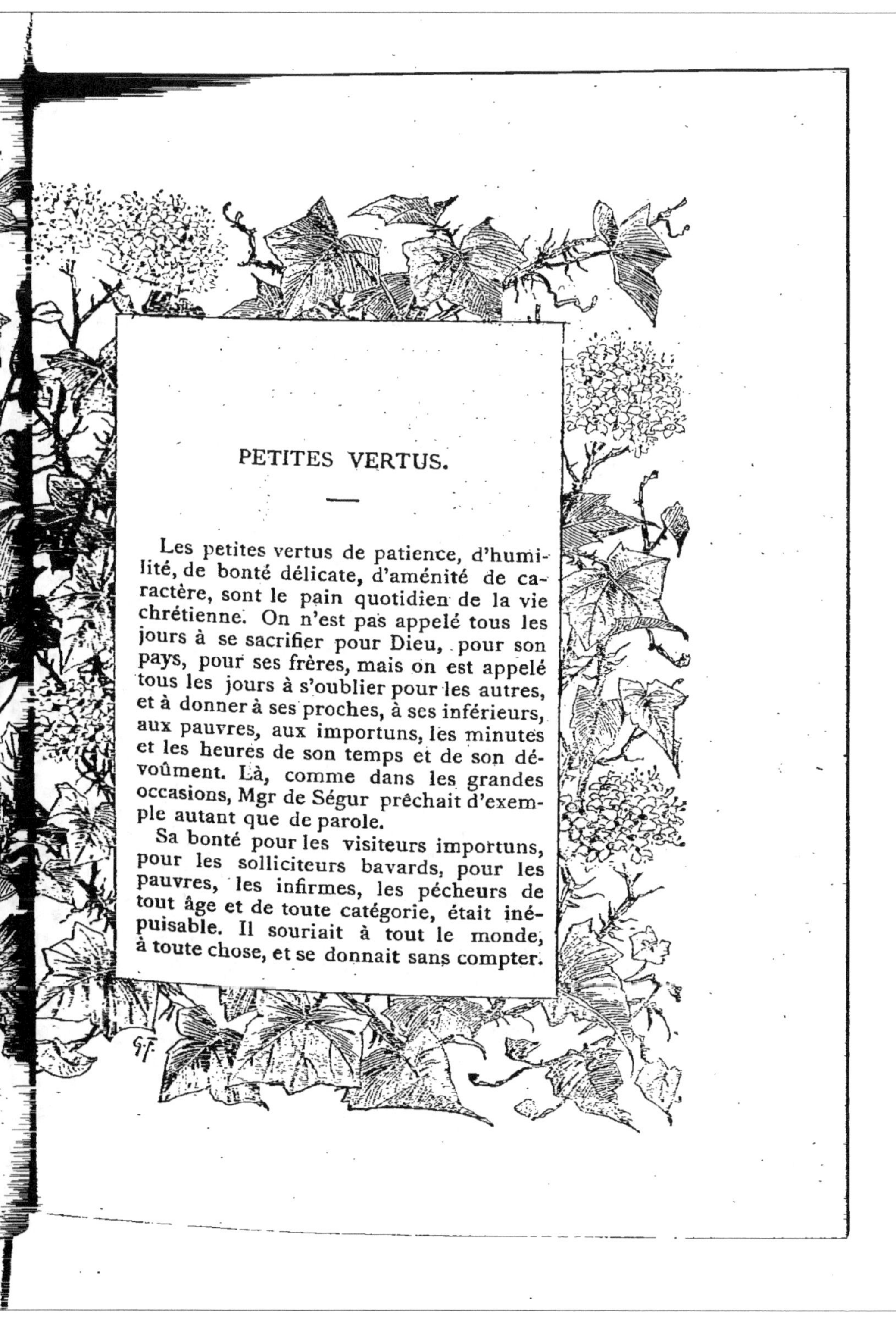

PETITES VERTUS.

—

Les petites vertus de patience, d'humilité, de bonté délicate, d'aménité de caractère, sont le pain quotidien de la vie chrétienne. On n'est pas appelé tous les jours à se sacrifier pour Dieu, pour son pays, pour ses frères, mais on est appelé tous les jours à s'oublier pour les autres, et à donner à ses proches, à ses inférieurs, aux pauvres, aux importuns, les minutes et les heures de son temps et de son dévoûment. Là, comme dans les grandes occasions, Mgr de Ségur prêchait d'exemple autant que de parole.

Sa bonté pour les visiteurs importuns, pour les solliciteurs bavards, pour les pauvres, les infirmes, les pécheurs de tout âge et de toute catégorie, était inépuisable. Il souriait à tout le monde, à toute chose, et se donnait sans compter.

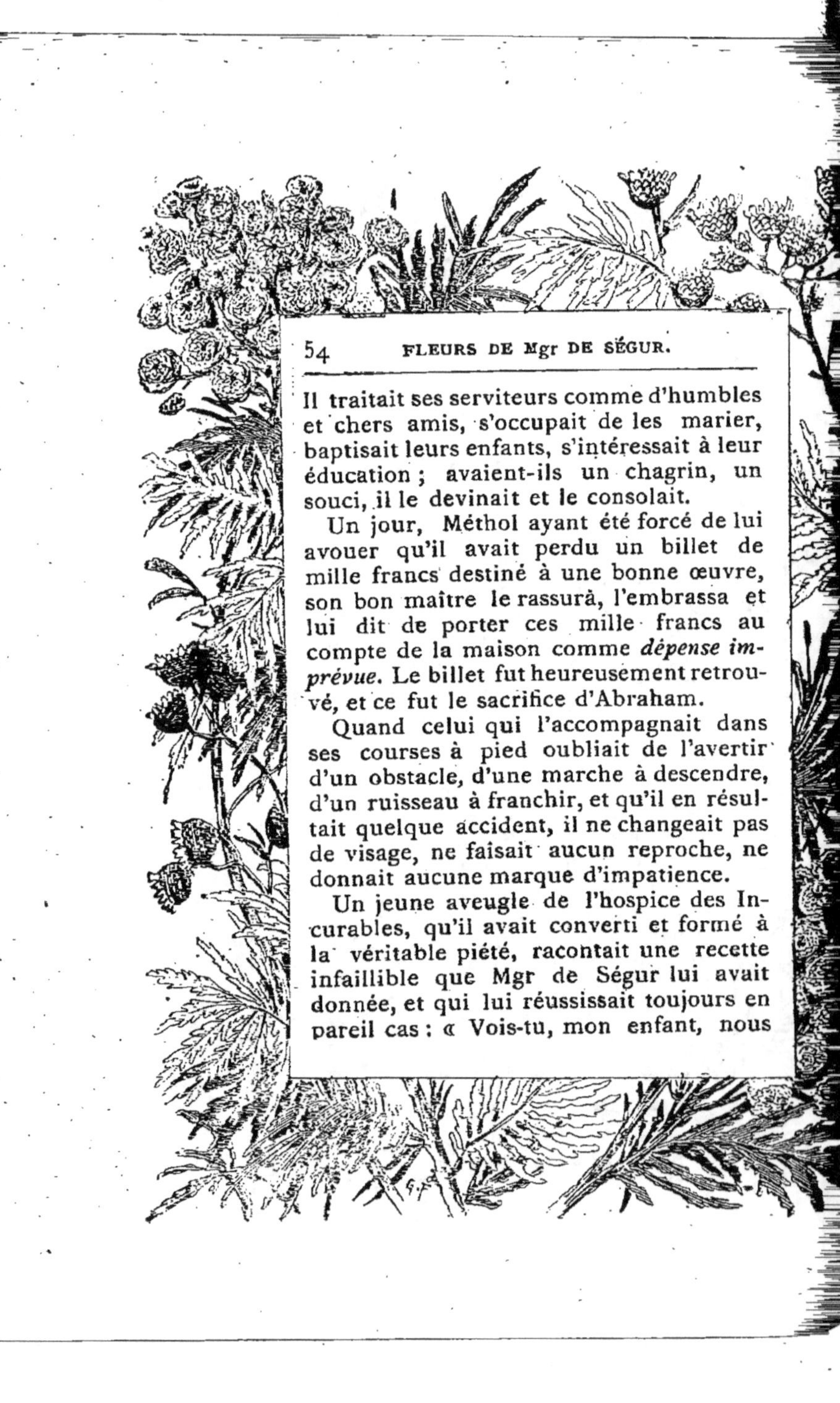

Il traitait ses serviteurs comme d'humbles et chers amis, s'occupait de les marier, baptisait leurs enfants, s'intéressait à leur éducation ; avaient-ils un chagrin, un souci, il le devinait et le consolait.

Un jour, Méthol ayant été forcé de lui avouer qu'il avait perdu un billet de mille francs destiné à une bonne œuvre, son bon maître le rassura, l'embrassa et lui dit de porter ces mille francs au compte de la maison comme *dépense imprévue.* Le billet fut heureusement retrouvé, et ce fut le sacrifice d'Abraham.

Quand celui qui l'accompagnait dans ses courses à pied oubliait de l'avertir d'un obstacle, d'une marche à descendre, d'un ruisseau à franchir, et qu'il en résultait quelque accident, il ne changeait pas de visage, ne faisait aucun reproche, ne donnait aucune marque d'impatience.

Un jeune aveugle de l'hospice des Incurables, qu'il avait converti et formé à la véritable piété, racontait une recette infaillible que Mgr de Ségur lui avait donnée, et qui lui réussissait toujours en pareil cas : « Vois-tu, mon enfant, nous

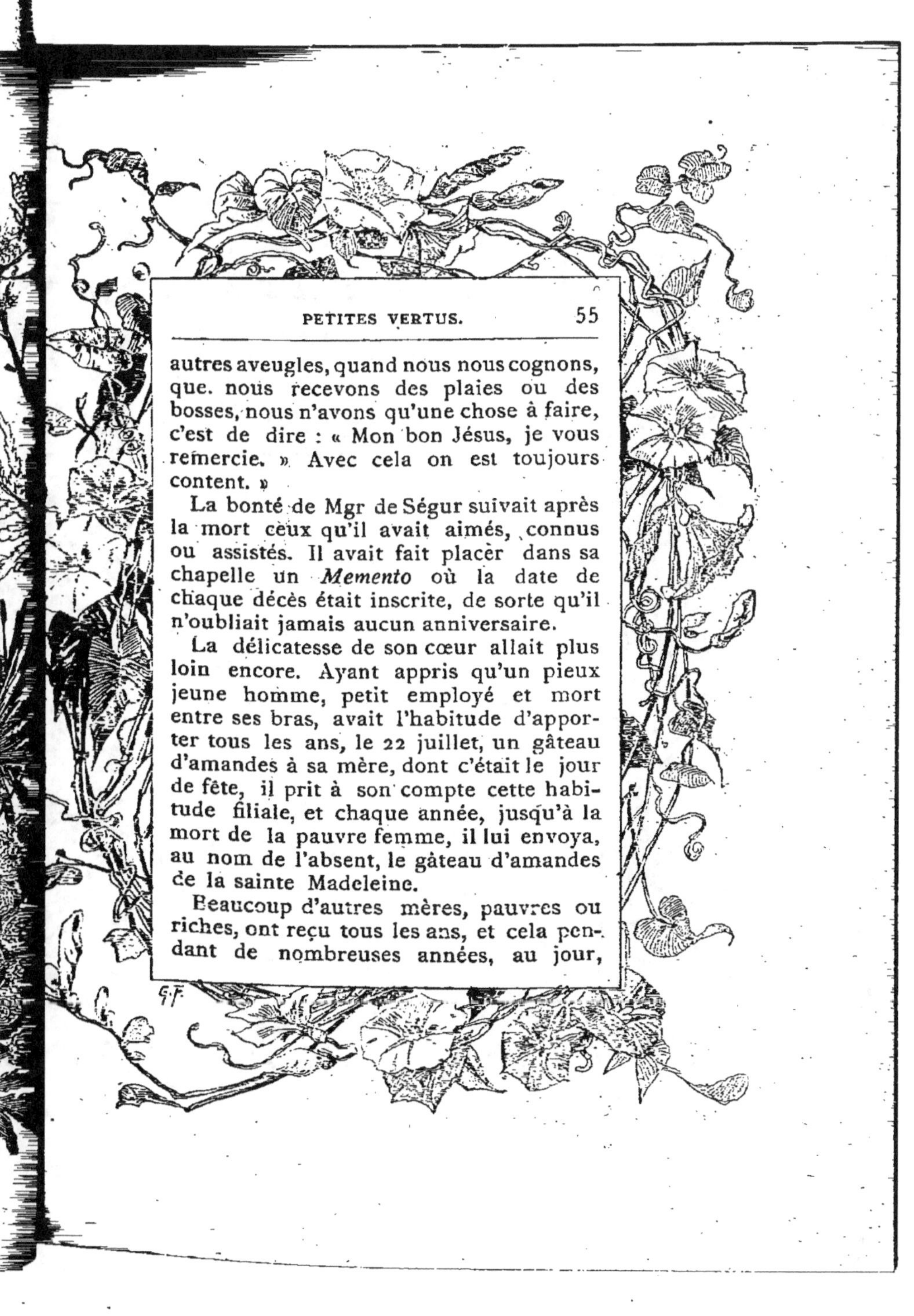

autres aveugles, quand nous nous cognons,
que. nous recevons des plaies ou des
bosses, nous n'avons qu'une chose à faire,
c'est de dire : « Mon bon Jésus, je vous
remercie. » Avec cela on est toujours
content. »

La bonté de Mgr de Ségur suivait après
la mort ceux qu'il avait aimés, connus
ou assistés. Il avait fait placer dans sa
chapelle un *Memento* où la date de
chaque décès était inscrite, de sorte qu'il
n'oubliait jamais aucun anniversaire.

La délicatesse de son cœur allait plus
loin encore. Ayant appris qu'un pieux
jeune homme, petit employé et mort
entre ses bras, avait l'habitude d'appor-
ter tous les ans, le 22 juillet, un gâteau
d'amandes à sa mère, dont c'était le jour
de fête, il prit à son compte cette habitude filiale, et chaque année, jusqu'à la
mort de la pauvre femme, il lui envoya,
au nom de l'absent, le gâteau d'amandes
de la sainte Madeleine.

Beaucoup d'autres mères, pauvres ou
riches, ont reçu tous les ans, et cela pendant de nombreuses années, au jour,

anniversaire de la mort de leurs enfants, une lettre de Mgr de Ségur, s'unissant à elles, avec une infatigable fidélité, dans leurs regrets et leurs espérances.

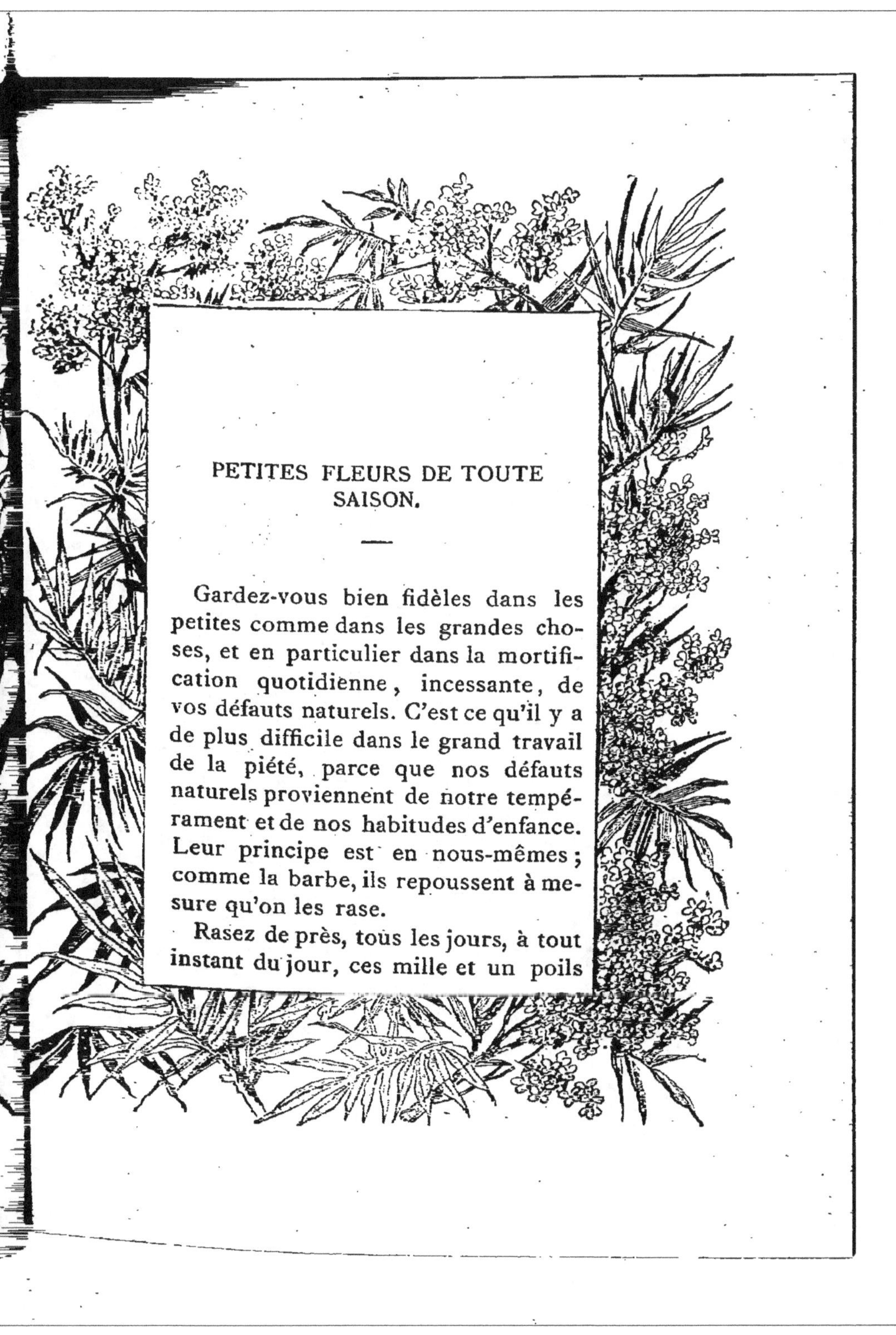

PETITES FLEURS DE TOUTE SAISON.

—

Gardez-vous bien fidèles dans les petites comme dans les grandes choses, et en particulier dans la mortification quotidienne, incessante, de vos défauts naturels. C'est ce qu'il y a de plus difficile dans le grand travail de la piété, parce que nos défauts naturels proviennent de notre tempérament et de nos habitudes d'enfance. Leur principe est en nous-mêmes ; comme la barbe, ils repoussent à mesure qu'on les rase.

Rasez de près, tous les jours, à tout instant du jour, ces mille et un poils

du diable que l'homme ennemi a semés
comme de l'ivraie dans la bonne terre
où le bon Dieu avait semé du froment.
Le Saint-Esprit est un rasoir, disait
jadis un Docteur ; nous prêtres, nous
sommes des barbiers : vous, laissez-
vous faire.

—

Il faut tâcher de ne pas faire comme
l'eau qui tend toujours à se refroidir :
j'entends l'eau chaude. Hélas ! comme
cela arrive souvent ! on commence
dans la ferveur, et peu à peu, la misère
humaine et les influences du monde
aidant, on baisse, on s'attiédit insensiblement, et un beau jour, en tour-
nant les yeux en arrière, on s'aperçoit
qu'on est toujours allé en descendant,
tandis qu'on croyait monter.

—

Priez pour moi, et demandez au

Sauveur miséricorde pour les défaillances sans nombre qui *ornent* ma pauvre âme, comme la vieille mousse et les champignons ornent le tronc des vieux chênes, comme les mauvaises herbes ornent et tapissent les allées d'un parc négligé. Efforçons-nous du moins de sincèrement aimer le bien, de détester le mal du fond du cœur, afin que le fond de notre volonté demeure enraciné en Jésus-Christ, pendant que la fragilité de nos feuilles et de nos petites branches est ébranlée par le vent des passions du dedans et du dehors. Les feuilles des Saints sont si bien attachées, et toutes leurs branches sont si solides, que le vent a beau souffler, elles remuent à peine. Aussi Notre-Seigneur, comme un bel oiseau du Paradis, aime-t-il à se reposer et à faire son nid à cette ombre tran-

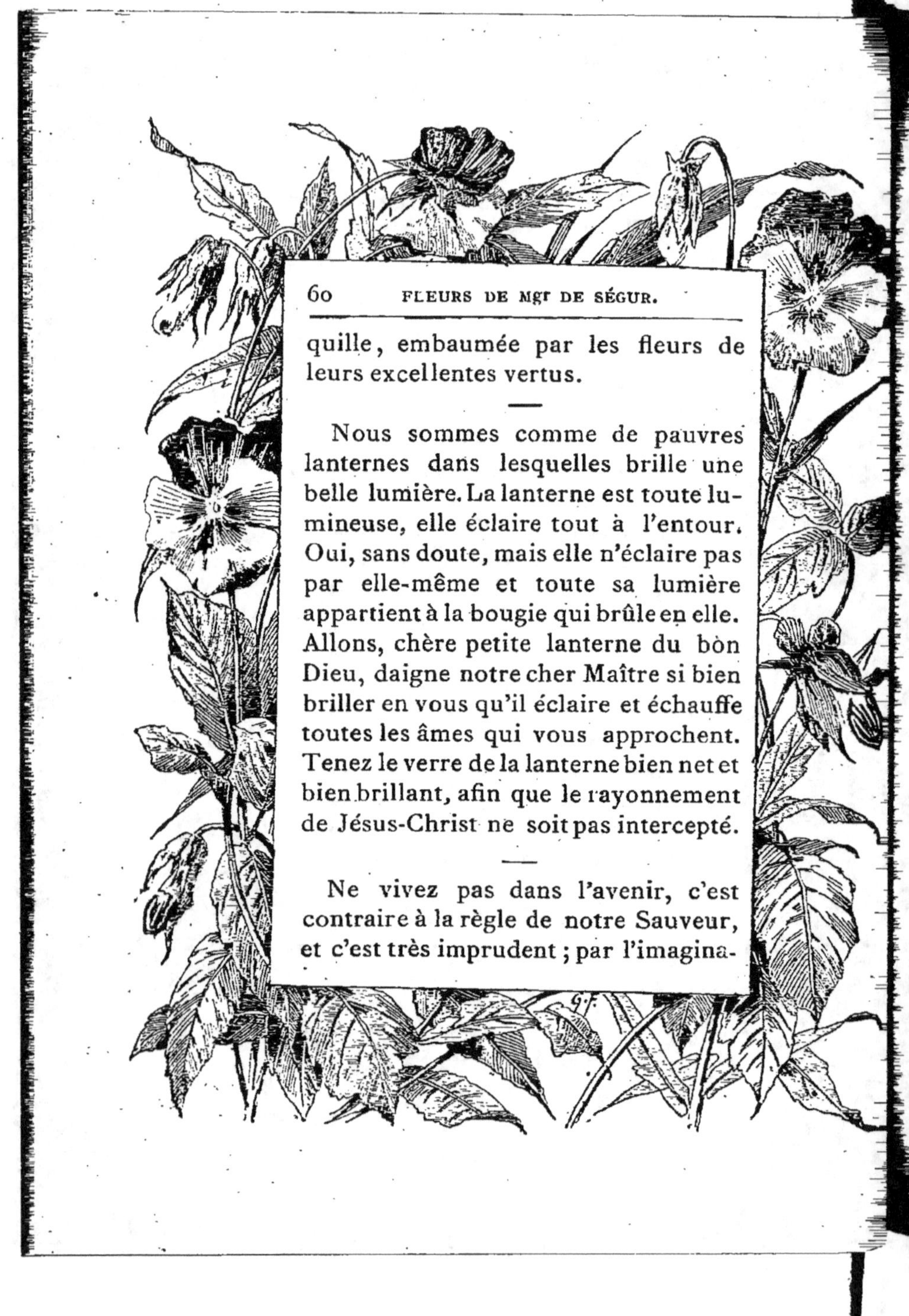

quille, embaumée par les fleurs de leurs excellentes vertus.

—

Nous sommes comme de pauvres lanternes dans lesquelles brille une belle lumière. La lanterne est toute lumineuse, elle éclaire tout à l'entour. Oui, sans doute, mais elle n'éclaire pas par elle-même et toute sa lumière appartient à la bougie qui brûle en elle. Allons, chère petite lanterne du bòn Dieu, daigne notre cher Maître si bien briller en vous qu'il éclaire et échauffe toutes les âmes qui vous approchent. Tenez le verre de la lanterne bien net et bien brillant, afin que le rayonnement de Jésus-Christ ne soit pas intercepté.

—

Ne vivez pas dans l'avenir, c'est contraire à la règle de notre Sauveur, et c'est très imprudent ; par l'imagina-

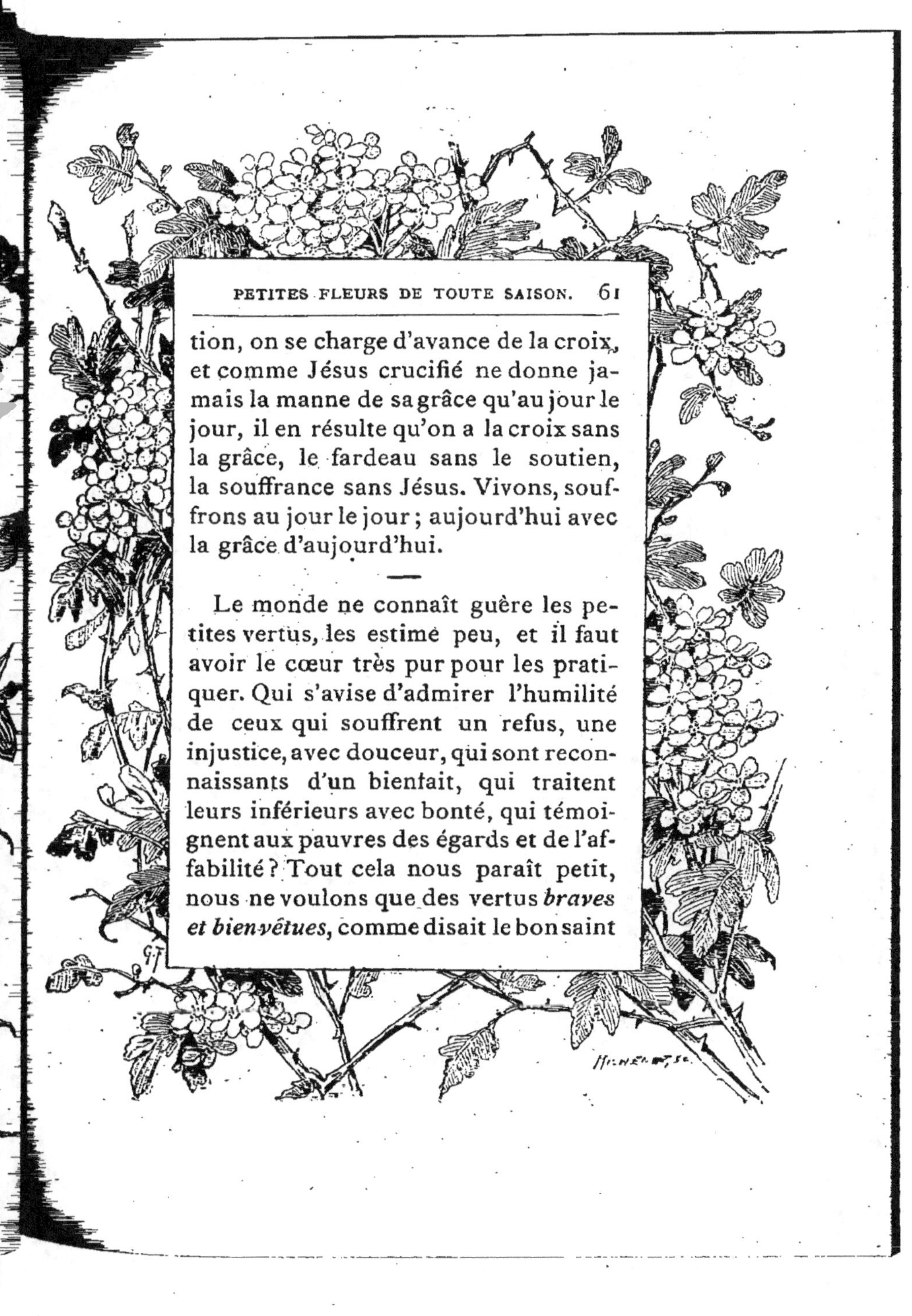

tion, on se charge d'avance de la croix,
et comme Jésus crucifié ne donne jamais la manne de sa grâce qu'au jour le
jour, il en résulte qu'on a la croix sans
la grâce, le fardeau sans le soutien,
la souffrance sans Jésus. Vivons, souffrons au jour le jour ; aujourd'hui avec
la grâce d'aujourd'hui.

—

Le monde ne connaît guère les petites vertus, les estime peu, et il faut
avoir le cœur très pur pour les pratiquer. Qui s'avise d'admirer l'humilité
de ceux qui souffrent un refus, une
injustice, avec douceur, qui sont reconnaissants d'un bienfait, qui traitent
leurs inférieurs avec bonté, qui témoignent aux pauvres des égards et de l'affabilité? Tout cela nous paraît petit,
nous ne voulons que des vertus *braves
et bien-vêtues*, comme disait le bon saint

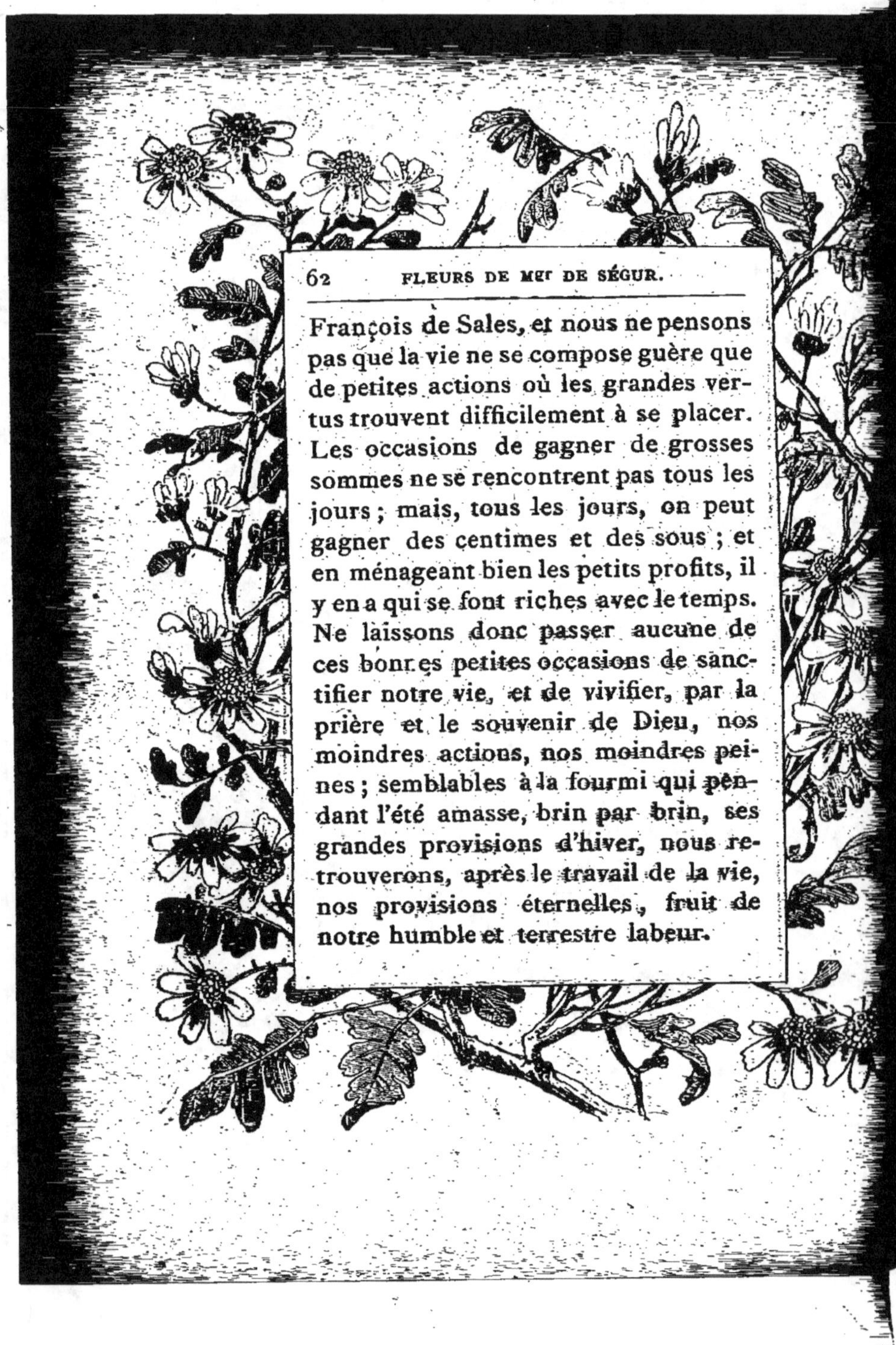

François de Sales, et nous ne pensons
pas que la vie ne se compose guère que
de petites actions où les grandes vertus trouvent difficilement à se placer.
Les occasions de gagner de grosses
sommes ne se rencontrent pas tous les
jours ; mais, tous les jours, on peut
gagner des centimes et des sous ; et
en ménageant bien les petits profits, il
y en a qui se font riches avec le temps.
Ne laissons donc passer aucune de
ces bonnes petites occasions de sanctifier notre vie, et de vivifier, par la
prière et le souvenir de Dieu, nos
moindres actions, nos moindres peines ; semblables à la fourmi qui pendant l'été amasse, brin par brin, ses
grandes provisions d'hiver, nous retrouverons, après le travail de la vie,
nos provisions éternelles, fruit de
notre humble et terrestre labeur.

Le bon petit règlement de vie que vous me communiquez a un défaut essentiel, sur lequel j'appelle votre attention : il est trop guindé, trop méticuleux. Faites tout cela, car c'est excellent ; mais ne vous astreignez pas à le faire, si vous vous sentez porté à quelque autre chose. C'est la différence fondamentale de ce qui est de devoir et de ce qui ne l'est pas. Autant il faut être rigide à tenir au devoir, autant il faut être simple dans la pratique des bonnes choses libres. Prenez bien garde à la tristesse ; il ne faut pas plus l'avoir sur le visage que dans l'âme. Je vous confie à l'amour miséricordieux de la Sainte Vierge. Priez-la pour moi ; mais, de grâce, que ce ne soit pas seulement au jour et à l'heure indiqués par votre terrible règlement.

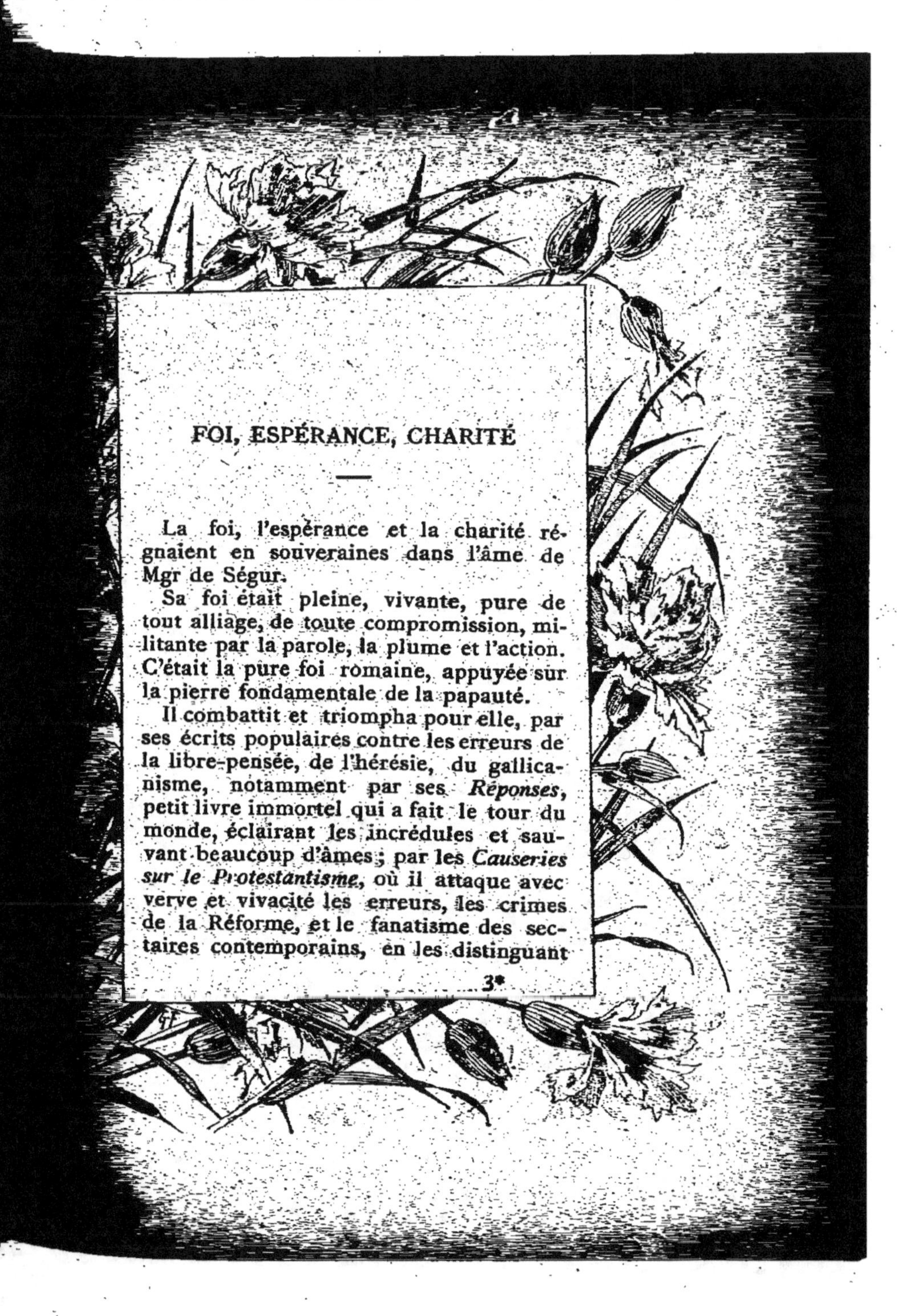

FOI, ESPÉRANCE, CHARITÉ

—

La foi, l'espérance et la charité ré-
gnaient en souveraines dans l'âme de
Mgr de Ségur.

Sa foi était pleine, vivante, pure de
tout alliage, de toute compromission, mi-
litante par la parole, la plume et l'action.
C'était la pure foi romaine, appuyée sur
la pierre fondamentale de la papauté.

Il combattit et triompha pour elle, par
ses écrits populaires contre les erreurs de
la libre-pensée, de l'hérésie, du gallicanisme, notamment par ses *Réponses*,
petit livre immortel qui a fait le tour du
monde, éclairant les incrédules et sau-
vant beaucoup d'âmes ; par les *Causeries
sur le Protestantisme*, où il attaque avec
verve et vivacité les erreurs, les crimes
de la Réforme, et le fanatisme des sectaires contemporains, en les distinguant

3*

avec soin des protestants honnêtes, respectueux de l'Église catholique, qui repoussent toute alliance avec la franc-maçonnerie et l'impiété révolutionnaire ; enfin par ses opuscules sur la fréquente communion, l'infaillibilité du Pape, et l'ensemble des traditions romaines, qui portèrent des coups décisifs au jansénisme de fait et au gallicanisme doctrinal, encore vivace dans les premiers temps de son apostolat.

Ses *Causeries* ébranlèrent plusieurs pasteurs de bonne foi, en convertirent d'autres, et il eut la joie d'apprendre qu'une dame protestante, éclairée par cette lecture, avait voulu être ensevelie avec ce livre béni sur sa poitrine.

Son espérance était joyeuse, aussi éloignée du découragement que de la présomption. Il déplorait la maladie du scrupule qu'il avait connue dans sa jeunesse et qu'il combattait chez ses pénitents avec une charité et une verve inépuisables. Chez les jeunes gens, c'est par le ridicule qu'il attaquait le scrupule, commençant la cure de ces esprits

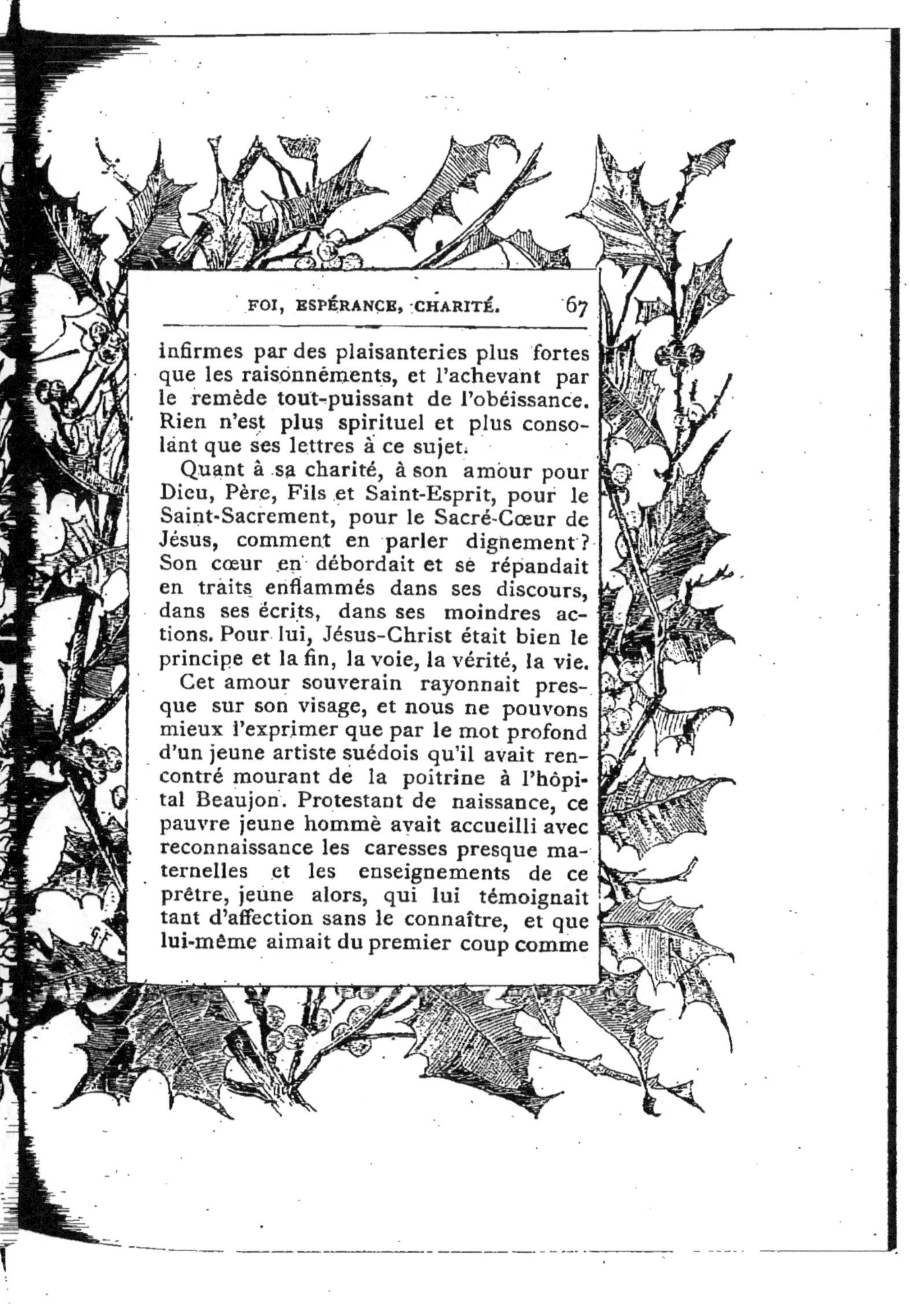

infirmes par des plaisanteries plus fortes que les raisonnéments, et l'achevant par le remède tout-puissant de l'obéissance. Rien n'est plus spirituel et plus consolant que ses lettres à ce sujet.

Quant à sa charité, à son amour pour Dieu, Père, Fils et Saint-Esprit, pour le Saint-Sacrement, pour le Sacré-Cœur de Jésus, comment en parler dignement? Son cœur en débordait et se répandait en traits enflammés dans ses discours, dans ses écrits, dans ses moindres actions. Pour lui, Jésus-Christ était bien le principe et la fin, la voie, la vérité, la vie.

Cet amour souverain rayonnait presque sur son visage, et nous ne pouvons mieux l'exprimer que par le mot profond d'un jeune artiste suédois qu'il avait rencontré mourant de la poitrine à l'hôpital Beaujon. Protestant de naissance, ce pauvre jeune hommè avait accueilli avec reconnaissance les caresses presque maternelles et les enseignements de ce prêtre, jeune alors, qui lui témoignait tant d'affection sans le connaître, et que lui-même aimait du premier coup comme

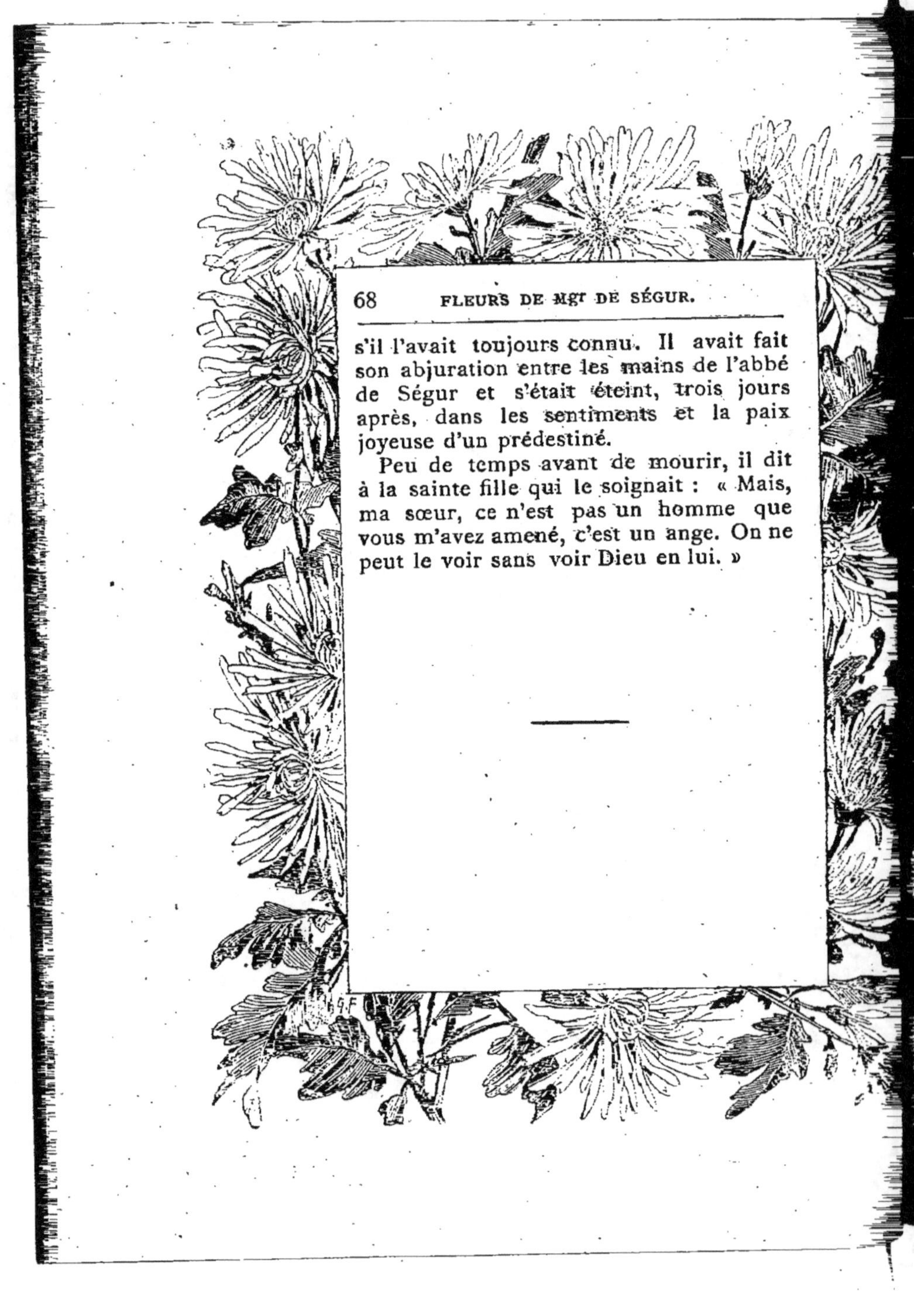

s'il l'avait toujours connu. Il avait fait son abjuration entre les mains de l'abbé de Ségur et s'était éteint, trois jours après, dans les sentiments et la paix joyeuse d'un prédestiné.

Peu de temps avant de mourir, il dit à la sainte fille qui le soignait : « Mais, ma sœur, ce n'est pas un homme que vous m'avez amené, c'est un ange. On ne peut le voir sans voir Dieu en lui. »

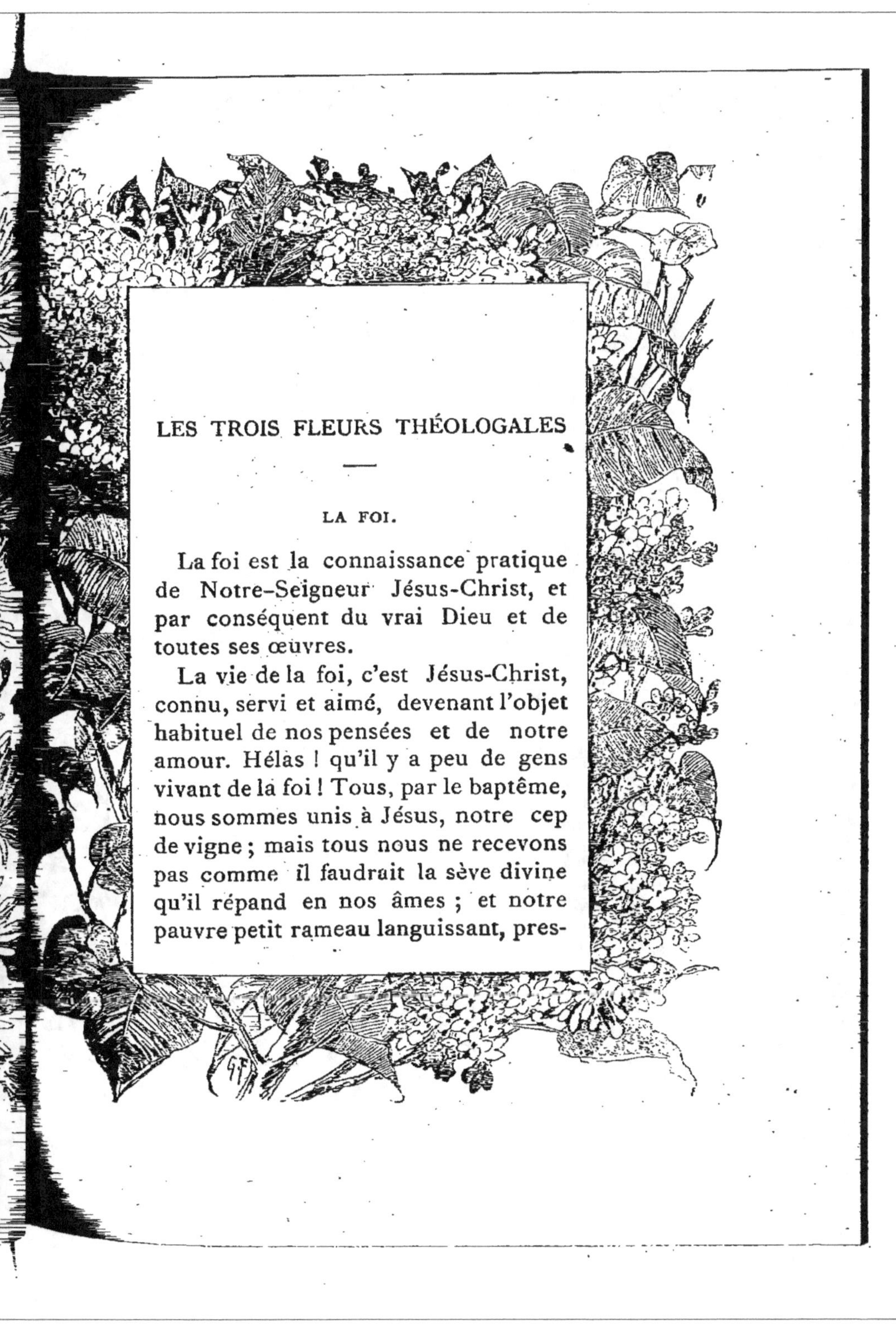

LES TROIS FLEURS THÉOLOGALES

—

LA FOI.

La foi est la connaissance pratique de Notre-Seigneur Jésus-Christ, et par conséquent du vrai Dieu et de toutes ses œuvres.

La vie de la foi, c'est Jésus-Christ, connu, servi et aimé, devenant l'objet habituel de nos pensées et de notre amour. Hélas ! qu'il y a peu de gens vivant de la foi ! Tous, par le baptême, nous sommes unis à Jésus, notre cep de vigne ; mais tous nous ne recevons pas comme il faudrait la sève divine qu'il répand en nos âmes ; et notre pauvre petit rameau languissant, pres-

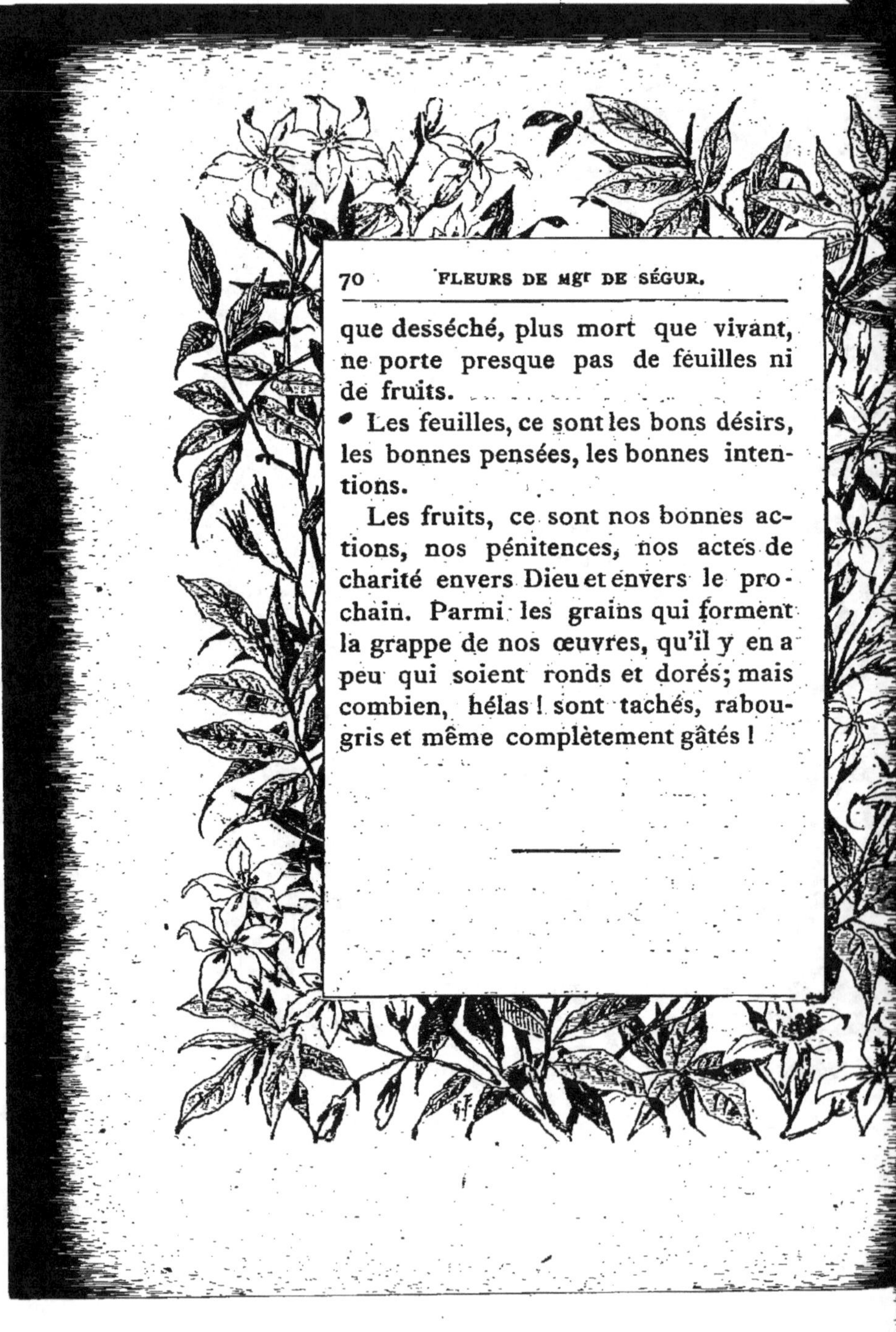

que desséché, plus mort que vivant, ne porte presque pas de feuilles ni de fruits.

Les feuilles, ce sont les bons désirs, les bonnes pensées, les bonnes intentions.

Les fruits, ce sont nos bonnes actions, nos pénitences, nos actes de charité envers Dieu et envers le prochain. Parmi les grains qui forment la grappe de nos œuvres, qu'il y en a peu qui soient ronds et dorés; mais combien, hélas ! sont tachés, rabougris et même complètement gâtés !

FLEURS THÉOLOGALES

L'ESPÉRANCE.

Ne désespérons pas de notre pauvre
patrie. Ne faut-il pas compter sur la
protection spéciale de Celle à qui la
France est consacrée ? Notre-Seigneur
a dit que les miséricordieux obtien-
draient miséricorde. Or, notre pauvre France est, depuis un demi-siècle,
la très miséricordieuse et infatigable
propagatrice de toutes les grandes
œuvres de charité qui fleurissent
dans le monde entier : la Propagation
de la foi, l'Archiconfrérie de Notre-
Dame-des-Victoires pour la conver-
sion des pécheurs, la Sainte-Enfance,

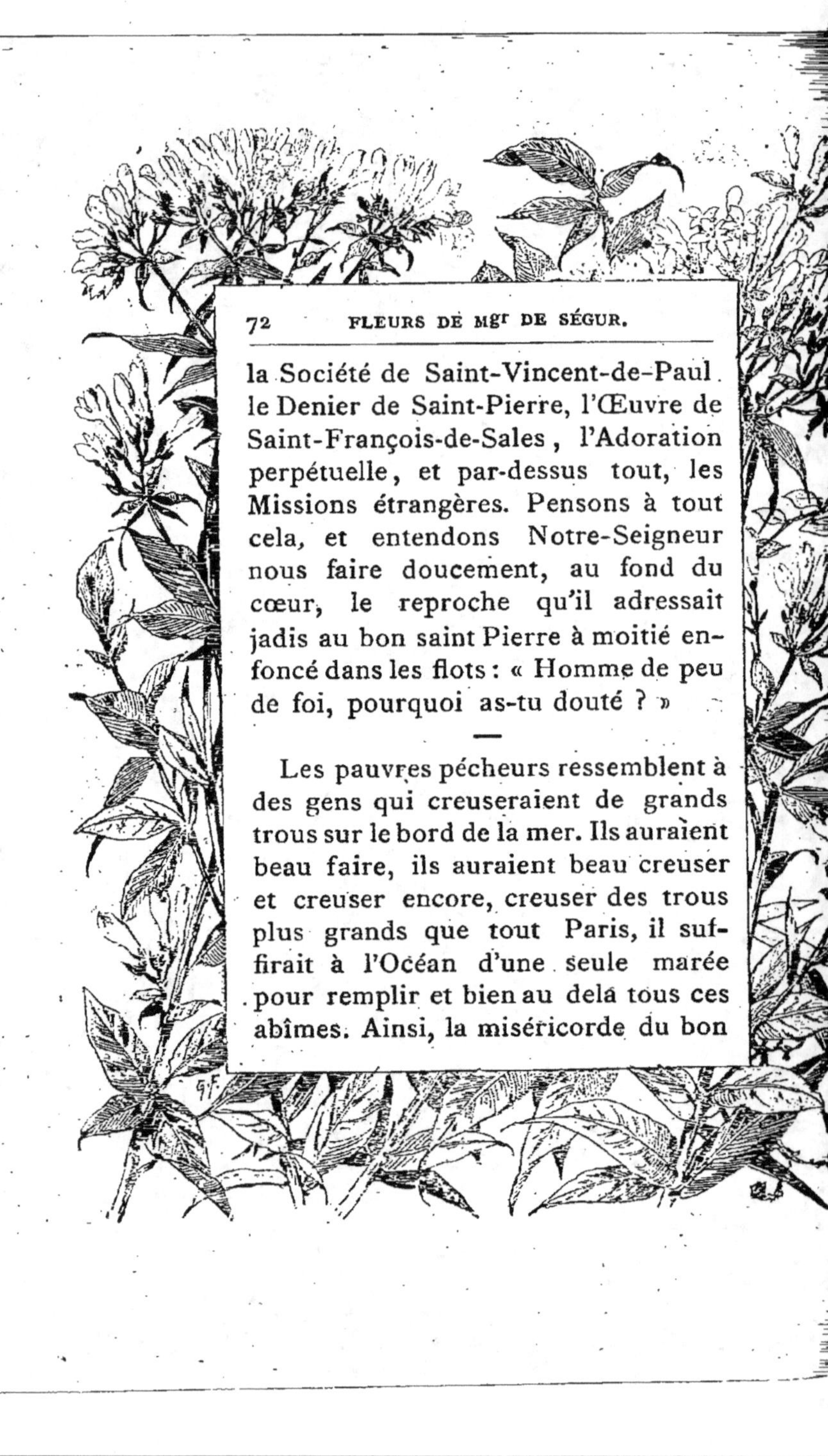

la Société de Saint-Vincent-de-Paul.
le Denier de Saint-Pierre, l'Œuvre de
Saint-François-de-Sales , l'Adoration
perpétuelle, et par-dessus tout, les
Missions étrangères. Pensons à tout
cela, et entendons Notre-Seigneur
nous faire doucement, au fond du
cœur, le reproche qu'il adressait
jadis au bon saint Pierre à moitié en-
foncé dans les flots : « Homme de peu
de foi, pourquoi as-tu douté ? »

—

Les pauvres pécheurs ressemblent à
des gens qui creuseraient de grands
trous sur le bord de la mer. Ils auraient
beau faire, ils auraient beau creuser
et creuser encore, creuser des trous
plus grands que tout Paris, il suf-
firait à l'Océan d'une seule marée
pour remplir et bien au delà tous ces
abîmes. Ainsi, la miséricorde du bon

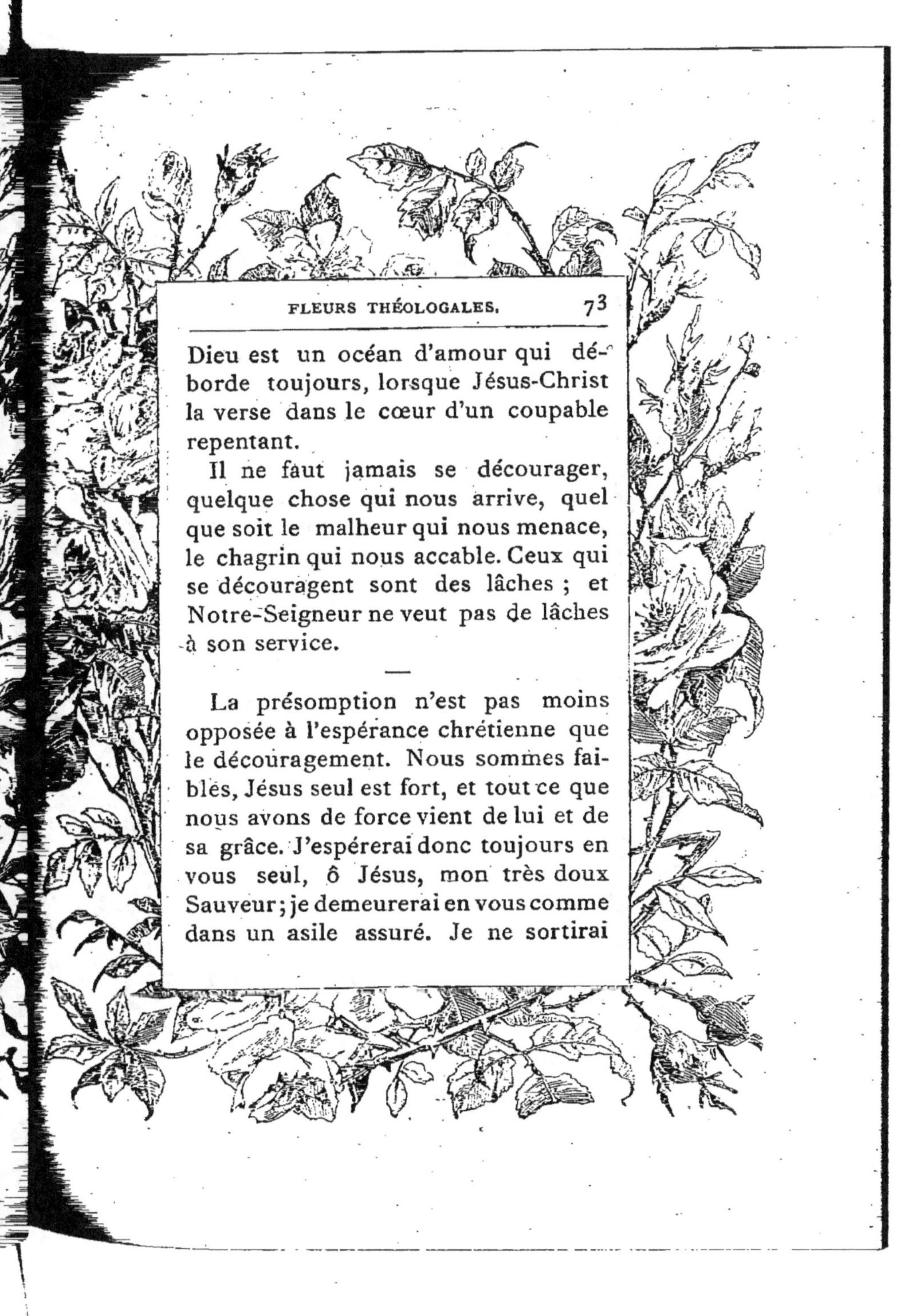

Dieu est un océan d'amour qui déborde toujours, lorsque Jésus-Christ la verse dans le cœur d'un coupable repentant.

Il ne faut jamais se décourager, quelque chose qui nous arrive, quel que soit le malheur qui nous menace, le chagrin qui nous accable. Ceux qui se découragent sont des lâches ; et Notre-Seigneur ne veut pas de lâches à son service.

—

La présomption n'est pas moins opposée à l'espérance chrétienne que le découragement. Nous sommes faibles, Jésus seul est fort, et tout ce que nous avons de force vient de lui et de sa grâce. J'espérerai donc toujours en vous seul, ô Jésus, mon très doux Sauveur ; je demeurerai en vous comme dans un asile assuré. Je ne sortirai

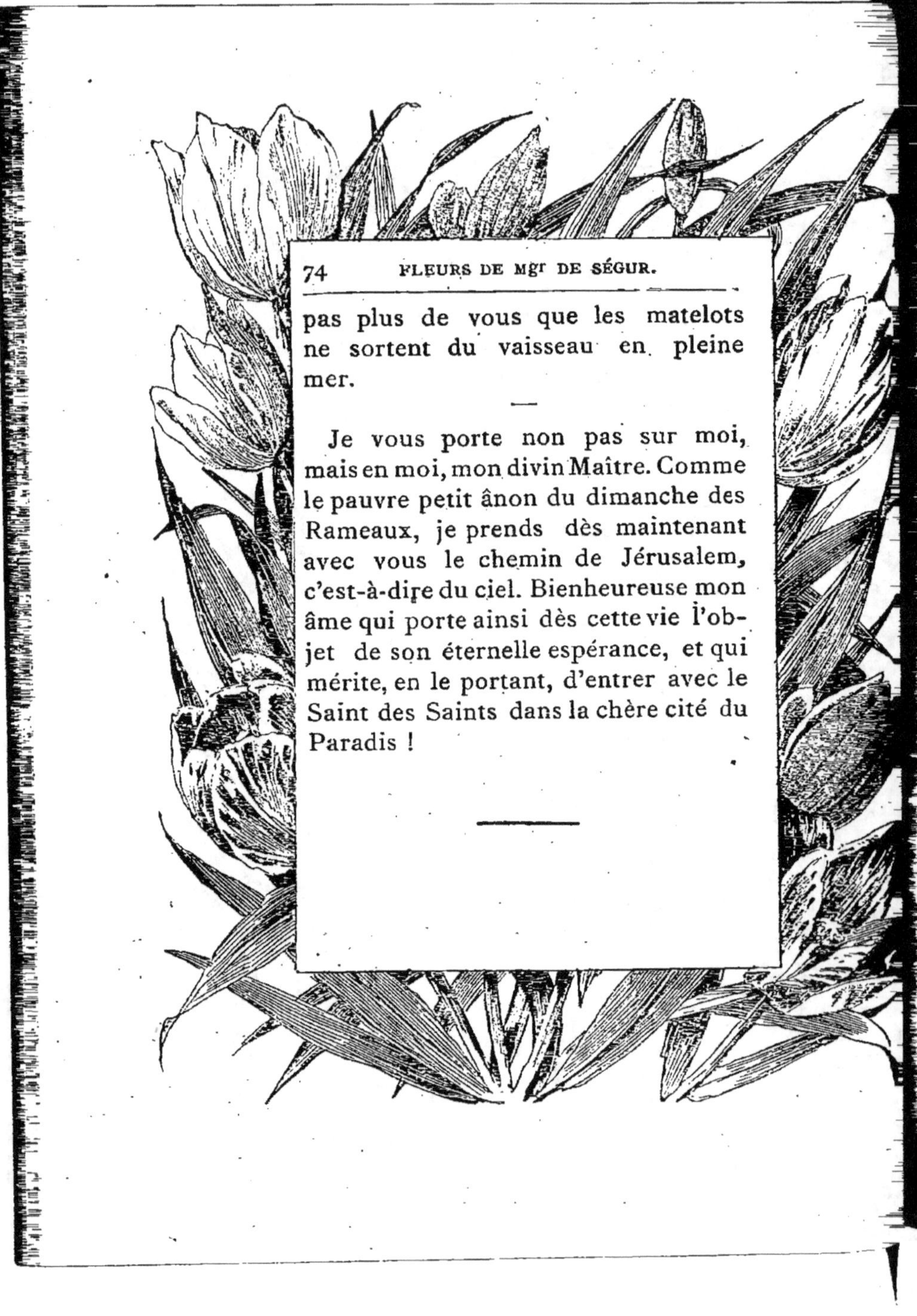

pas plus de vous que les matelots ne sortent du vaisseau en pleine mer.

—

Je vous porte non pas sur moi, mais en moi, mon divin Maître. Comme le pauvre petit ânon du dimanche des Rameaux, je prends dès maintenant avec vous le chemin de Jérusalem, c'est-à-dire du ciel. Bienheureuse mon âme qui porte ainsi dès cette vie l'objet de son éternelle espérance, et qui mérite, en le portant, d'entrer avec le Saint des Saints dans la chère cité du Paradis !

—

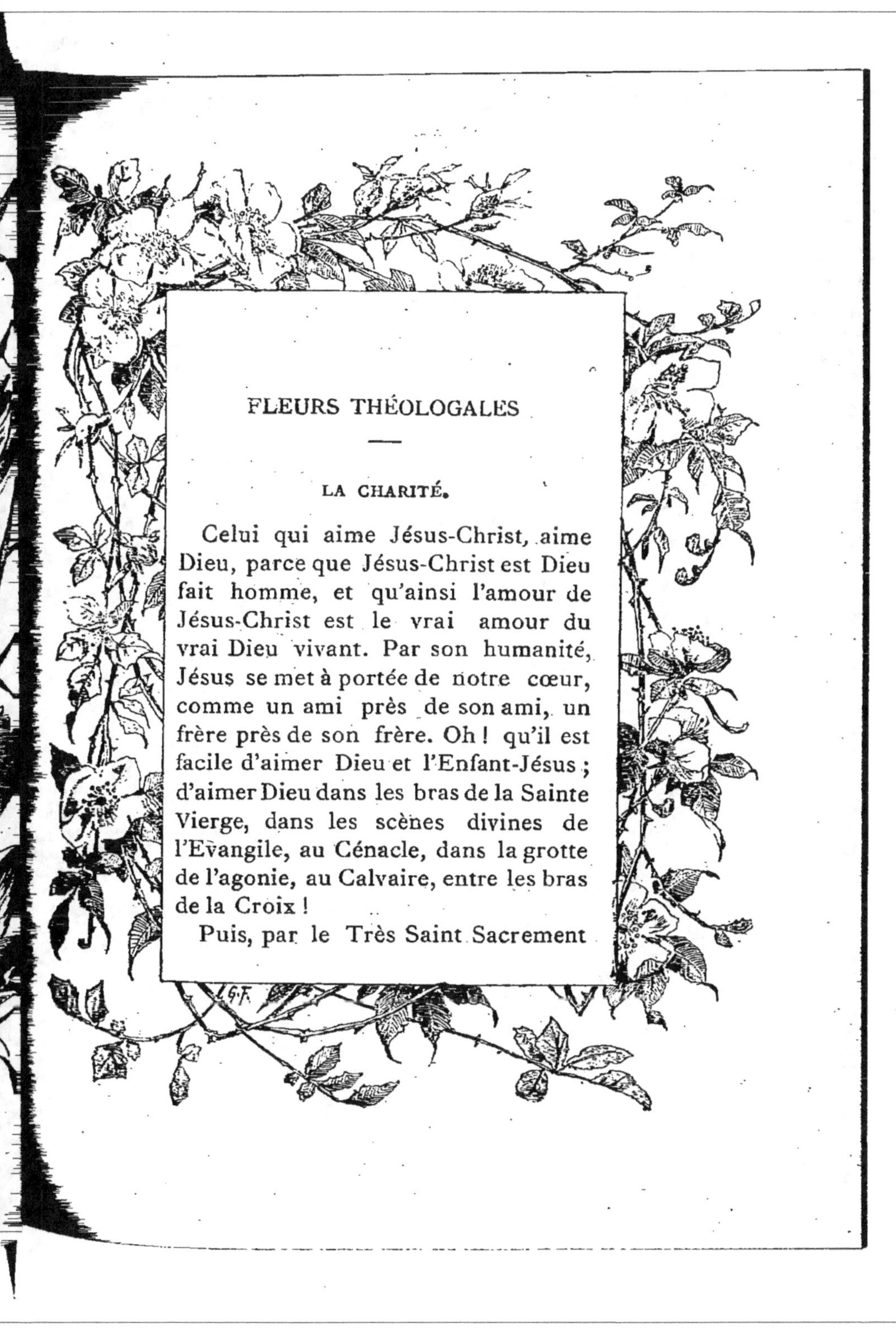

FLEURS THÉOLOGALES

—

LA CHARITÉ.

Celui qui aime Jésus-Christ, aime Dieu, parce que Jésus-Christ est Dieu fait homme, et qu'ainsi l'amour de Jésus-Christ est le vrai amour du vrai Dieu vivant. Par son humanité, Jésus se met à portée de notre cœur, comme un ami près de son ami, un frère près de son frère. Oh ! qu'il est facile d'aimer Dieu et l'Enfant-Jésus ; d'aimer Dieu dans les bras de la Sainte Vierge, dans les scènes divines de l'Évangile, au Cénacle, dans la grotte de l'agonie, au Calvaire, entre les bras de la Croix !

Puis, par le Très Saint Sacrement

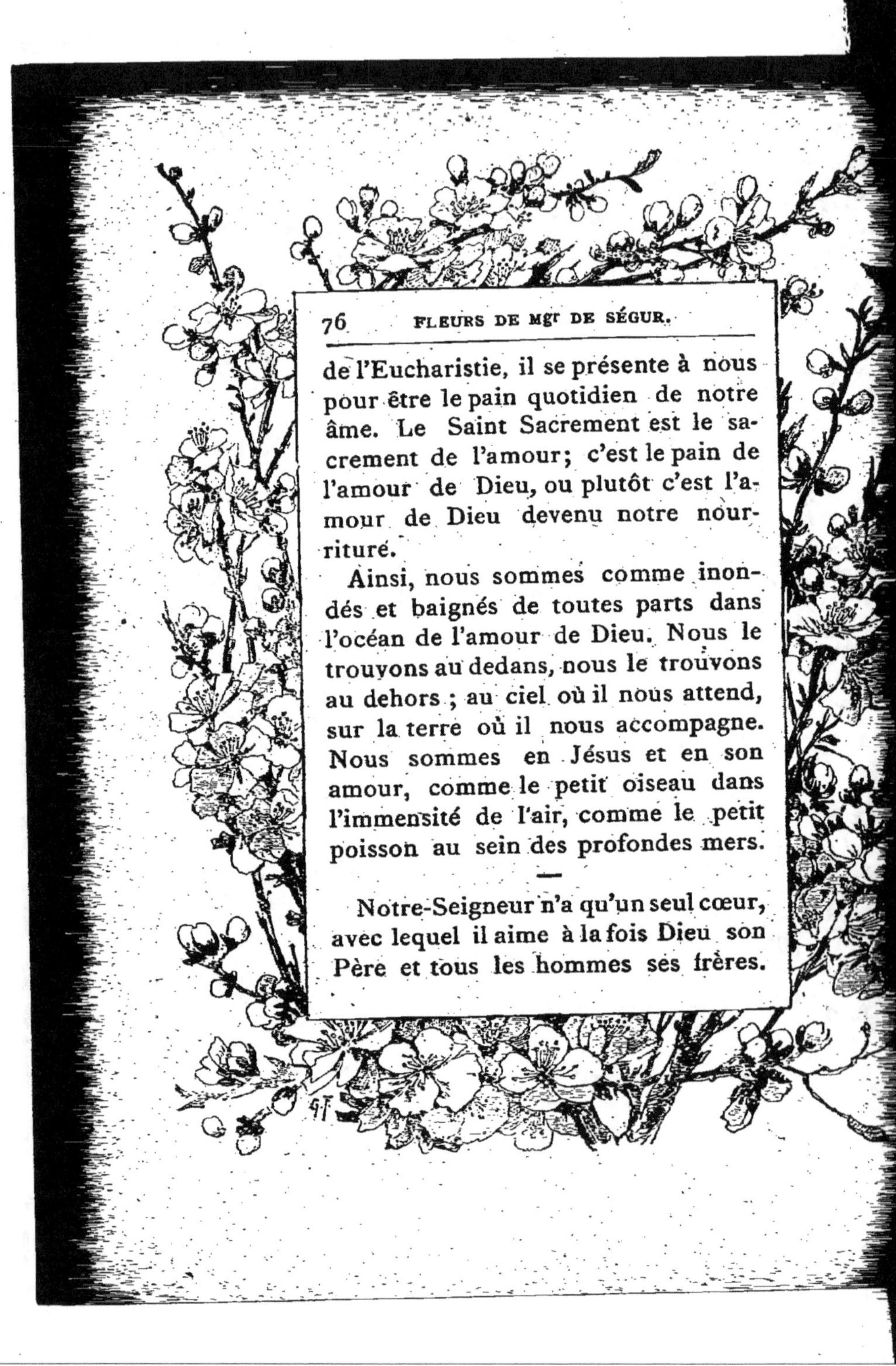

de l'Eucharistie, il se présente à nous pour être le pain quotidien de notre âme. Le Saint Sacrement est le sacrement de l'amour; c'est le pain de l'amour de Dieu, ou plutôt c'est l'amour de Dieu devenu notre nourriture.

Ainsi, nous sommes comme inondés et baignés de toutes parts dans l'océan de l'amour de Dieu. Nous le trouvons au dedans, nous le trouvons au dehors; au ciel où il nous attend, sur la terre où il nous accompagne. Nous sommes en Jésus et en son amour, comme le petit oiseau dans l'immensité de l'air, comme le petit poisson au sein des profondes mers.

—

Notre-Seigneur n'a qu'un seul cœur, avec lequel il aime à la fois Dieu son Père et tous les hommes ses frères.

Pour lui ressembler et pour être chrétiens, il faut donc que nous aimions
d'un même amour le bon Dieu que
nous trouvons en Jésus, et tous nos
frères en qui la foi nous fait apercevoir
Jésus. Il n'y a donc pas de mesure à
la charité que nous nous devons les
uns aux autres, puisque nous devons
nous aimer comme Jésus nous a aimés,
et comme il nous aime encore. Chacun de nous doit être, par la charité,
un autre Jésus à l'égard de tous ses
frères, comme il doit être un autre
Jésus à l'égard du bon Dieu, de la
Sainte Vierge et de l'Eglise.

—

L'Esprit d'amour repose et vit dans
le cœur de Jésus-Christ, comme une
colombe dans son nid. Il brûle en ce
cœur divin, comme le feu dans le
charbon qu'il embrase ; et c'est de lui,

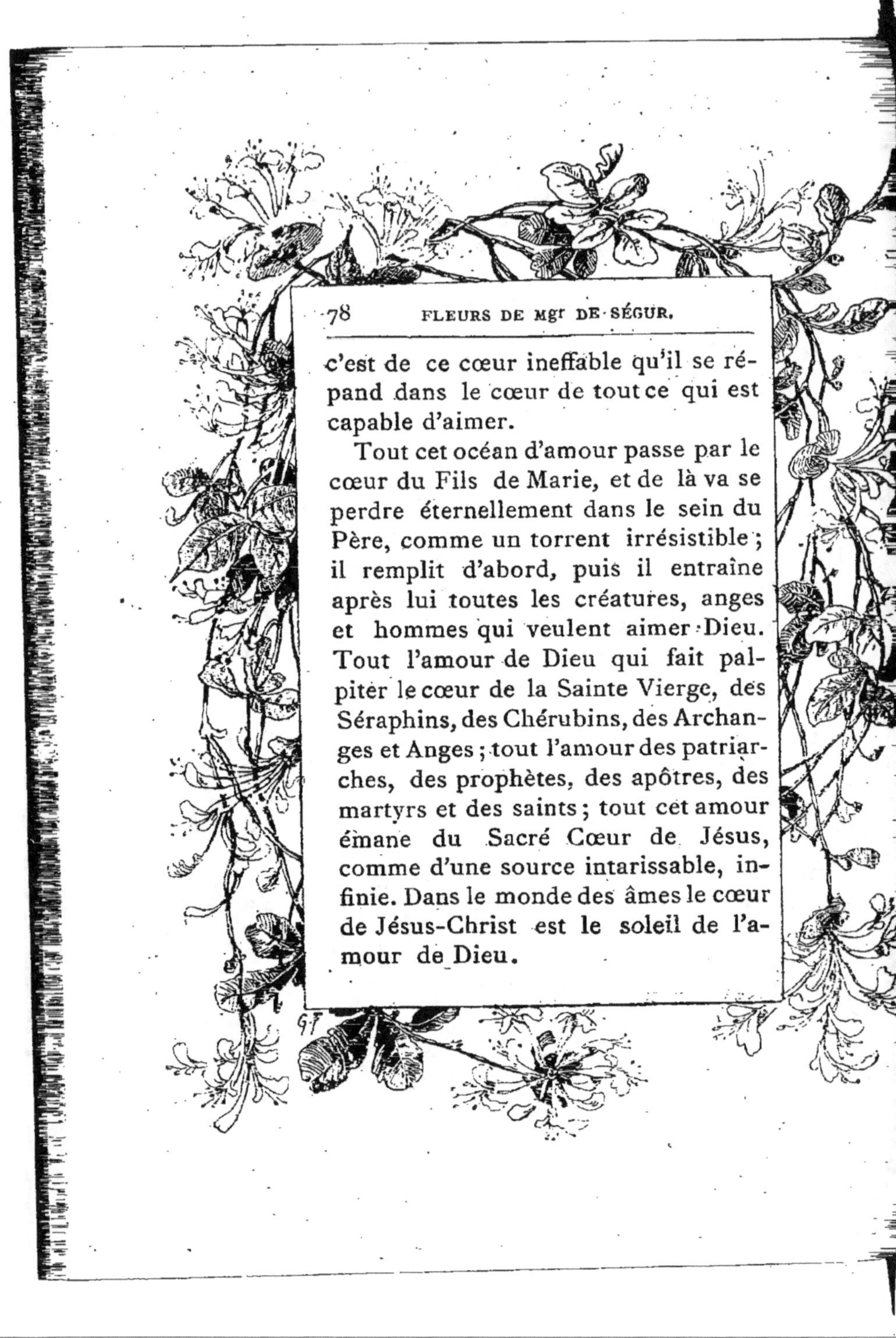

c'est de ce cœur ineffable qu'il se répand dans le cœur de tout ce qui est capable d'aimer.

Tout cet océan d'amour passe par le cœur du Fils de Marie, et de là va se perdre éternellement dans le sein du Père, comme un torrent irrésistible ; il remplit d'abord, puis il entraîne après lui toutes les créatures, anges et hommes qui veulent aimer Dieu. Tout l'amour de Dieu qui fait palpiter le cœur de la Sainte Vierge, des Séraphins, des Chérubins, des Archanges et Anges ; tout l'amour des patriarches, des prophètes, des apôtres, des martyrs et des saints ; tout cet amour émane du Sacré Cœur de Jésus, comme d'une source intarissable, infinie. Dans le monde des âmes le cœur de Jésus-Christ est le soleil de l'amour de Dieu.

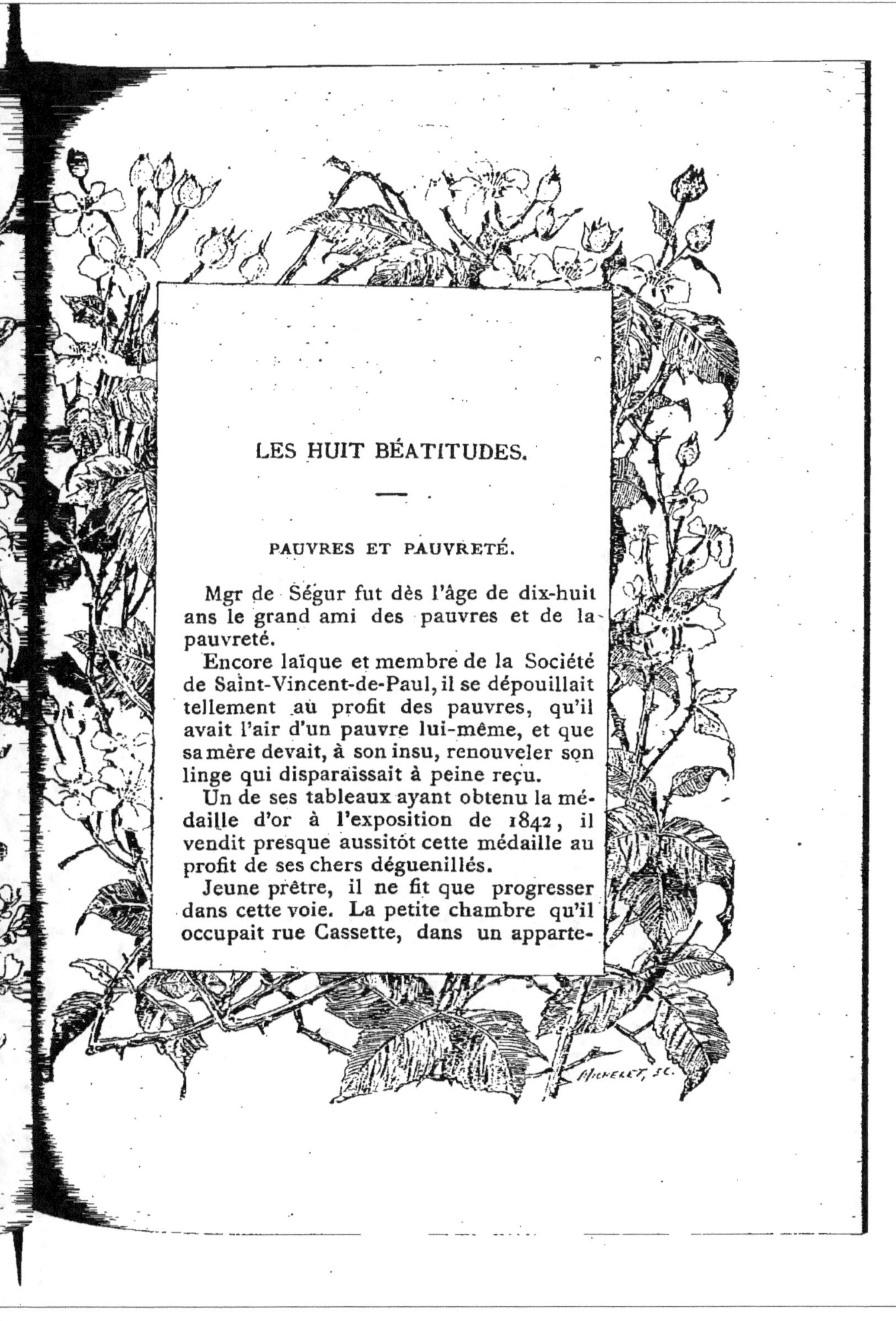

LES HUIT BÉATITUDES.

—

PAUVRES ET PAUVRETÉ.

Mgr de Ségur fut dès l'âge de dix-huit ans le grand ami des pauvres et de la pauvreté.

Encore laïque et membre de la Société de Saint-Vincent-de-Paul, il se dépouillait tellement au profit des pauvres, qu'il avait l'air d'un pauvre lui-même, et que sa mère devait, à son insu, renouveler son linge qui disparaissait à peine reçu.

Un de ses tableaux ayant obtenu la médaille d'or à l'exposition de 1842, il vendit presque aussitôt cette médaille au profit de ses chers déguenillés.

Jeune prêtre, il ne fit que progresser dans cette voie. La petite chambre qu'il occupait rue Cassette, dans un apparte-

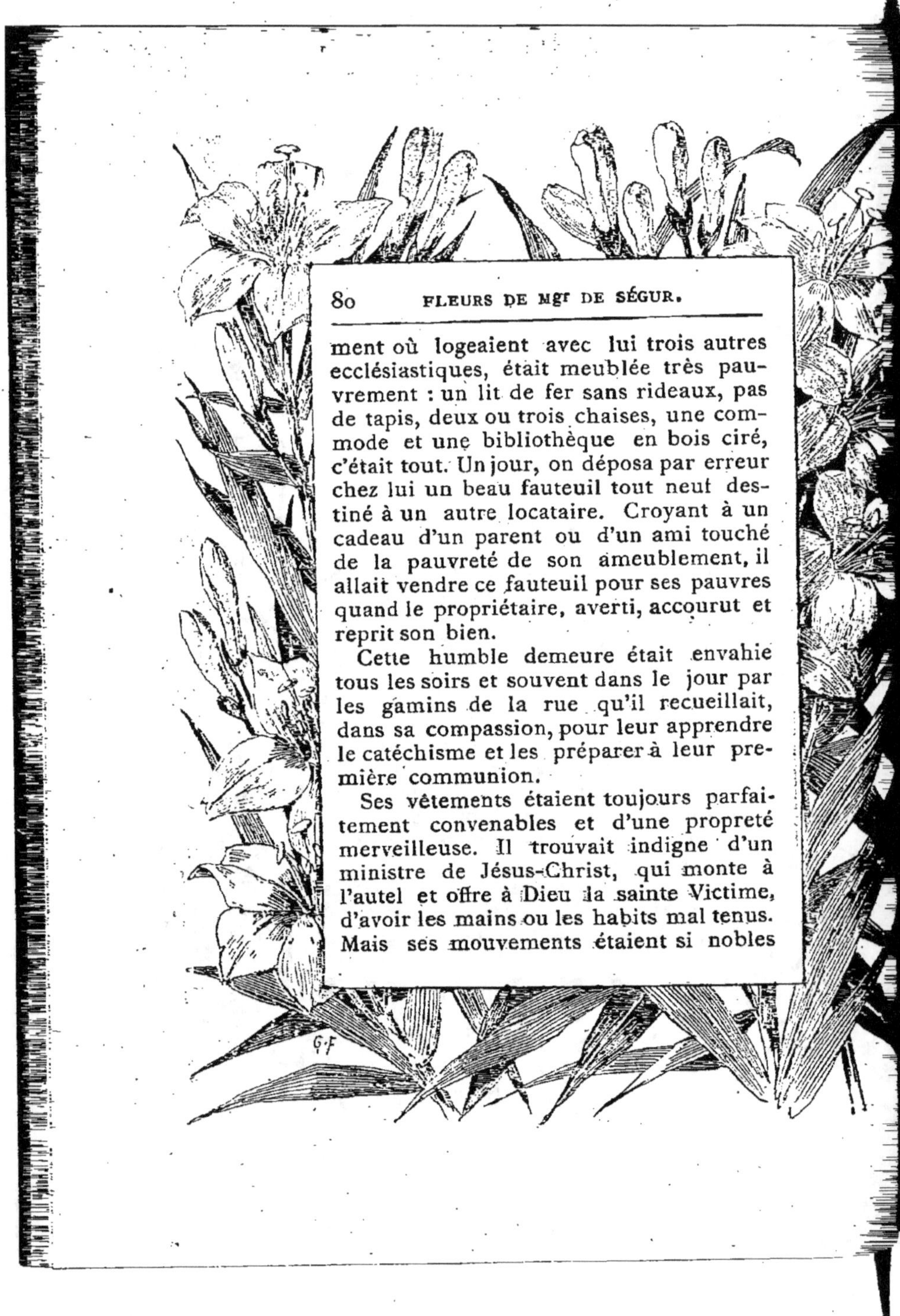

ment où logeaient avec lui trois autres ecclésiastiques, était meublée très pauvrement : un lit de fer sans rideaux, pas de tapis, deux ou trois chaises, une commode et une bibliothèque en bois ciré, c'était tout. Un jour, on déposa par erreur chez lui un beau fauteuil tout neuf destiné à un autre locataire. Croyant à un cadeau d'un parent ou d'un ami touché de la pauvreté de son ameublement, il allait vendre ce fauteuil pour ses pauvres quand le propriétaire, averti, accourut et reprit son bien.

Cette humble demeure était envahie tous les soirs et souvent dans le jour par les gamins de la rue qu'il recueillait, dans sa compassion, pour leur apprendre le catéchisme et les préparer à leur première communion.

Ses vêtements étaient toujours parfaitement convenables et d'une propreté merveilleuse. Il trouvait indigne d'un ministre de Jésus-Christ, qui monte à l'autel et offre à Dieu la sainte Victime, d'avoir les mains ou les habits mal tenus. Mais ses mouvements étaient si nobles

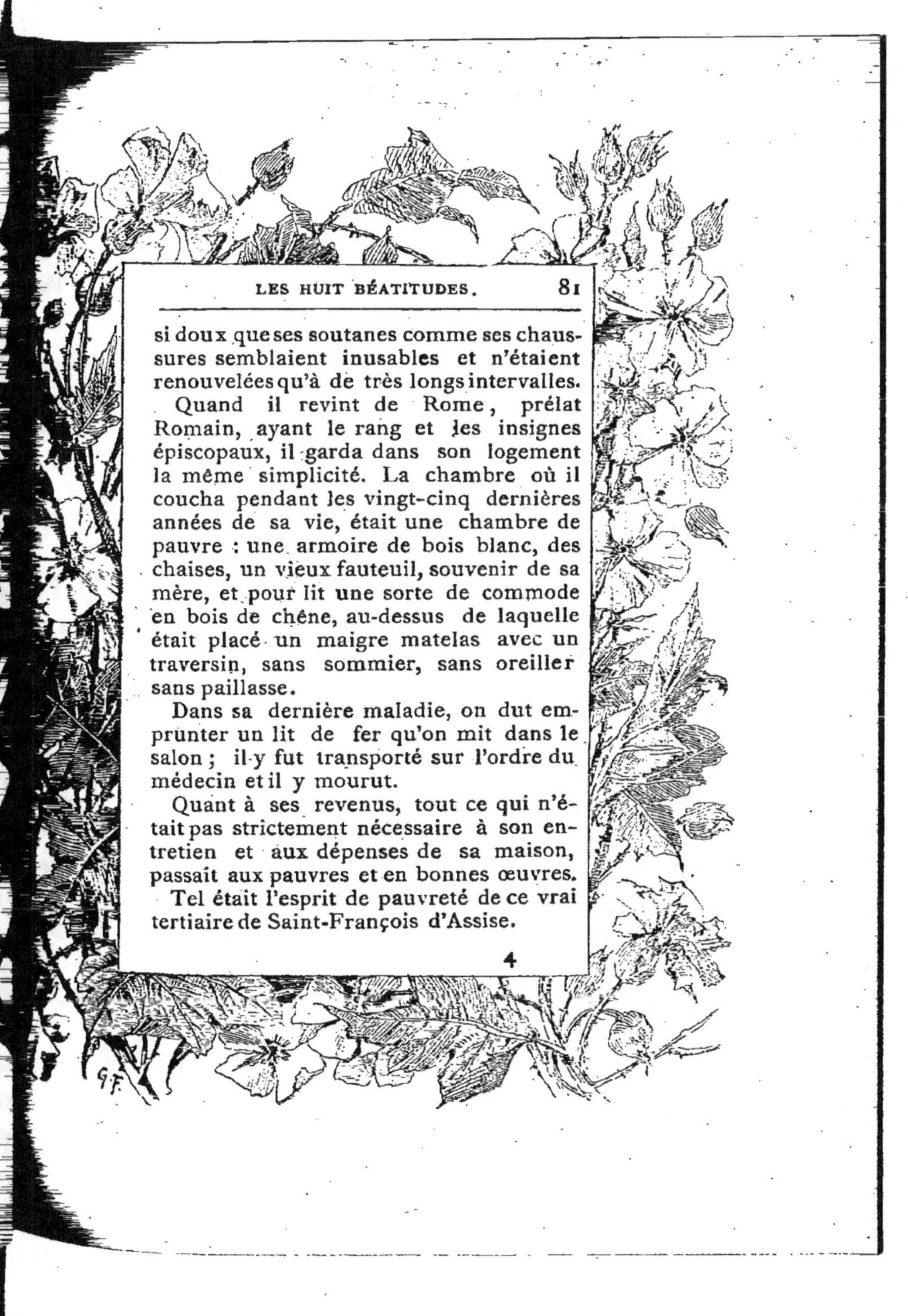

si doux que ses soutanes comme ses chaussures semblaient inusables et n'étaient renouvelées qu'à de très longs intervalles.

Quand il revint de Rome, prélat Romain, ayant le rang et les insignes épiscopaux, il garda dans son logement la même simplicité. La chambre où il coucha pendant les vingt-cinq dernières années de sa vie, était une chambre de pauvre : une armoire de bois blanc, des chaises, un vieux fauteuil, souvenir de sa mère, et pour lit une sorte de commode en bois de chêne, au-dessus de laquelle était placé un maigre matelas avec un traversin, sans sommier, sans oreiller sans paillasse.

Dans sa dernière maladie, on dut emprunter un lit de fer qu'on mit dans le salon ; il y fut transporté sur l'ordre du médecin et il y mourut.

Quant à ses revenus, tout ce qui n'était pas strictement nécessaire à son entretien et aux dépenses de sa maison, passait aux pauvres et en bonnes œuvres.

Tel était l'esprit de pauvreté de ce vrai tertiaire de Saint-François d'Assise.

LES HUIT BÉATITUDES.

—

FLEURS DE PAUVRETÉ.

Quand un petit oiseau a mis ses pattes sur la glu, il a beau faire, beau se débattre, il est retenu et ne peut s'envoler. Si quelque bon enfant, touché de compassion, le dégage de cette vilaine glu, lui nettoie les pattes et le rend à la liberté, il échappe à la mort ou à la dure captivité de la cage. Ainsi en est-il de nous : l'amour de l'argent et du gain, la cupidité, l'avarice, sont une glu dangereuse qui s'attache à notre âme, l'empêche de s'élever vers le bon Dieu et la retient loin de Jésus-Christ. Ce bon Sauveur a pitié d'elle,

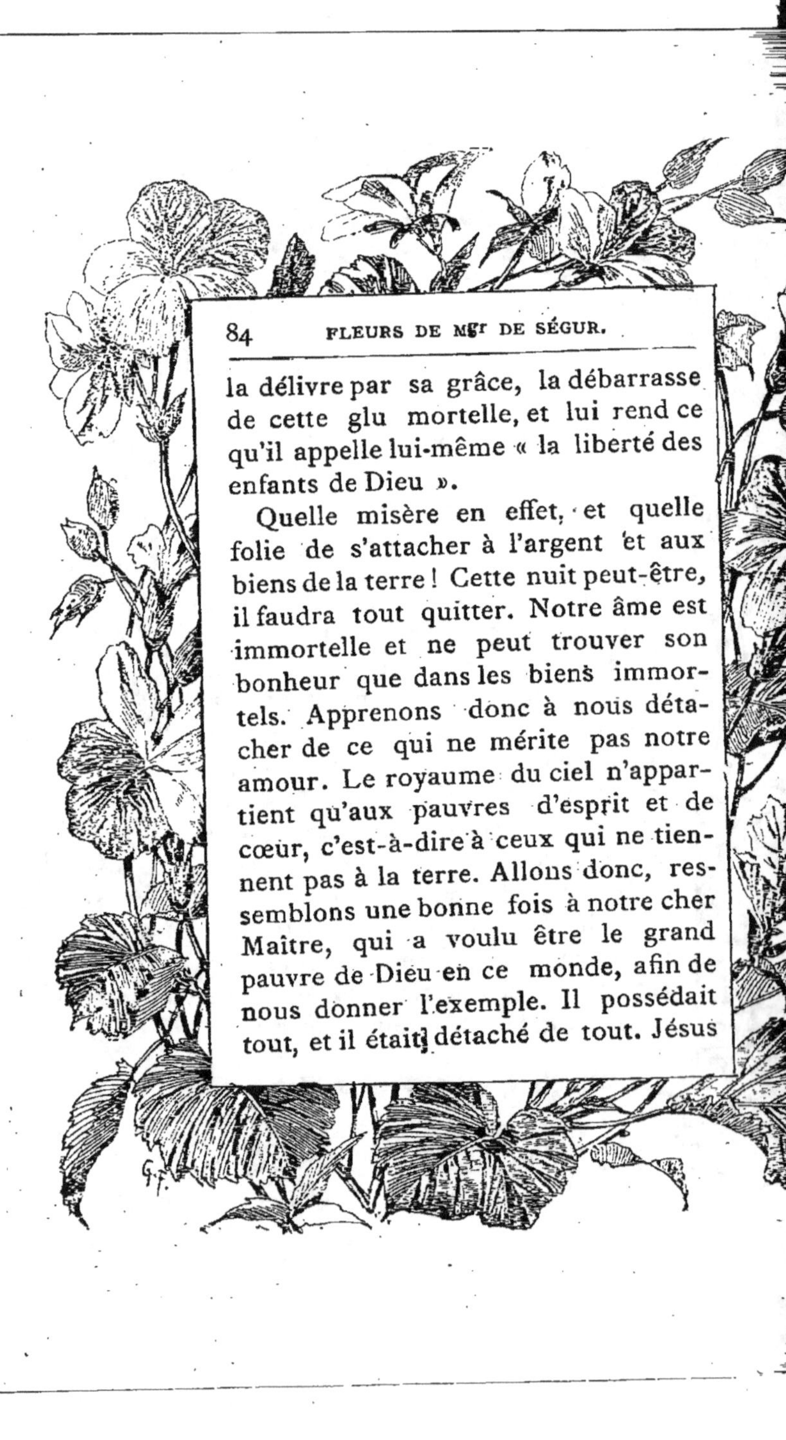

la délivre par sa grâce, la débarrasse de cette glu mortelle, et lui rend ce qu'il appelle lui-même « la liberté des enfants de Dieu ».

Quelle misère en effet, et quelle folie de s'attacher à l'argent et aux biens de la terre ! Cette nuit peut-être, il faudra tout quitter. Notre âme est immortelle et ne peut trouver son bonheur que dans les biens immortels. Apprenons donc à nous détacher de ce qui ne mérite pas notre amour. Le royaume du ciel n'appartient qu'aux pauvres d'esprit et de cœur, c'est-à-dire à ceux qui ne tiennent pas à la terre. Allons donc, ressemblons une bonne fois à notre cher Maître, qui a voulu être le grand pauvre de Dieu en ce monde, afin de nous donner l'exemple. Il possédait tout, et il était détaché de tout. Jésus

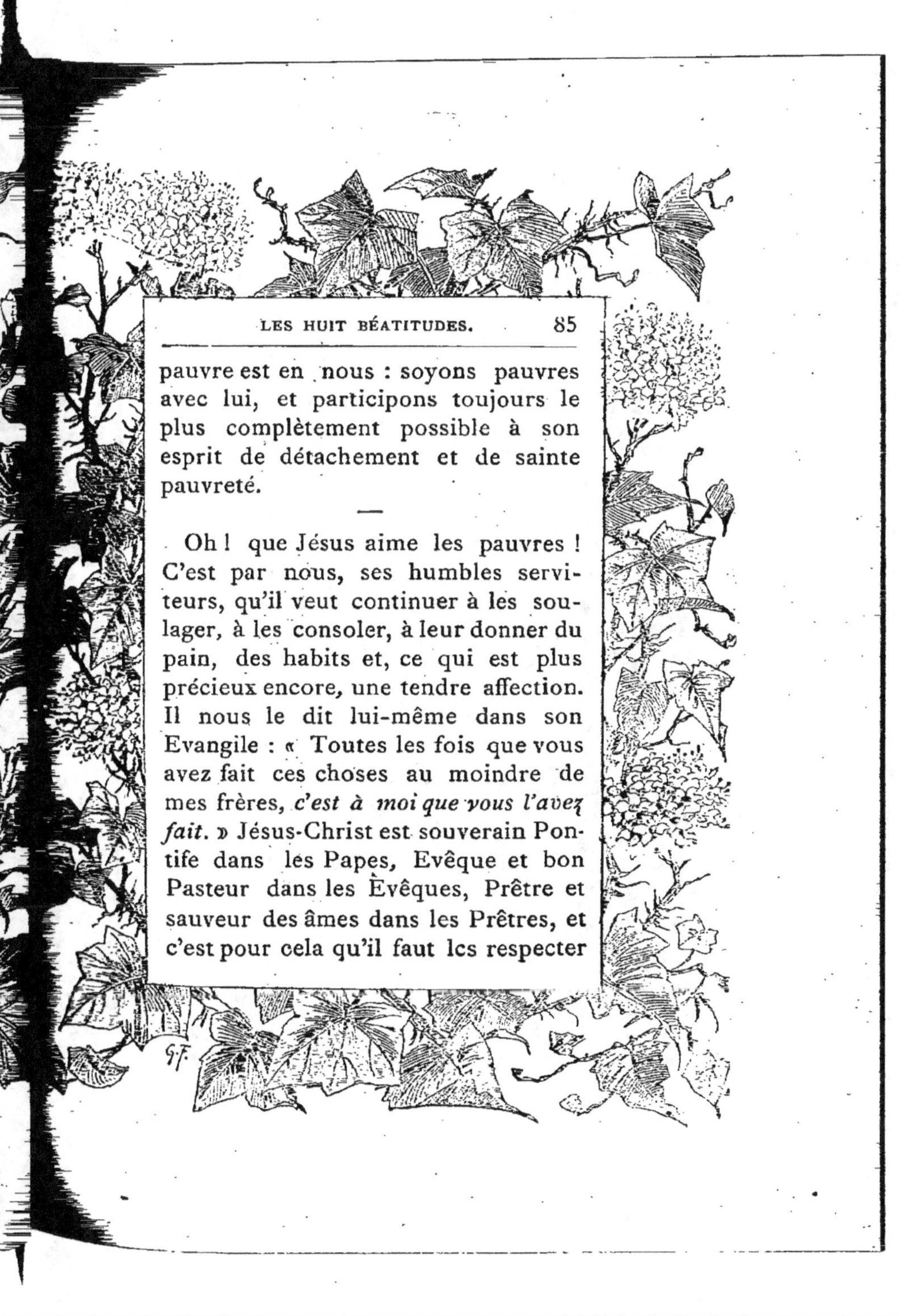

pauvre est en nous : soyons pauvres avec lui, et participons toujours le plus complètement possible à son esprit de détachement et de sainte pauvreté.

—

Oh ! que Jésus aime les pauvres ! C'est par nous, ses humbles serviteurs, qu'il veut continuer à les soulager, à les consoler, à leur donner du pain, des habits et, ce qui est plus précieux encore, une tendre affection. Il nous le dit lui-même dans son Evangile : « Toutes les fois que vous avez fait ces choses au moindre de mes frères, *c'est à moi que vous l'avez fait.* » Jésus-Christ est souverain Pontife dans les Papes, Evêque et bon Pasteur dans les Évêques, Prêtre et sauveur des âmes dans les Prêtres, et c'est pour cela qu'il faut les respecter

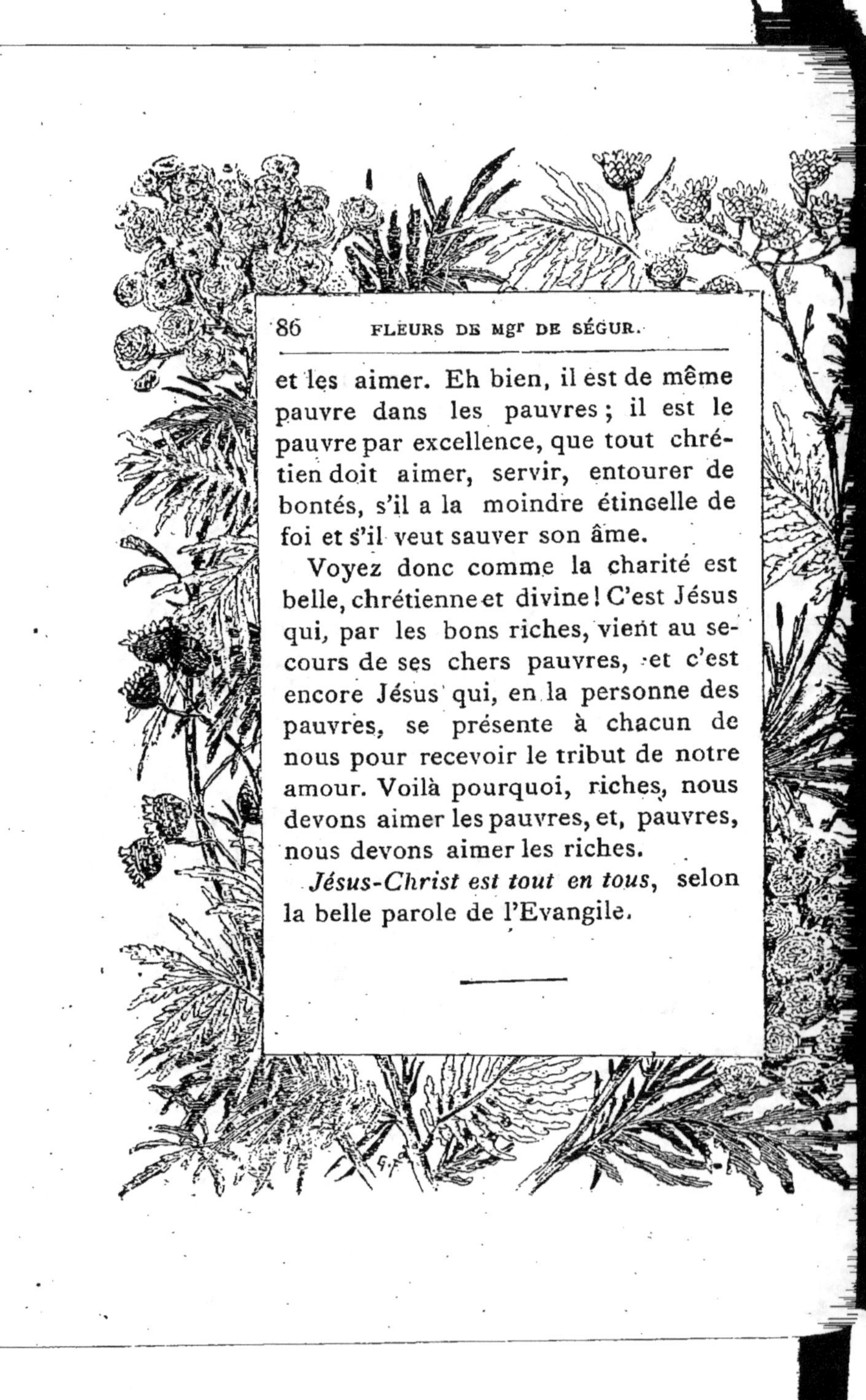

et les aimer. Eh bien, il est de même pauvre dans les pauvres ; il est le pauvre par excellence, que tout chrétien doit aimer, servir, entourer de bontés, s'il a la moindre étincelle de foi et s'il veut sauver son âme.

Voyez donc comme la charité est belle, chrétienne et divine ! C'est Jésus qui, par les bons riches, vient au secours de ses chers pauvres, et c'est encore Jésus qui, en la personne des pauvres, se présente à chacun de nous pour recevoir le tribut de notre amour. Voilà pourquoi, riches, nous devons aimer les pauvres, et, pauvres, nous devons aimer les riches.

Jésus-Christ est tout en tous, selon la belle parole de l'Evangile.

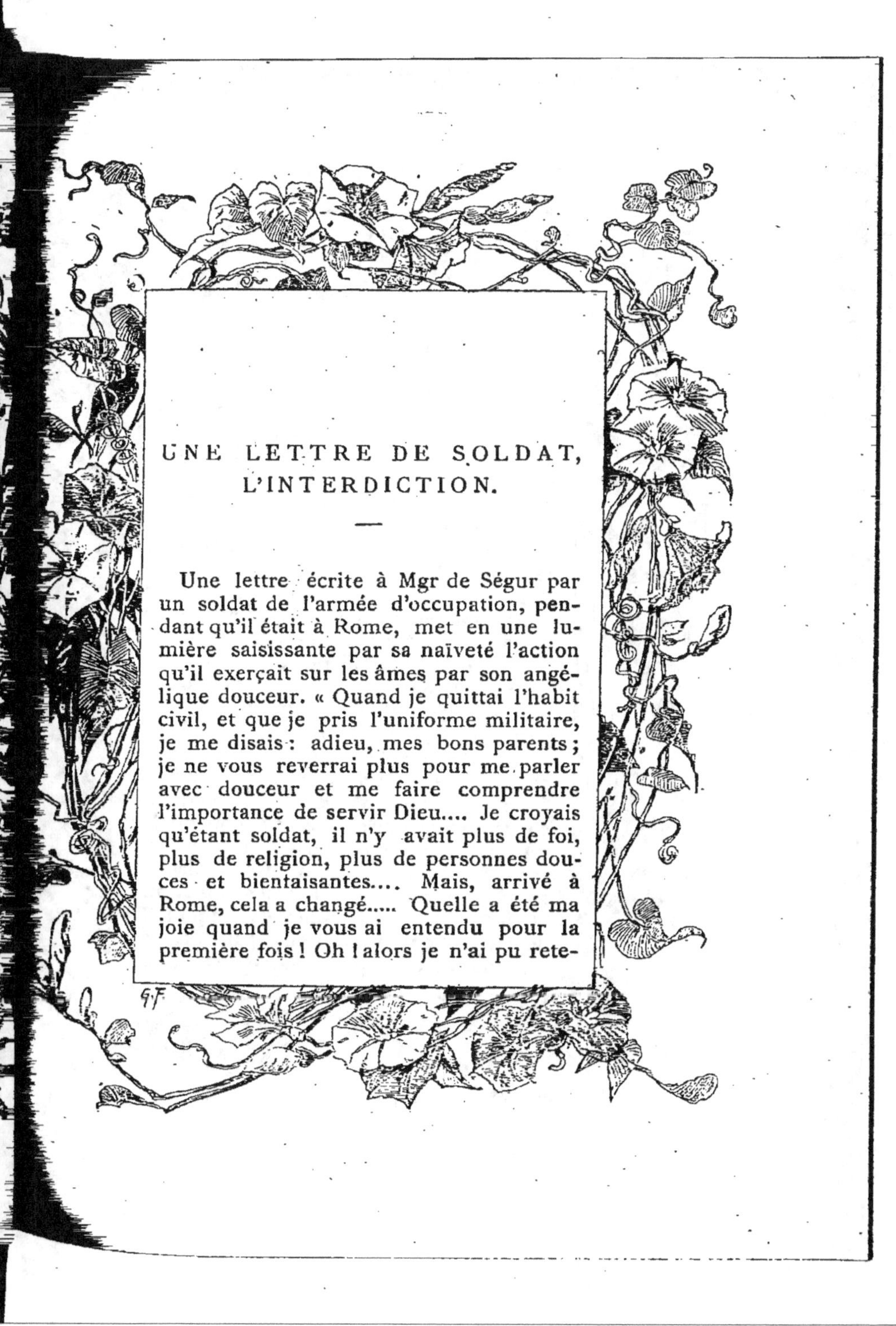

UNE LETTRE DE SOLDAT,
L'INTERDICTION.

—

Une lettre écrite à Mgr de Ségur par un soldat de l'armée d'occupation, pendant qu'il était à Rome, met en une lumière saisissante par sa naïveté l'action qu'il exerçait sur les âmes par son angélique douceur. « Quand je quittai l'habit civil, et que je pris l'uniforme militaire, je me disais : adieu, mes bons parents ; je ne vous reverrai plus pour me parler avec douceur et me faire comprendre l'importance de servir Dieu.... Je croyais qu'étant soldat, il n'y avait plus de foi, plus de religion, plus de personnes douces et bientaisantes.... Mais, arrivé à Rome, cela a changé..... Quelle a été ma joie quand je vous ai entendu pour la première fois ! Oh ! alors je n'ai pu rete-

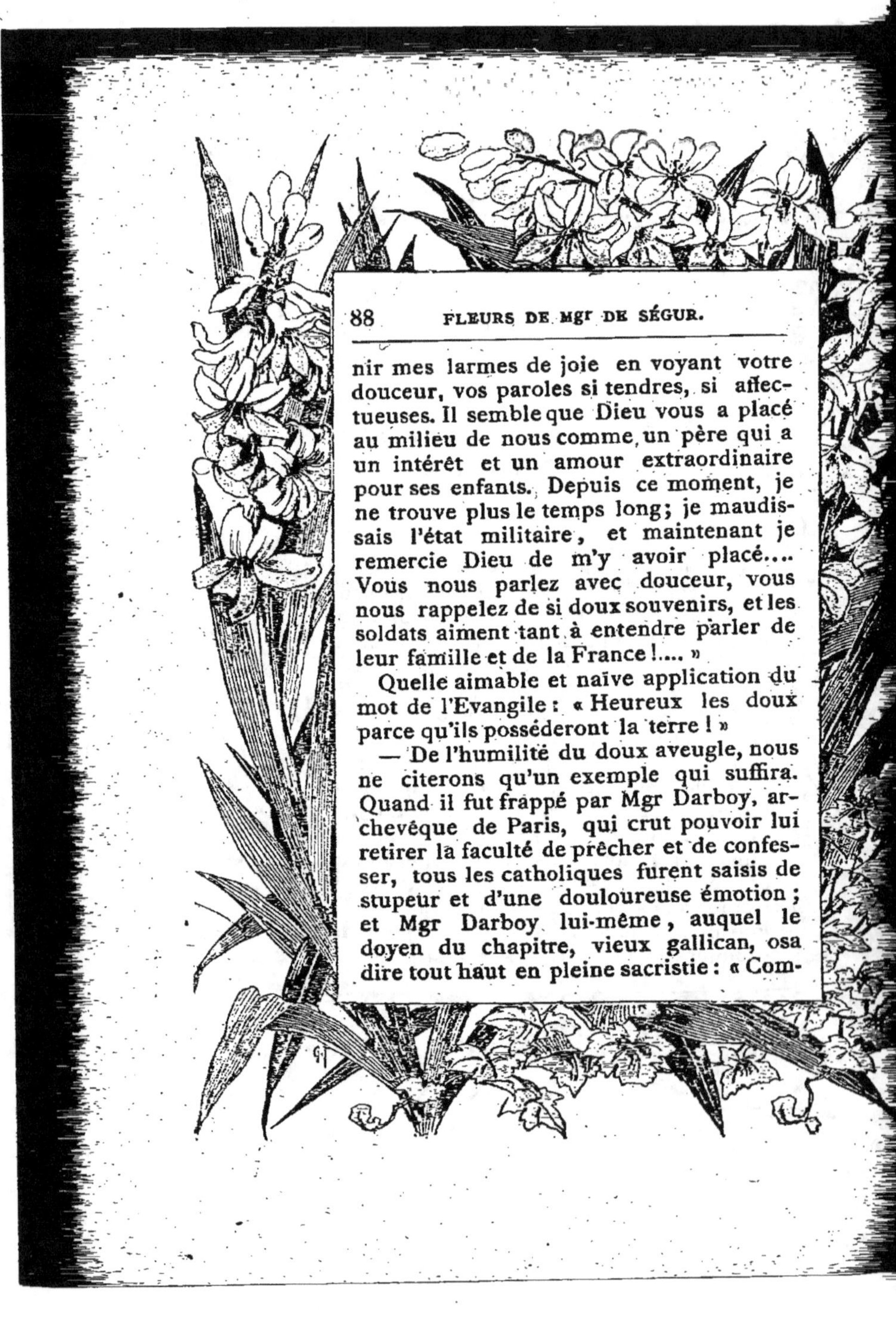

nir mes larmes de joie en voyant votre douceur, vos paroles si tendres, si affectueuses. Il semble que Dieu vous a placé au milieu de nous comme un père qui a un intérêt et un amour extraordinaire pour ses enfants. Depuis ce moment, je ne trouve plus le temps long; je maudissais l'état militaire, et maintenant je remercie Dieu de m'y avoir placé.... Vous nous parlez avec douceur, vous nous rappelez de si doux souvenirs, et les soldats aiment tant à entendre parler de leur famille et de la France !.... »

Quelle aimable et naïve application du mot de l'Evangile : « Heureux les doux parce qu'ils posséderont la terre ! »

— De l'humilité du doux aveugle, nous ne citerons qu'un exemple qui suffira. Quand il fut frappé par Mgr Darboy, archevêque de Paris, qui crut pouvoir lui retirer la faculté de prêcher et de confesser, tous les catholiques furent saisis de stupeur et d'une douloureuse émotion ; et Mgr Darboy lui-même, auquel le doyen du chapitre, vieux gallican, osa dire tout haut en pleine sacristie : « Com-

ment, Monseigneur, avez-vous interdit le prêtre le plus saint de votre diocèse ? » Mgr Darboy, mieux informé et mieux inspiré, lui rendit presque immédiatement ses pouvoirs. Quant à Mgr de Ségur, en apprenant la sentence d'interdiction, il fit preuve d'une humilité égale à sa patience. Il écrivit à l'archevêque qu'il se soumettait avec larmes mais sans murmures à sa décision ; puis il entra dans sa chapelle, avec tous ses serviteurs, s'agenouilla devant le Saint Sacrement et leur dit: « Nous allons réciter le *Magnificat* pour remercier la Sainte Vierge de la grande occasion de sanctification qu'elle nous envoie. »

Depuis ce moment, il fut en prière presque continuellement jusqu'au lendemain matin, et en disant sa messe, il semblait à l'autel un ange plutôt qu'un prêtre.

Le surlendemain, l'interdiction était levée, et l'humble prélat reprenait avec joie et actions de grâce son ministère un moment interrompu.

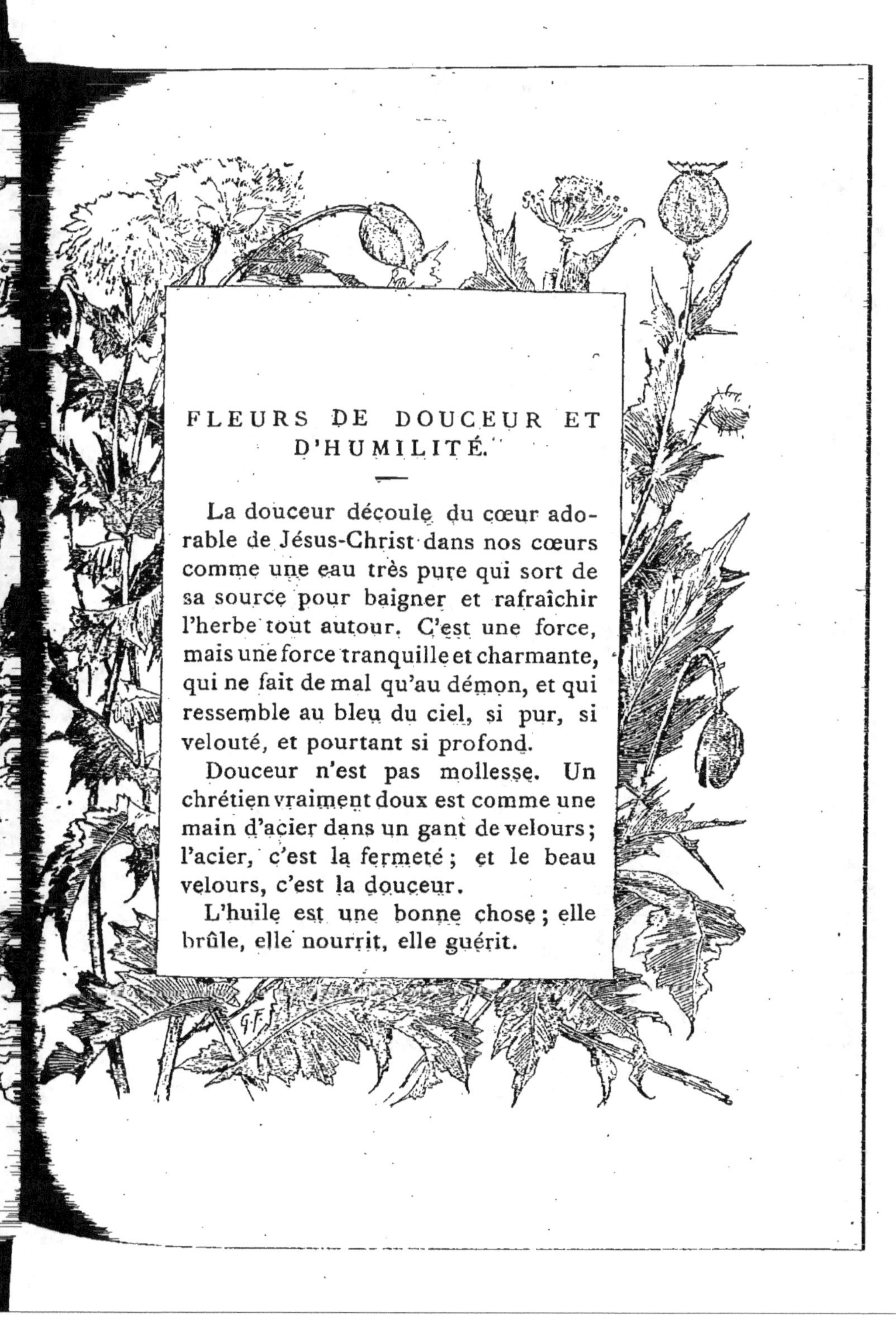

FLEURS DE DOUCEUR ET D'HUMILITÉ.

La douceur découle du cœur adorable de Jésus-Christ dans nos cœurs comme une eau très pure qui sort de sa source pour baigner et rafraîchir l'herbe tout autour. C'est une force, mais une force tranquille et charmante, qui ne fait de mal qu'au démon, et qui ressemble au bleu du ciel, si pur, si velouté, et pourtant si profond.

Douceur n'est pas mollesse. Un chrétien vraiment doux est comme une main d'acier dans un gant de velours ; l'acier, c'est la fermeté ; et le beau velours, c'est la douceur.

L'huile est une bonne chose ; elle brûle, elle nourrit, elle guérit.

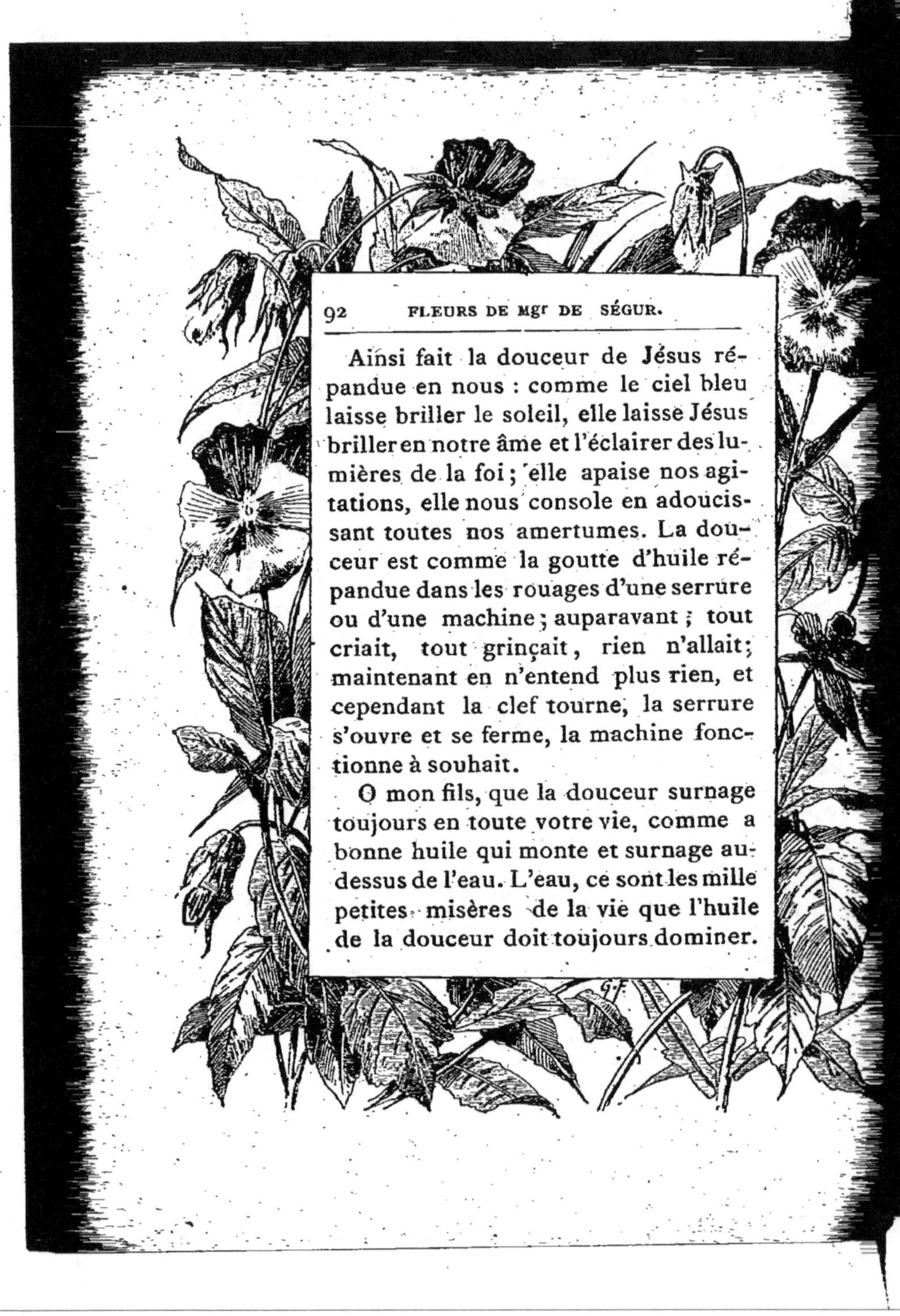

Ainsi fait la douceur de Jésus répandue en nous : comme le ciel bleu laisse briller le soleil, elle laisse Jésus briller en notre âme et l'éclairer des lumières de la foi ; elle apaise nos agitations, elle nous console en adoucissant toutes nos amertumes. La douceur est comme la goutte d'huile répandue dans les rouages d'une serrure ou d'une machine ; auparavant ; tout criait, tout grinçait, rien n'allait ; maintenant en n'entend plus rien, et cependant la clef tourne, la serrure s'ouvre et se ferme, la machine fonctionne à souhait.

O mon fils, que la douceur surnage toujours en toute votre vie, comme a bonne huile qui monte et surnage au-dessus de l'eau. L'eau, ce sont les mille petites misères de la vie que l'huile de la douceur doit toujours dominer.

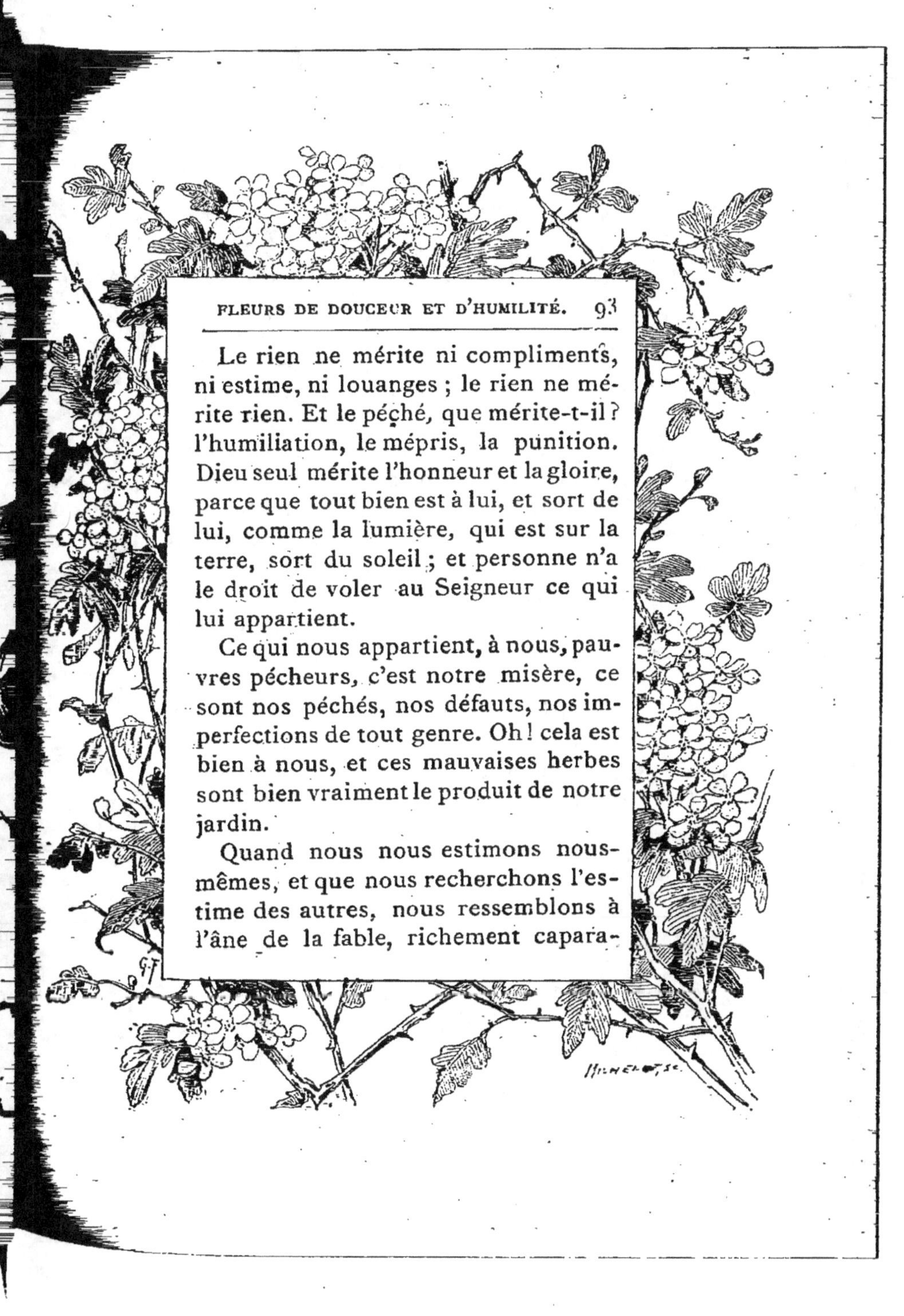

Le rien ne mérite ni compliments, ni estime, ni louanges ; le rien ne mérite rien. Et le péché, que mérite-t-il ? l'humiliation, le mépris, la punition. Dieu seul mérite l'honneur et la gloire, parce que tout bien est à lui, et sort de lui, comme la lumière, qui est sur la terre, sort du soleil ; et personne n'a le droit de voler au Seigneur ce qui lui appartient.

Ce qui nous appartient, à nous, pauvres pécheurs, c'est notre misère, ce sont nos péchés, nos défauts, nos imperfections de tout genre. Oh ! cela est bien à nous, et ces mauvaises herbes sont bien vraiment le produit de notre jardin.

Quand nous nous estimons nous-mêmes, et que nous recherchons l'estime des autres, nous ressemblons à l'âne de la fable, richement capara-

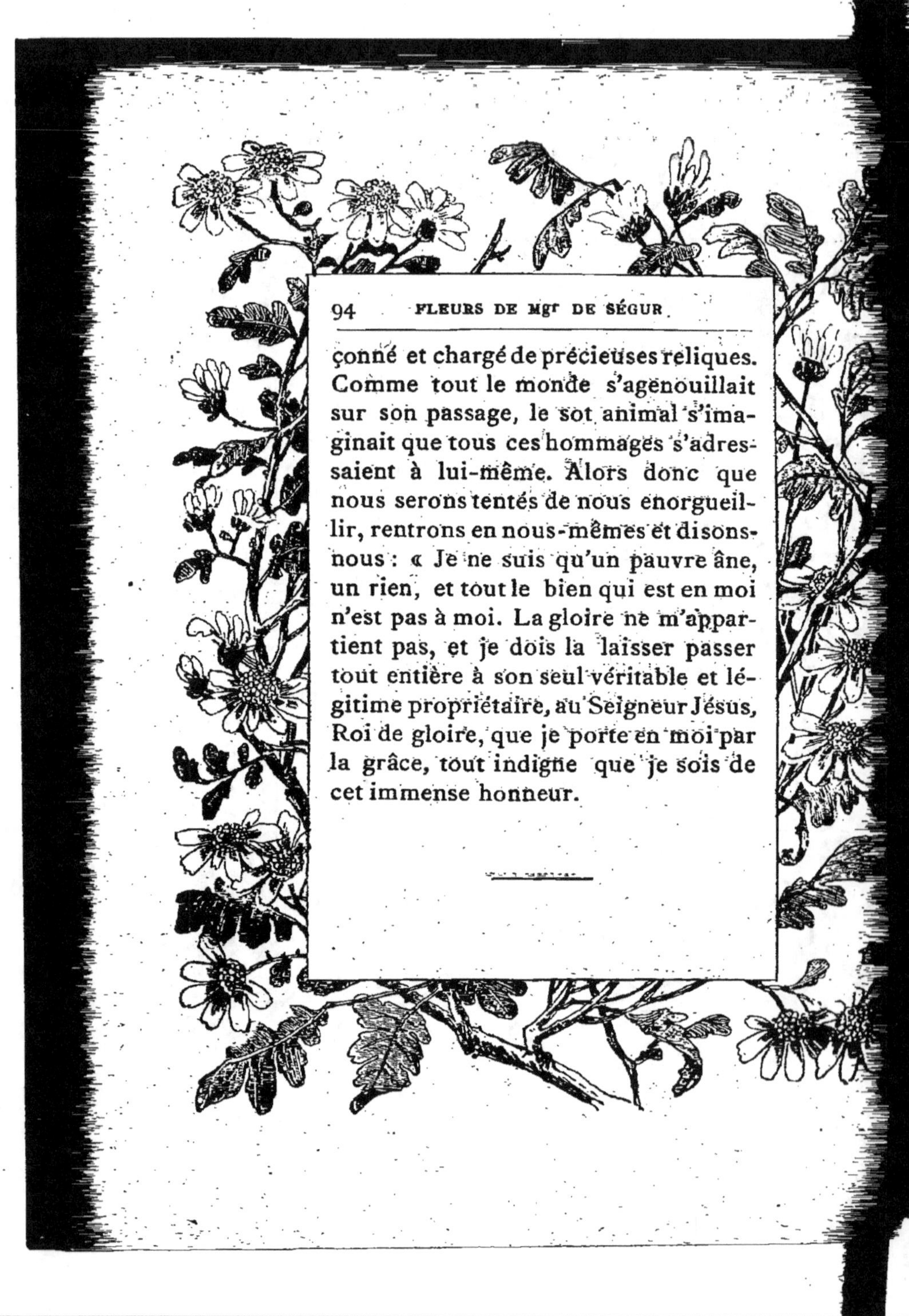

çonné et chargé de précieuses reliques.
Comme tout le monde s'agenouillait
sur son passage, le sot animal s'ima-
ginait que tous ces hommages s'adres-
saient à lui-même. Alors donc que
nous serons tentés de nous enorgueil-
lir, rentrons en nous-mêmes et disons-
nous : « Je ne suis qu'un pauvre âne,
un rien, et tout le bien qui est en moi
n'est pas à moi. La gloire ne m'appartient pas, et je dois la laisser passer
tout entière à son seul véritable et lé-
gitime propriétaire, au Seigneur Jésus,
Roi de gloire, que je porte en moi par
la grâce, tout indigne que je sois de
cet immense honneur.

DEUX CONDAMNÉS A MORT.

Mgr de Ségur n'avait pas seulement le don des larmes pour pleurer la perte de ses proches, les péchés des hommes et les malheurs de l'Eglise. Il avait le don de consoler les pleurants, et de changer en joie les larmes les plus amères. Il relevait les courages, ramenait la sérénité dans les âmes les plus troublées, et préparait les plus grands coupables à mourir en grands pénitents.

C'est ainsi qu'étant encore jeune prêtre, il conduisit au champ de l'exécution un vieux sergent nommé Herbuel, et un peu plus tard le jeune carabinier Guth, coupables d'avoir tué, l'un et l'autre, un de leurs officiers pour se venger de punitions insignifiantes.

A deux ans de distance, ils tombèrent en vrais saints, après avoir confessé et pleuré amèrement leur crime.

— « Quel jour ! disait le vieux sergent à son jeune confesseur, en allant au supplice. Je vais être bientôt avec Dieu ! » Et avant de commander le feu, il s'écria : « J'ai eu le courage du crime, il faut que j'aie celui de l'expiation. »

Le carabinier Guth, colosse alsacien, devenu doux comme un petit enfant, marcha au supplice avec la même joie surhumaine. Il pleurait, mais de bonheur, en pensant qu'il allait au ciel. « J'ai le cœur tout content, disait-il au jeune prêtre pendant le fatal trajet. Je ne voulais pas vous le dire, mais c'est comme si j'allais à une noce. » Arrivé à Satory, il s'agenouilla, étendit les bras en croix, dit : « J'unis ma mort à celle de mon Sauveur Jésus ! » et tomba foudroyé. Sa cervelle rejaillit jusque sur l'abbé de Ségur, qui priait à genoux à quelques pas de lui.

A sa douce et pieuse parole, les plaintes des malades se changeaient en larmes d'attendrissement. En l'entendant parler de Jésus-Christ, de la Sainte Vierge, des sacrements, de l'Eucharistie, des promesses du Paradis, un jeune protes-

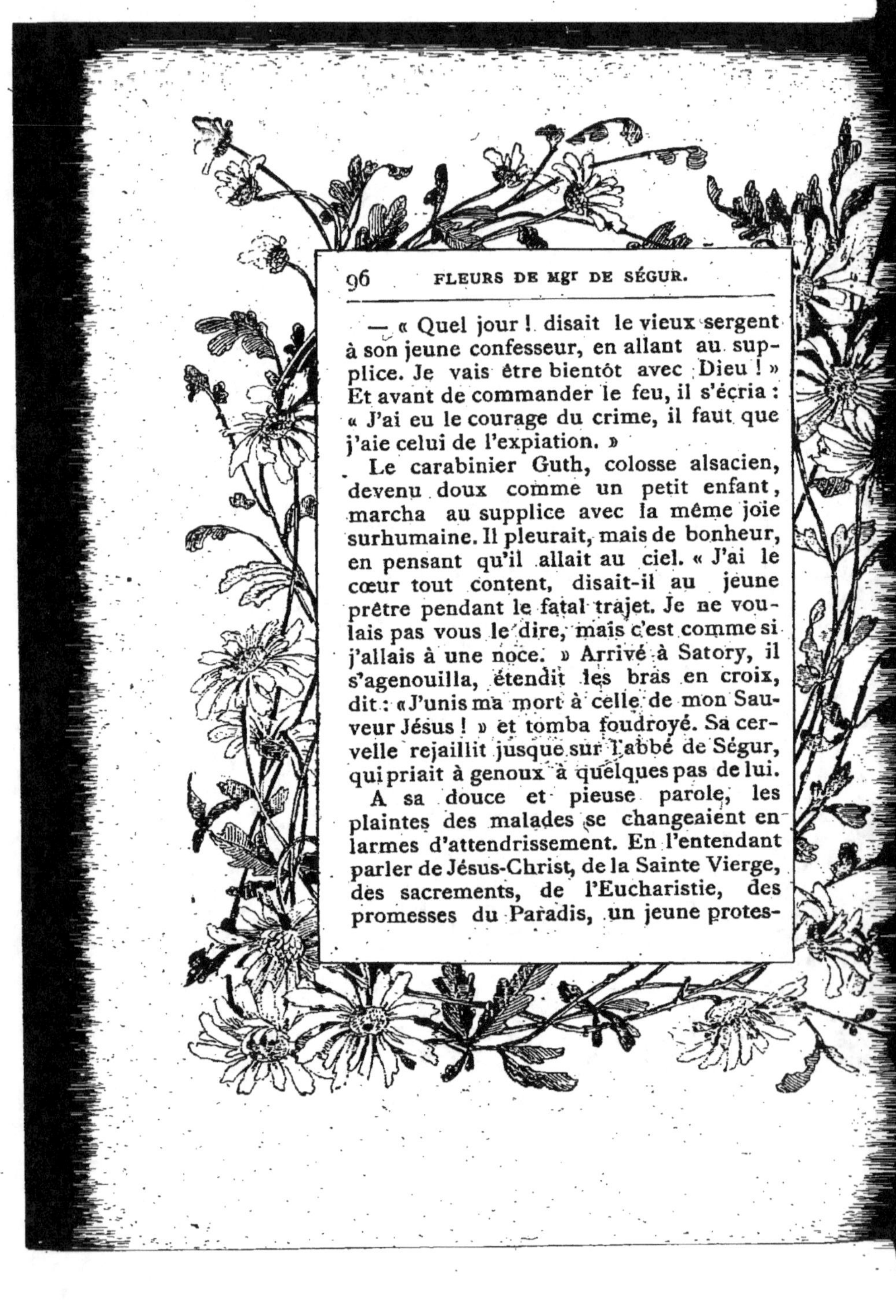

tant qui se mourait et qu'il avait converti pleurait de joie comme un enfant. « Jamais, je n'avais entendu quelqu'un me parler ainsi, disait-il en une sorte d'extase ; je vous remercie, vous êtes mon ange, mon frère, mon père. » Et le trop-plein de son cœur s'écoulait en flots de larmes.

C'est ainsi qu'en lui-même et dans les autres, Mgr de Ségur réalisait la parole du Sauveur : « Bienheureux ceux qui pleurent, parce qu'ils seront consolés. »

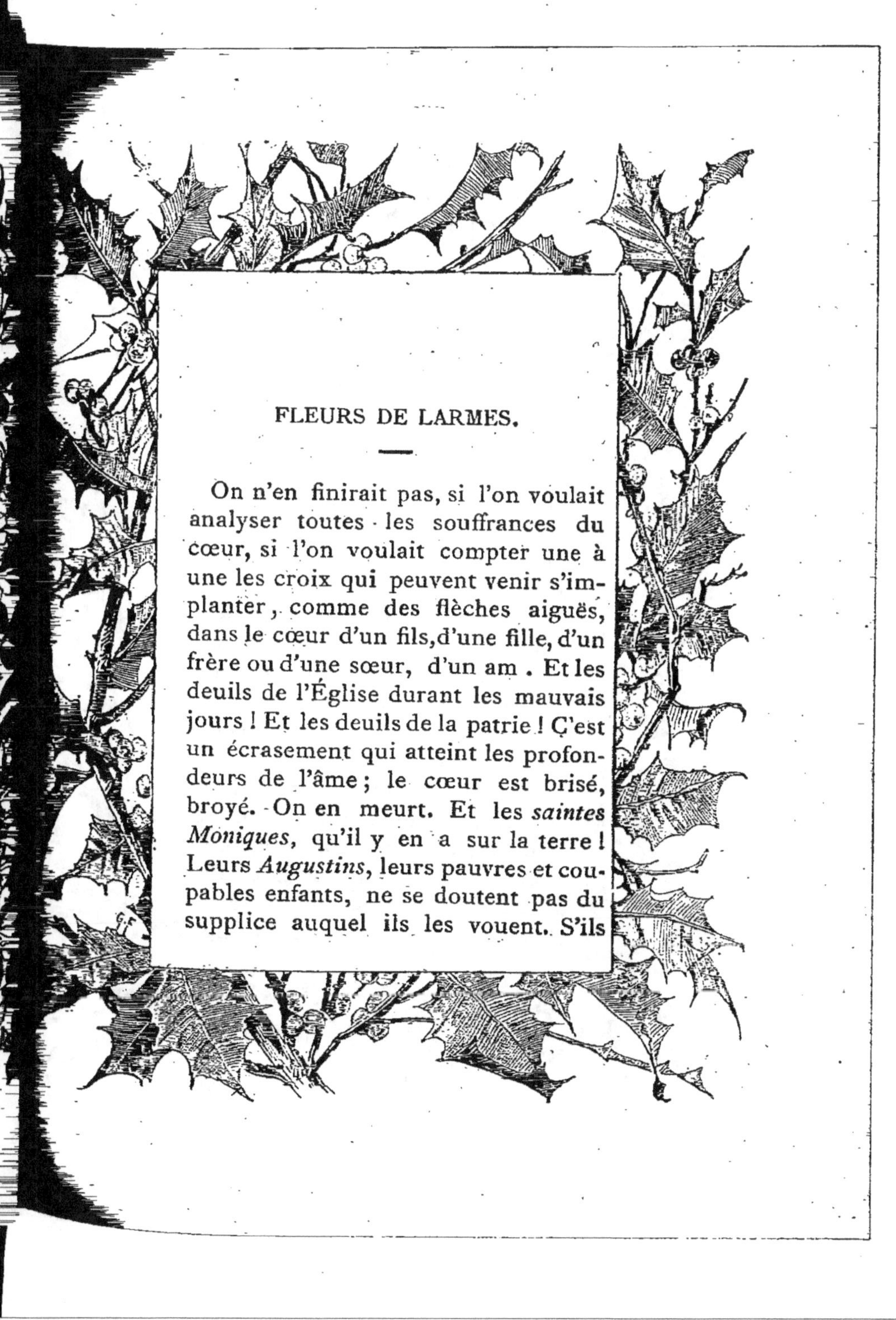

FLEURS DE LARMES.

On n'en finirait pas, si l'on voulait
analyser toutes les souffrances du
cœur, si l'on voulait compter une à
une les croix qui peuvent venir s'im-
planter, comme des flèches aiguës,
dans le cœur d'un fils, d'une fille, d'un
frère ou d'une sœur, d'un am . Et les
deuils de l'Église durant les mauvais
jours ! Et les deuils de la patrie ! Ç'est
un écrasement qui atteint les profon-
deurs de l'âme ; le cœur est brisé,
broyé. On en meurt. Et les *saintes
Moniques,* qu'il y en a sur la terre !
Leurs *Augustins,* leurs pauvres et coupables enfants, ne se doutent pas du
supplice auquel ils les vouent. S'ils

pouvaient soulever le coin de ce voile et pénétrer les abîmes de douleurs qu'ils creusent en riant, ils auraient horreur d'eux-mêmes !

A tous ces désolés, je rappellerai la parole qui consola jadis à Carthage le cœur de sainte Monique : « Prenez confiance, il est impossible que le fils de tant de larmes périsse. » C'est aux pieds de Jésus que pleurèrent Marthe et Marie après la mort de Lazare : c'est aux pieds de Jésus que tous les affligés doivent aller verser leurs larmes. Et de même qu'en présence du feu, le plomb devient liquide et brillant, de même, en présence du divin Sauveur, la douleur naturelle, quelle qu'elle soit, se transformera, se sanctifiera. D'amère, elle deviendra douce, de violente, elle deviendra tranquille et paisible ; de révoltée peut-être, elle

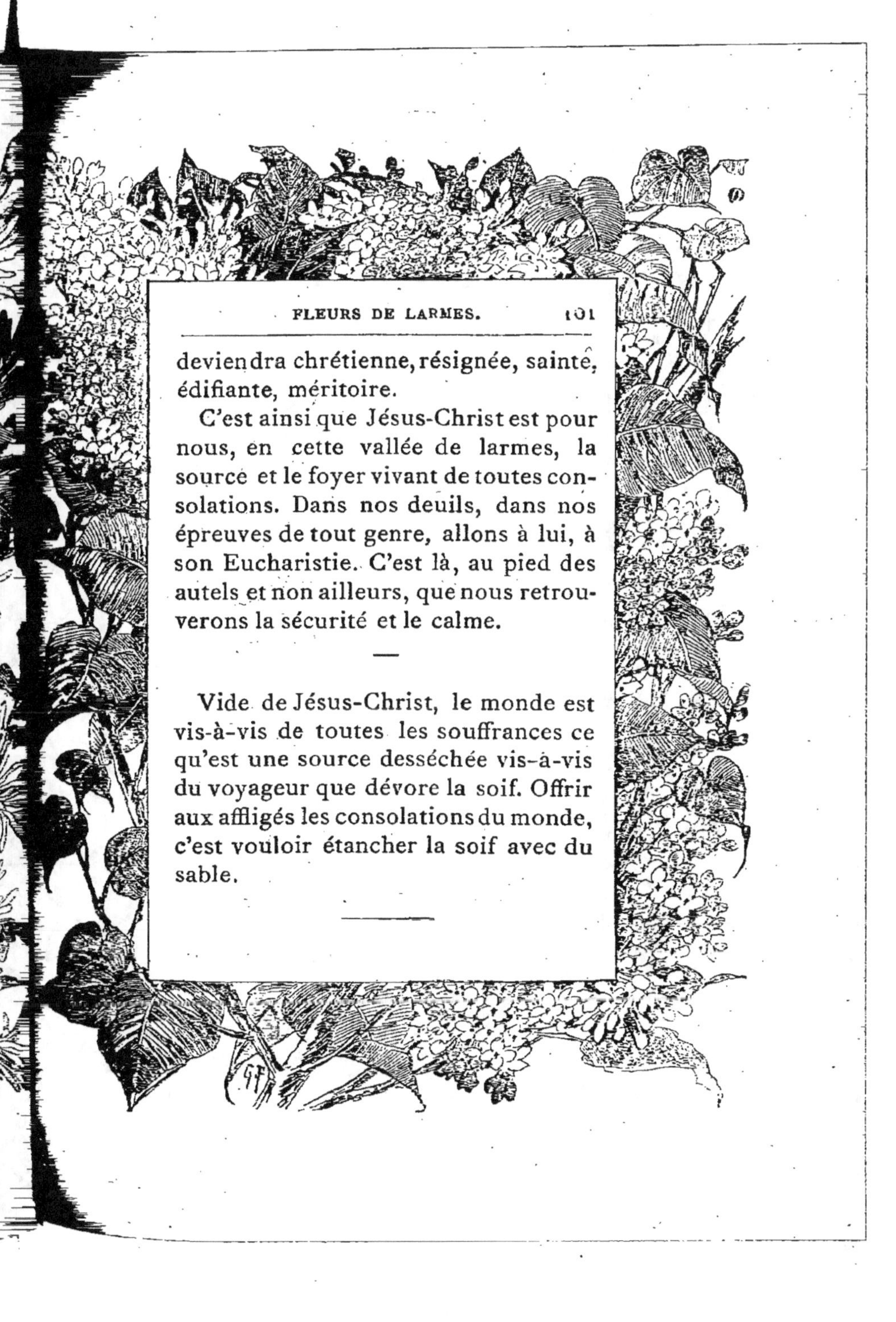

deviendra chrétienne, résignée, sainte, édifiante, méritoire.

C'est ainsi que Jésus-Christ est pour nous, en cette vallée de larmes, la source et le foyer vivant de toutes consolations. Dans nos deuils, dans nos épreuves de tout genre, allons à lui, à son Eucharistie. C'est là, au pied des autels et non ailleurs, que nous retrouverons la sécurité et le calme.

—

Vide de Jésus-Christ, le monde est vis-à-vis de toutes les souffrances ce qu'est une source desséchée vis-à-vis du voyageur que dévore la soif. Offrir aux affligés les consolations du monde, c'est vouloir étancher la soif avec du sable.

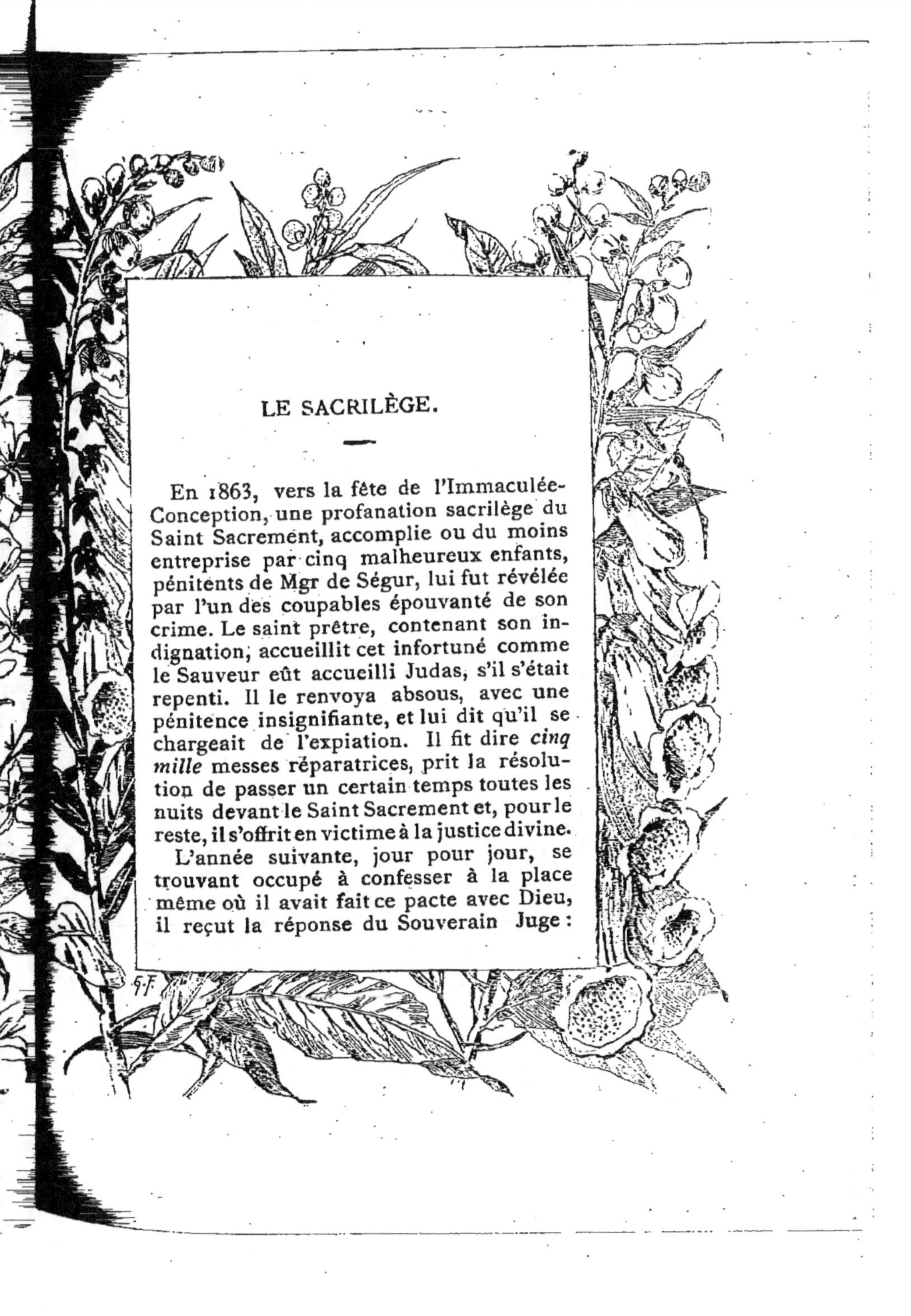

LE SACRILÈGE.

—

En 1863, vers la fête de l'Immaculée-Conception, une profanation sacrilège du Saint Sacrement, accomplie ou du moins entreprise par cinq malheureux enfants, pénitents de Mgr de Ségur, lui fut révélée par l'un des coupables épouvanté de son crime. Le saint prêtre, contenant son indignation, accueillit cet infortuné comme le Sauveur eût accueilli Judas, s'il s'était repenti. Il le renvoya absous, avec une pénitence insignifiante, et lui dit qu'il se chargeait de l'expiation. Il fit dire *cinq mille* messes réparatrices, prit la résolution de passer un certain temps toutes les nuits devant le Saint Sacrement et, pour le reste, il s'offrit en victime à la justice divine.

L'année suivante, jour pour jour, se trouvant occupé à confesser à la place même où il avait fait ce pacte avec Dieu, il reçut la réponse du Souverain Juge :

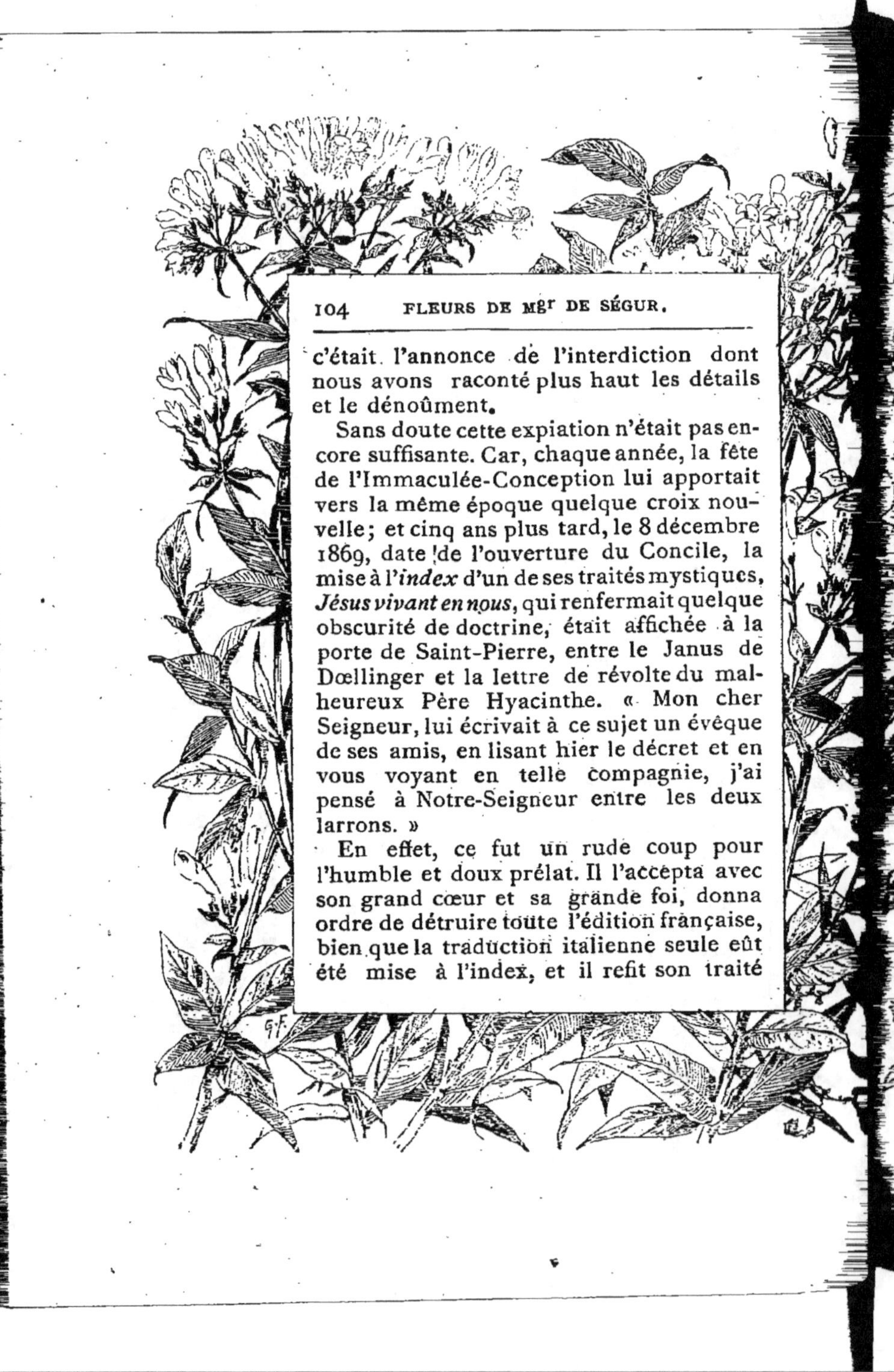

c'était. l'annonce de l'interdiction dont nous avons raconté plus haut les détails et le dénoûment.

Sans doute cette expiation n'était pas encore suffisante. Car, chaque année, la fête de l'Immaculée-Conception lui apportait vers la même époque quelque croix nouvelle; et cinq ans plus tard, le 8 décembre 1869, date de l'ouverture du Concile, la mise à l'*index* d'un de ses traités mystiques, *Jésus vivant en nous*, qui renfermait quelque obscurité de doctrine, était affichée à la porte de Saint-Pierre, entre le Janus de Dœllinger et la lettre de révolte du malheureux Père Hyacinthe. « Mon cher Seigneur, lui écrivait à ce sujet un évêque de ses amis, en lisant hier le décret et en vous voyant en telle compagnie, j'ai pensé à Notre-Seigneur entre les deux larrons. »

En effet, ce fut un rude coup pour l'humble et doux prélat. Il l'accepta avec son grand cœur et sa grande foi, donna ordre de détruire toute l'édition française, bien que la traduction italienne seule eût été mise à l'index, et il refit son traité

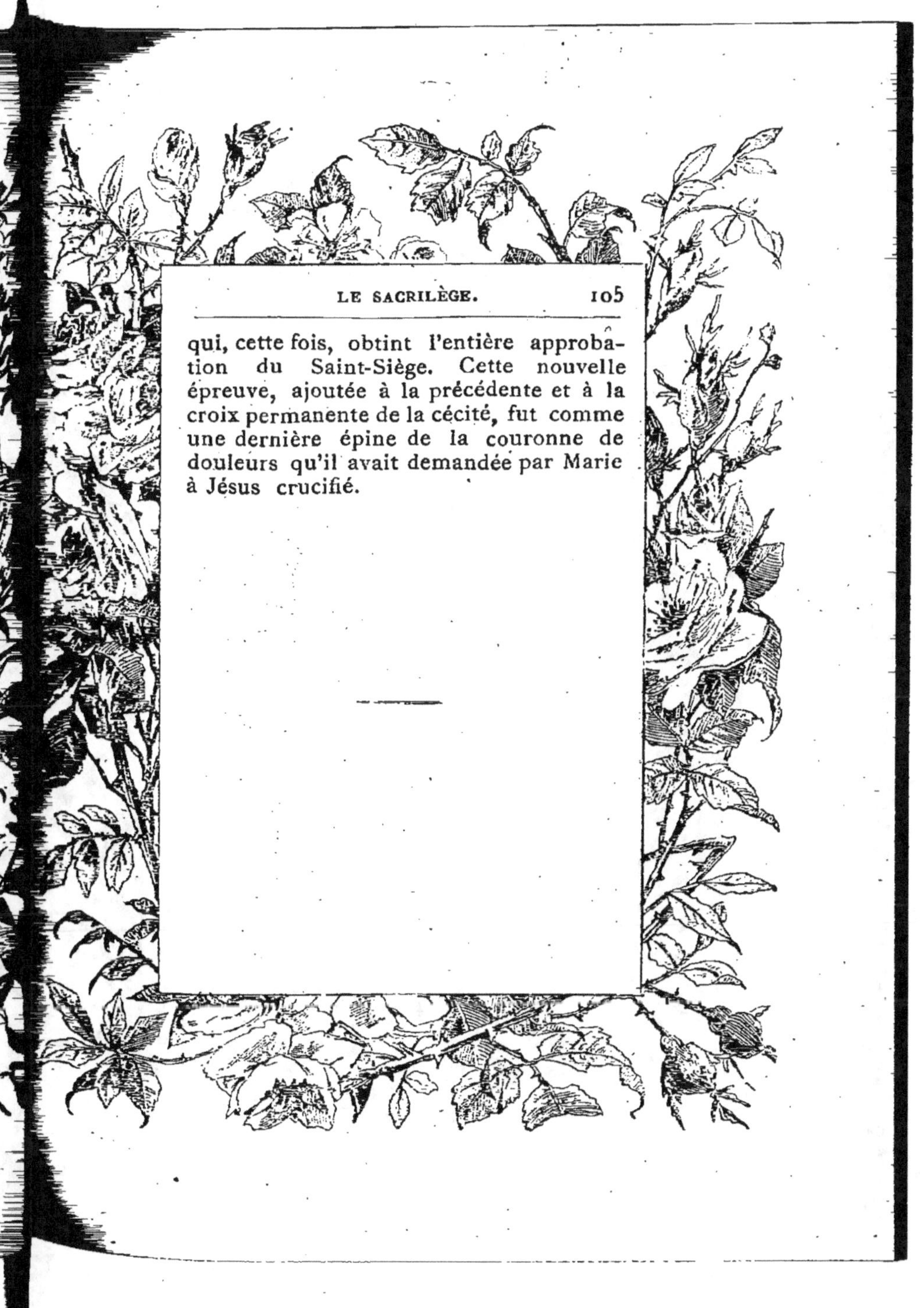

qui, cette fois, obtint l'entière approba-
tion du Saint-Siège. Cette nouvelle
épreuve, ajoutée à la précédente et à la
croix permanente de la cécité, fut comme
une dernière épine de la couronne de
douleurs qu'il avait demandée par Marie
à Jésus crucifié.

FLEURS DE JUSTICE ET DE SOUFFRANCE.

—

Pourquoi souffrons-nous de tant de manières ? Parce que nous sommes pécheurs, pécheurs tout entiers, corps et âme ; et comme la souffrance est la punition en même temps que l'expiation du péché, il est nécessaire qu'elle puisse atteindre tout, pénétrer partout. Autrement, la justice de Dieu ne pourrait être satisfaite, et l'œuvre de notre purification ne pourrait se parachever sur la terre. C'est justice et miséricorde tout ensemble.

On pourrait comparer la souffrance et le péché en général au rayon de lumière et au prisme sur lequel il

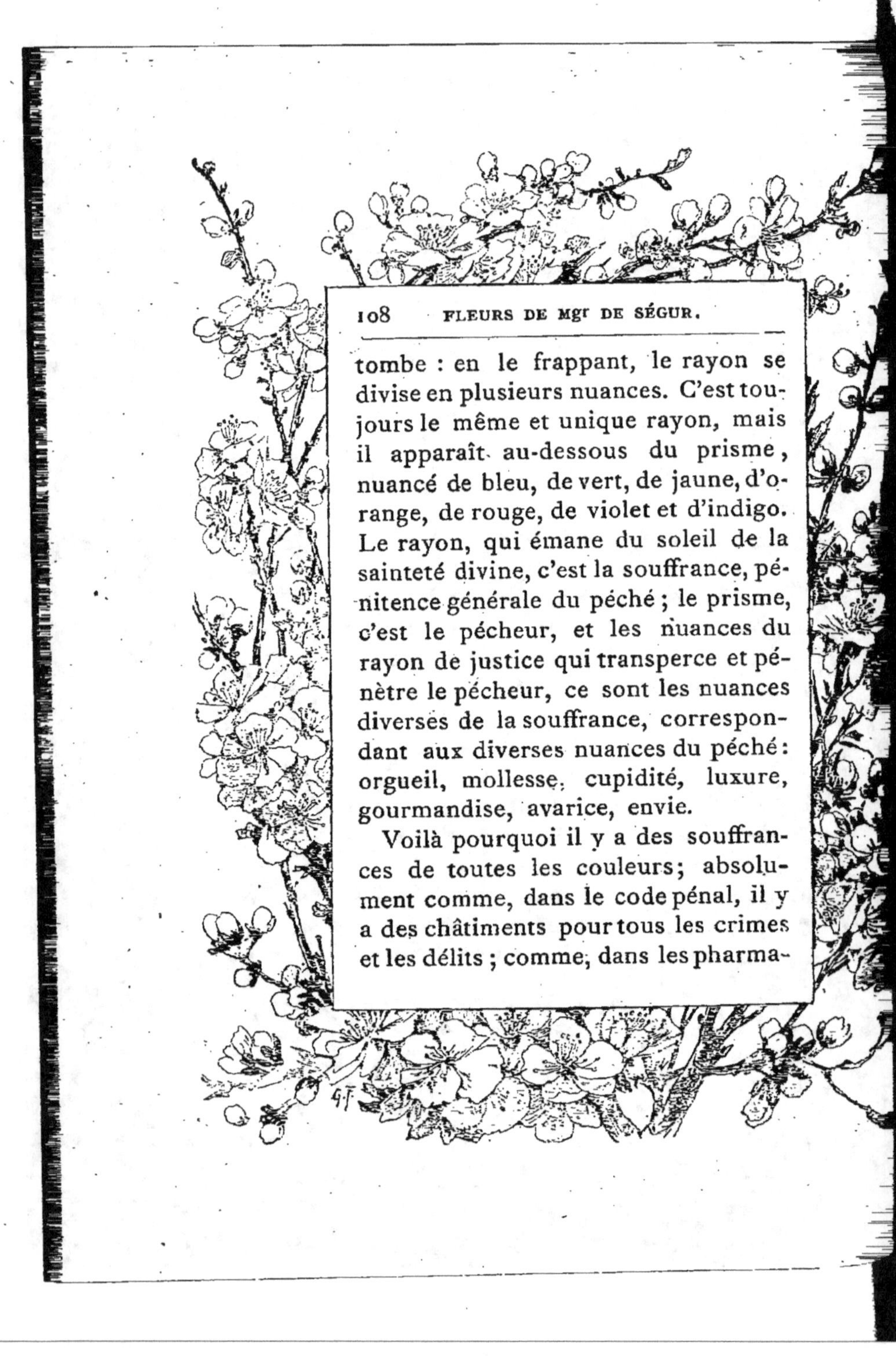

tombe : en le frappant, le rayon se
divise en plusieurs nuances. C'est toujours le même et unique rayon, mais
il apparaît au-dessous du prisme,
nuancé de bleu, de vert, de jaune, d'o-
range, de rouge, de violet et d'indigo.
Le rayon, qui émane du soleil de la
sainteté divine, c'est la souffrance, pénitence générale du péché ; le prisme,
c'est le pécheur, et les nuances du
rayon de justice qui transperce et pénètre le pécheur, ce sont les nuances
diverses de la souffrance, correspon-
dant aux diverses nuances du péché :
orgueil, mollesse, cupidité, luxure,
gourmandise, avarice, envie.

Voilà pourquoi il y a des souffrances de toutes les couleurs ; absolument comme, dans le code pénal, il y
a des châtiments pour tous les crimes
et les délits ; comme, dans les pharma-

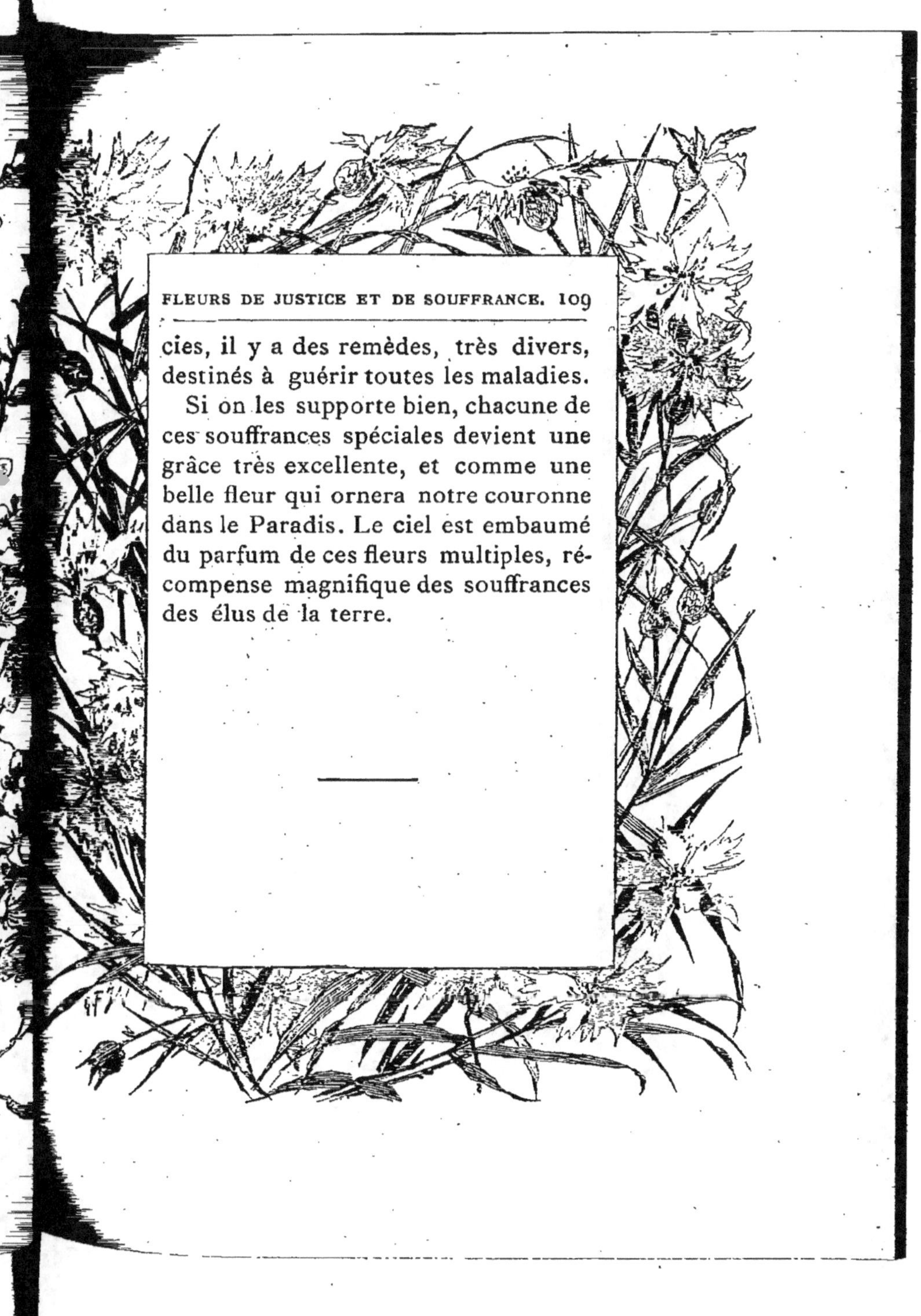

cies, il y a des remèdes, très divers, destinés à guérir toutes les maladies.

Si on les supporte bien, chacune de ces souffrances spéciales devient une grâce très excellente, et comme une belle fleur qui ornera notre couronne dans le Paradis. Le ciel est embaumé du parfum de ces fleurs multiples, récompense magnifique des souffrances des élus de la terre.

AU CONFESSIONNAL.

—

La miséricorde de Mgr de Ségur était
sans limite comme la tendresse de son
âme. Qui pourrait compter les milliers de
pénitents qui, du premier au dernier
jour de sa vie sacerdotale, déposèrent le
fardeau de leurs fautes à ses genoux ou
plutôt sur son cœur? Sa cécité attirait
particulièrement à lui ces pénitents honteux, qui craignent, en confessant leurs
misères, de rencontrer le regard du confesseur.

« Je me souviendrai toujours (c'est un
étudiant qui parle) de tous les traits qui
jaillissaient de son cœur. Une fois, entre
autres, qu'il exhortait à la confession un
nombreux auditoire de jeunes gens, il
leur dit avec l'indicible et délicieuse
simplicité de son zèle : « Voyons, mes
amis, s'il s'en trouvait parmi vous qui

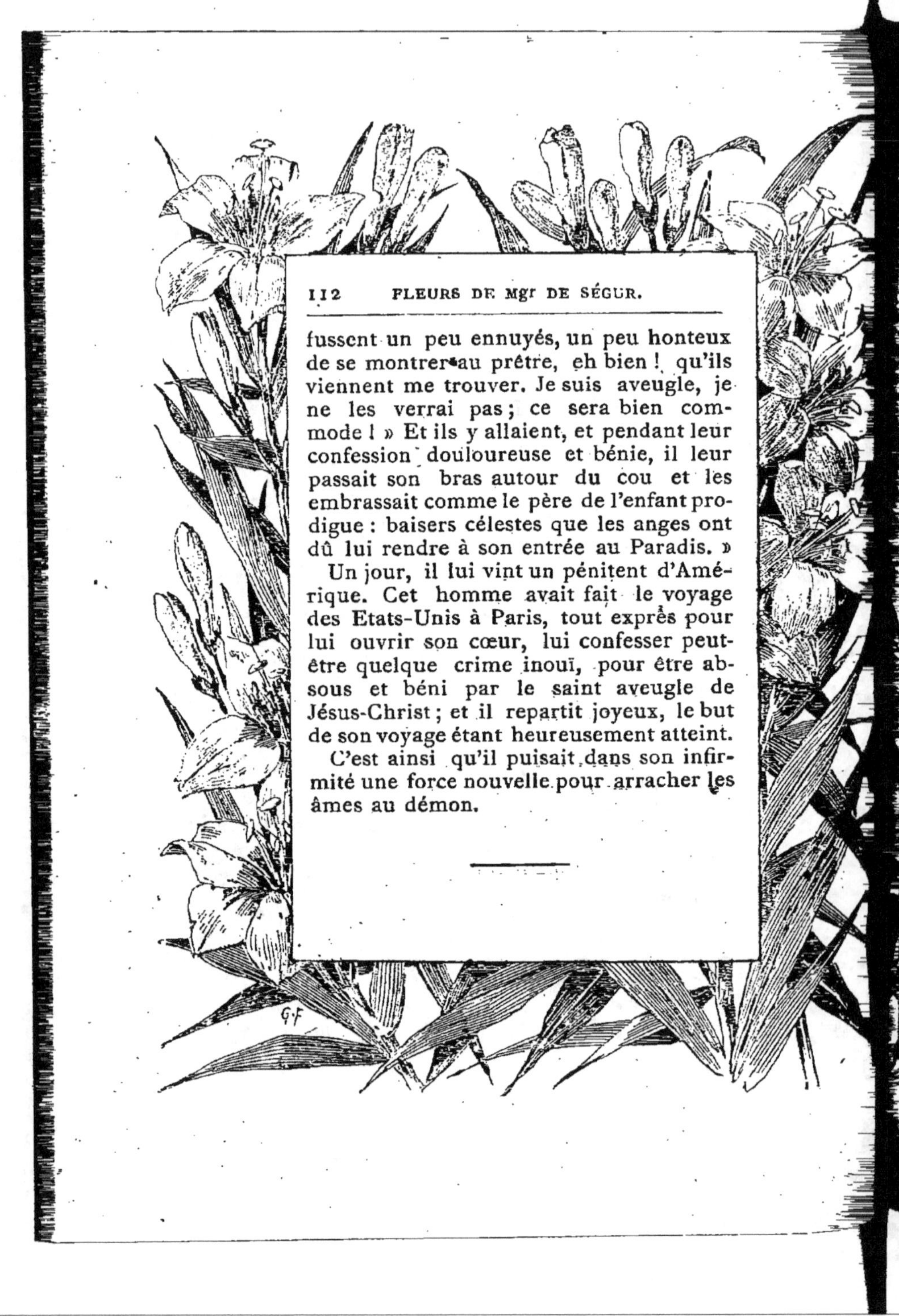

fussent un peu ennuyés, un peu honteux
de se montrer au prêtre, eh bien ! qu'ils
viennent me trouver. Je suis aveugle, je
ne les verrai pas ; ce sera bien commode ! » Et ils y allaient, et pendant leur
confession douloureuse et bénie, il leur
passait son bras autour du cou et les
embrassait comme le père de l'enfant prodigue : baisers célestes que les anges ont
dû lui rendre à son entrée au Paradis. »

Un jour, il lui vint un pénitent d'Amé-
rique. Cet homme avait fait le voyage
des Etats-Unis à Paris, tout exprès pour
lui ouvrir son cœur, lui confesser peut-
être quelque crime inouï, pour être absous et béni par le saint aveugle de
Jésus-Christ ; et il repartit joyeux, le but
de son voyage étant heureusement atteint.

C'est ainsi qu'il puisait dans son infirmité une force nouvelle pour arracher les
âmes au démon.

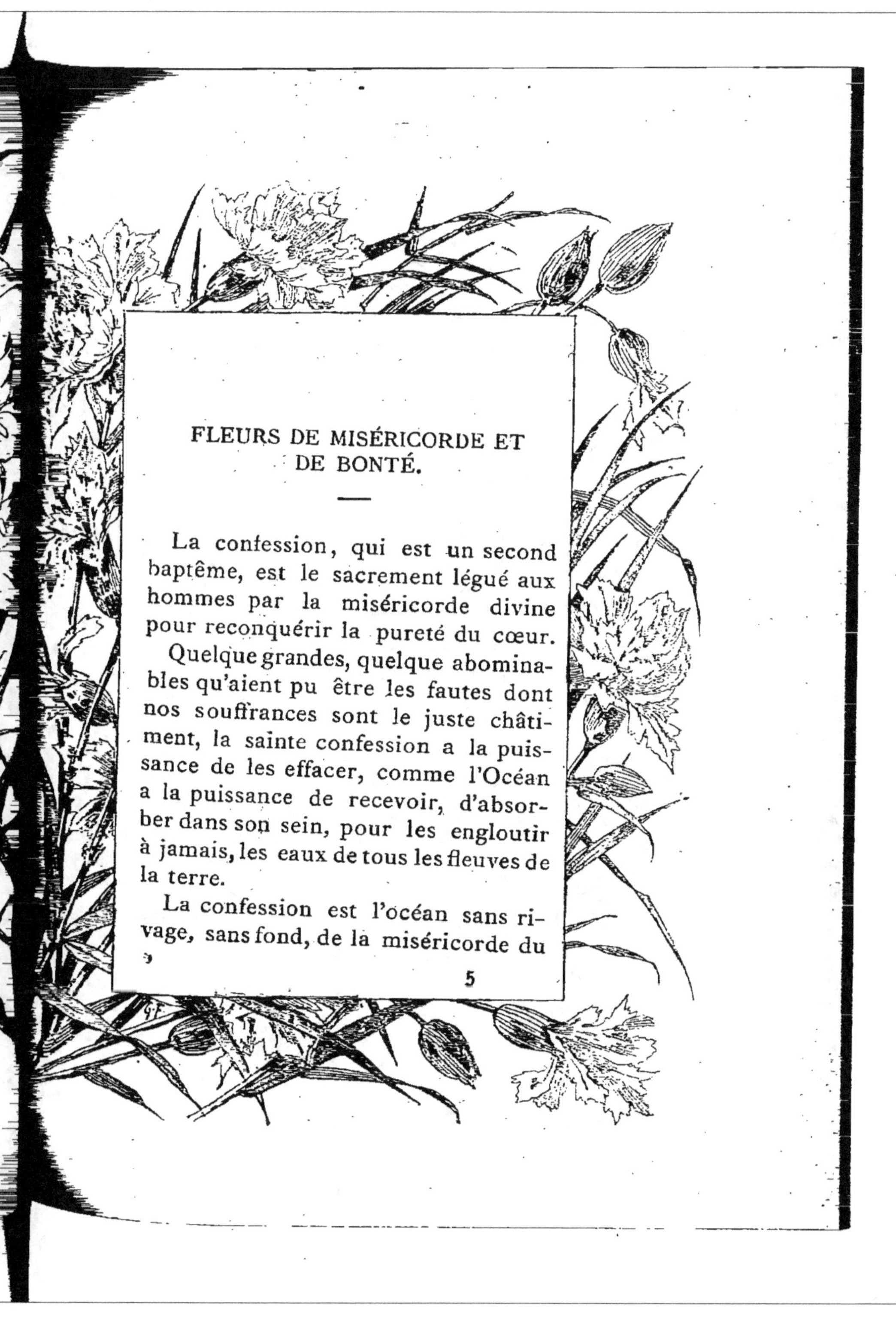

FLEURS DE MISÉRICORDE ET DE BONTÉ.

La confession, qui est un second baptême, est le sacrement légué aux hommes par la miséricorde divine pour reconquérir la pureté du cœur.

Quelque grandes, quelque abominables qu'aient pu être les fautes dont nos souffrances sont le juste châtiment, la sainte confession a la puissance de les effacer, comme l'Océan a la puissance de recevoir, d'absorber dans son sein, pour les engloutir à jamais, les eaux de tous les fleuves de la terre.

La confession est l'océan sans rivage, sans fond, de la miséricorde du

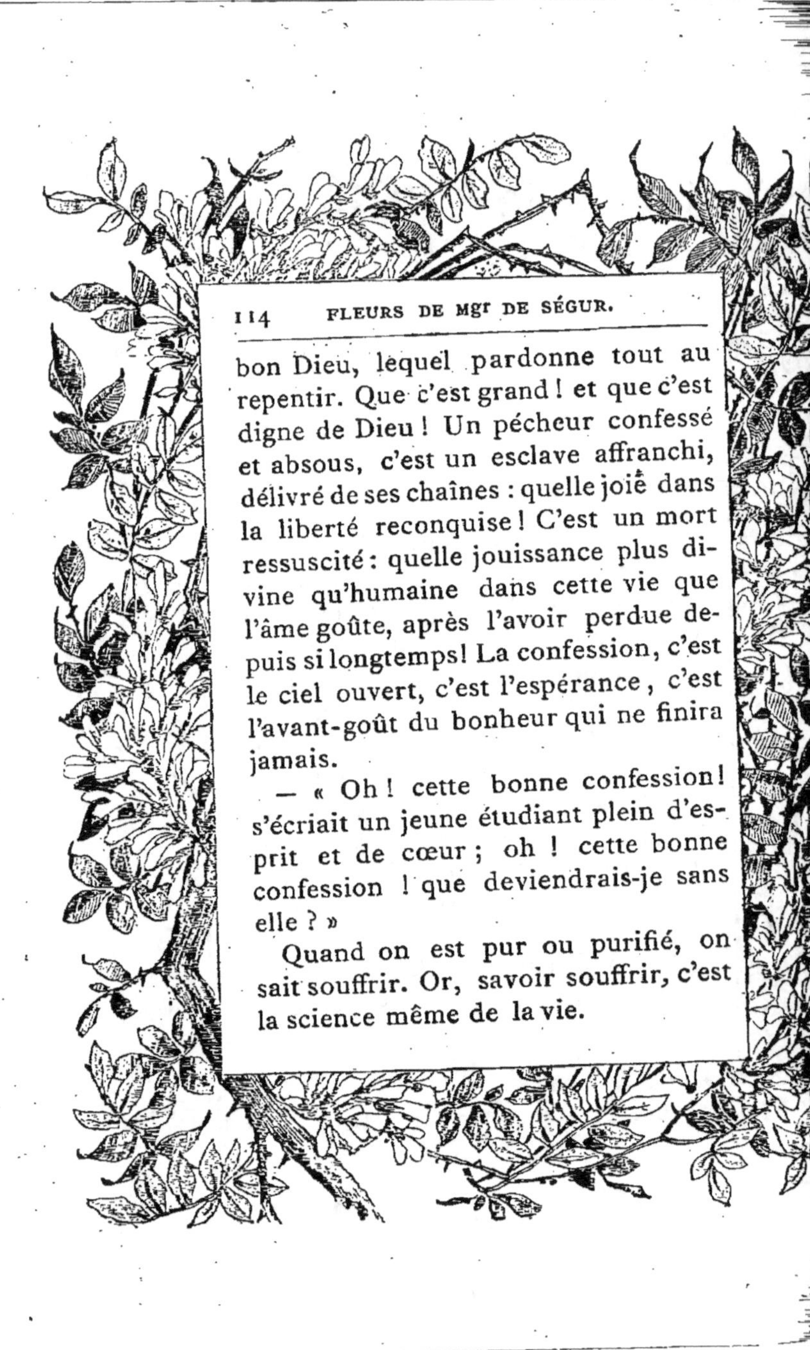

bon Dieu, lequel pardonne tout au repentir. Que c'est grand ! et que c'est digne de Dieu ! Un pécheur confessé et absous, c'est un esclave affranchi, délivré de ses chaînes : quelle joie dans la liberté reconquise ! C'est un mort ressuscité : quelle jouissance plus divine qu'humaine dans cette vie que l'âme goûte, après l'avoir perdue depuis si longtemps ! La confession, c'est le ciel ouvert, c'est l'espérance, c'est l'avant-goût du bonheur qui ne finira jamais.

— « Oh ! cette bonne confession ! s'écriait un jeune étudiant plein d'esprit et de cœur ; oh ! cette bonne confession ! que deviendrais-je sans elle ? »

Quand on est pur ou purifié, on sait souffrir. Or, savoir souffrir, c'est la science même de la vie.

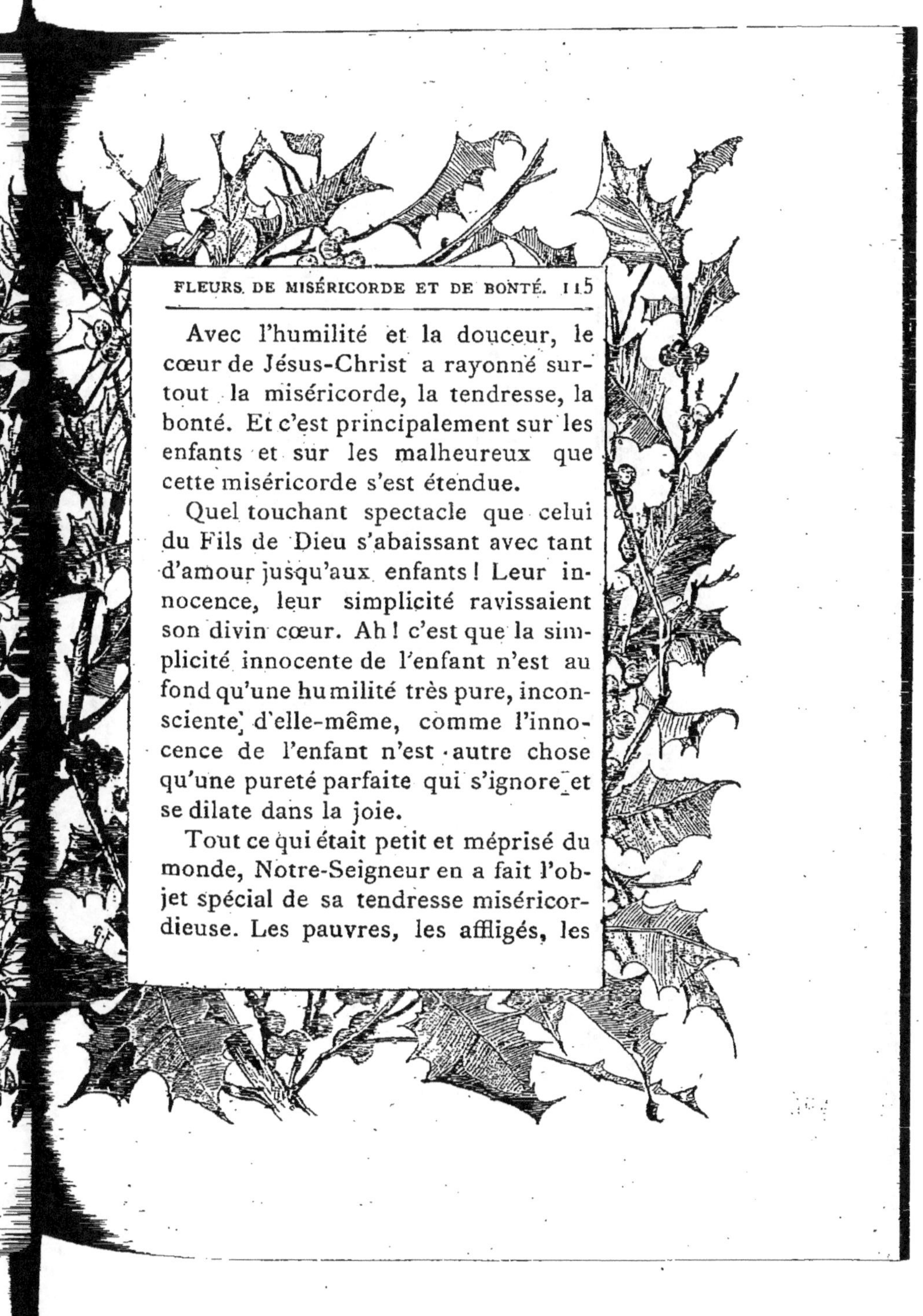

Avec l'humilité et la douceur, le cœur de Jésus-Christ a rayonné surtout la miséricorde, la tendresse, la bonté. Et c'est principalement sur les enfants et sur les malheureux que cette miséricorde s'est étendue.

Quel touchant spectacle que celui du Fils de Dieu s'abaissant avec tant d'amour jusqu'aux enfants ! Leur innocence, leur simplicité ravissaient son divin cœur. Ah ! c'est que la simplicité innocente de l'enfant n'est au fond qu'une humilité très pure, inconsciente d'elle-même, comme l'innocence de l'enfant n'est autre chose qu'une pureté parfaite qui s'ignore et se dilate dans la joie.

Tout ce qui était petit et méprisé du monde, Notre-Seigneur en a fait l'objet spécial de sa tendresse miséricordieuse. Les pauvres, les affligés, les

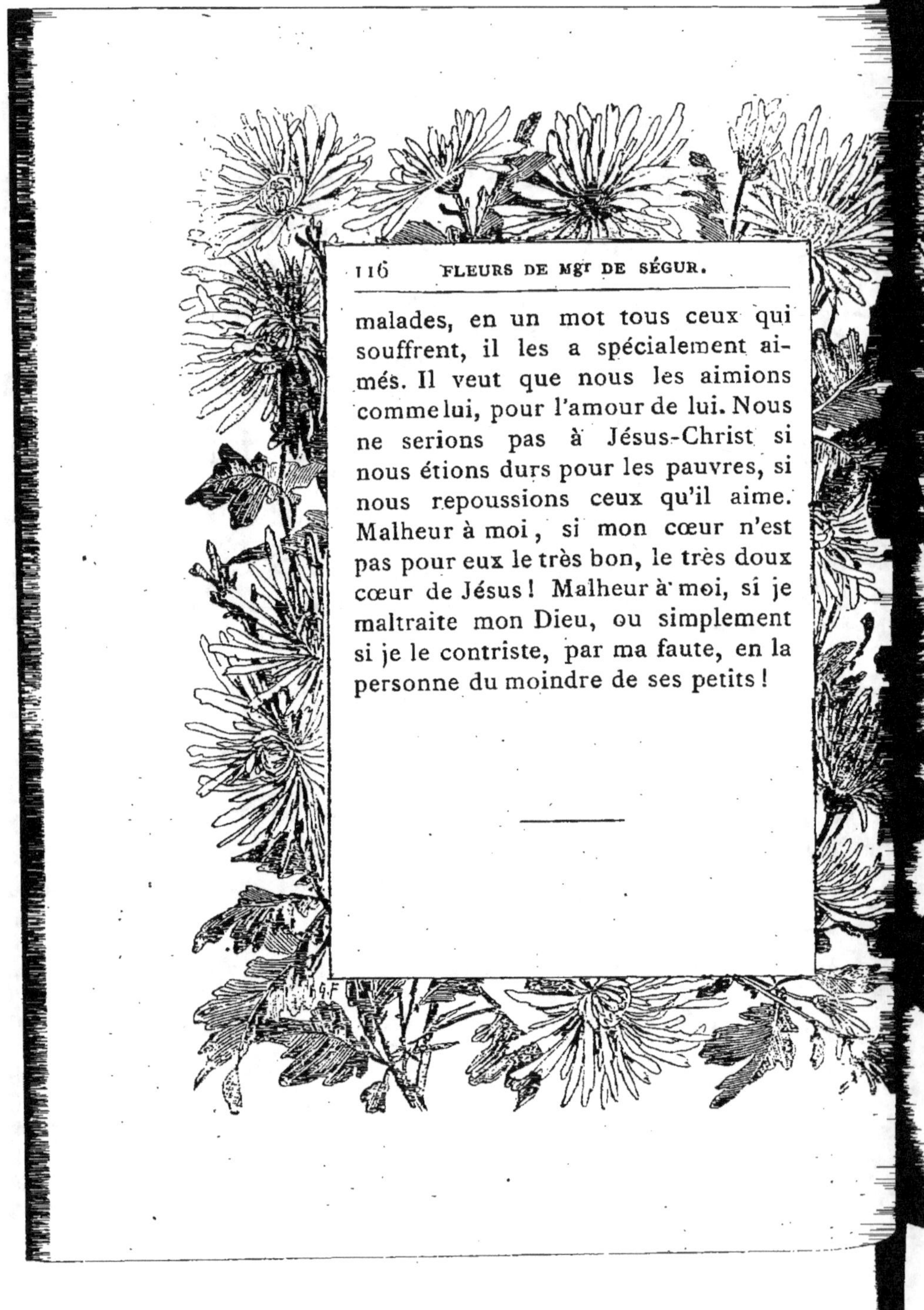

malades, en un mot tous ceux qui souffrent, il les a spécialement aimés. Il veut que nous les aimions comme lui, pour l'amour de lui. Nous ne serions pas à Jésus-Christ si nous étions durs pour les pauvres, si nous repoussions ceux qu'il aime. Malheur à moi, si mon cœur n'est pas pour eux le très bon, le très doux cœur de Jésus! Malheur à moi, si je maltraite mon Dieu, ou simplement si je le contriste, par ma faute, en la personne du moindre de ses petits!

FLEURS DE PURETÉ.

—

Pour être admis dans l'intimité de
Jésus-Christ, il faut porter ses livrées
qui sont toutes blanches et tout innocentes. Personne ne peut appro-
cher de lui avec une autre robe que la
robe de pureté. Loin de lui les impurs ! s'ils osaient le toucher, il les
frapperait comme des sacrilèges. Cependant sa miséricorde est si grande
qu'il appelle à lui tous les pécheurs,
et par le sacrement de pénitence, il
les purifie si parfaitement que, s'ils se
repentent, ils sont changés de mauvais en bons, d'impurs en purs, capa-
bles de reprendre place au milieu des

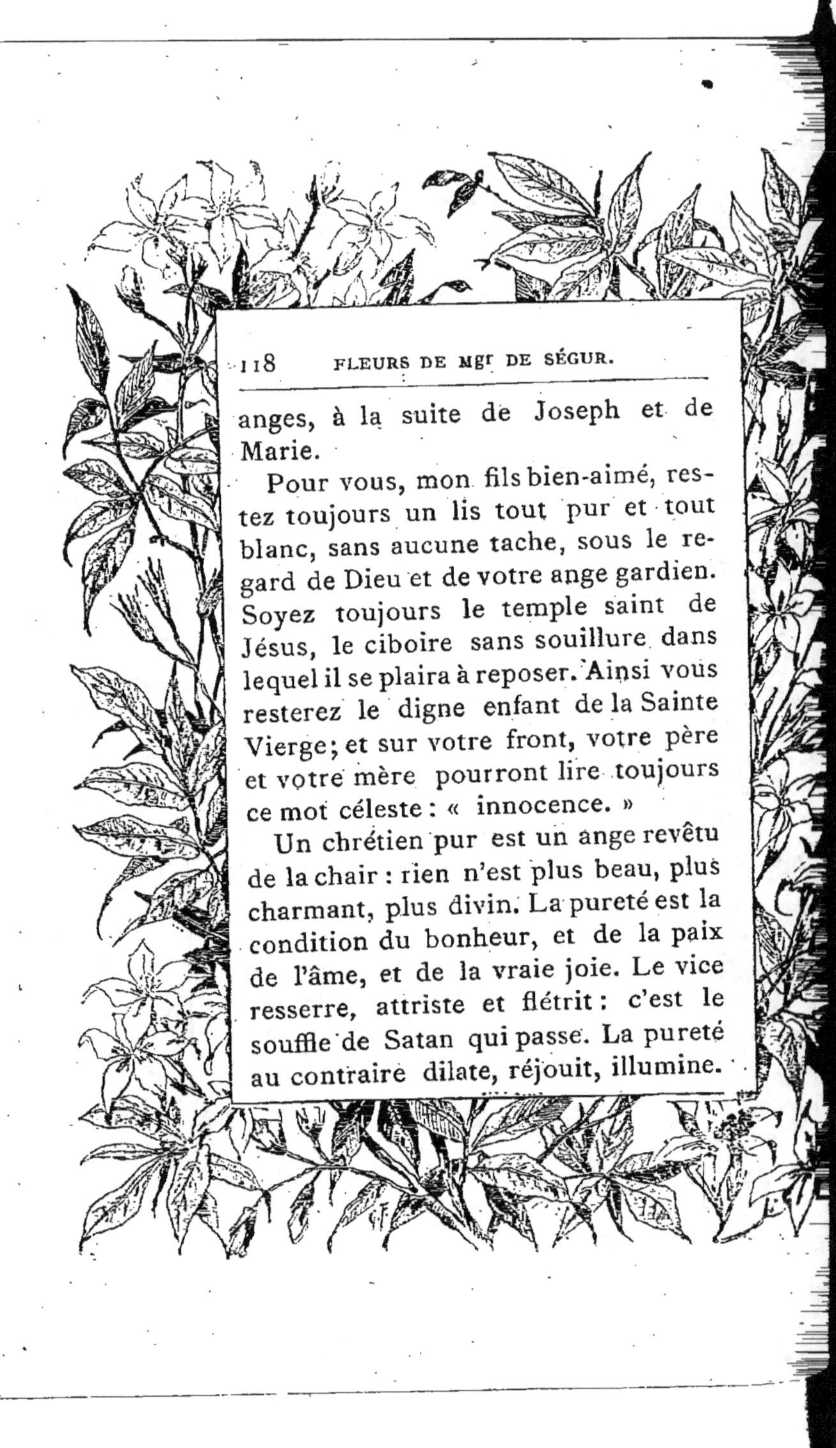

anges, à la suite de Joseph et de Marie.

Pour vous, mon fils bien-aimé, restez toujours un lis tout pur et tout blanc, sans aucune tache, sous le regard de Dieu et de votre ange gardien. Soyez toujours le temple saint de Jésus, le ciboire sans souillure dans lequel il se plaira à reposer. Ainsi vous resterez le digne enfant de la Sainte Vierge ; et sur votre front, votre père et votre mère pourront lire toujours ce mot céleste : « innocence. »

Un chrétien pur est un ange revêtu de la chair : rien n'est plus beau, plus charmant, plus divin. La pureté est la condition du bonheur, et de la paix de l'âme, et de la vraie joie. Le vice resserre, attriste et flétrit : c'est le souffle de Satan qui passe. La pureté au contraire dilate, réjouit, illumine.

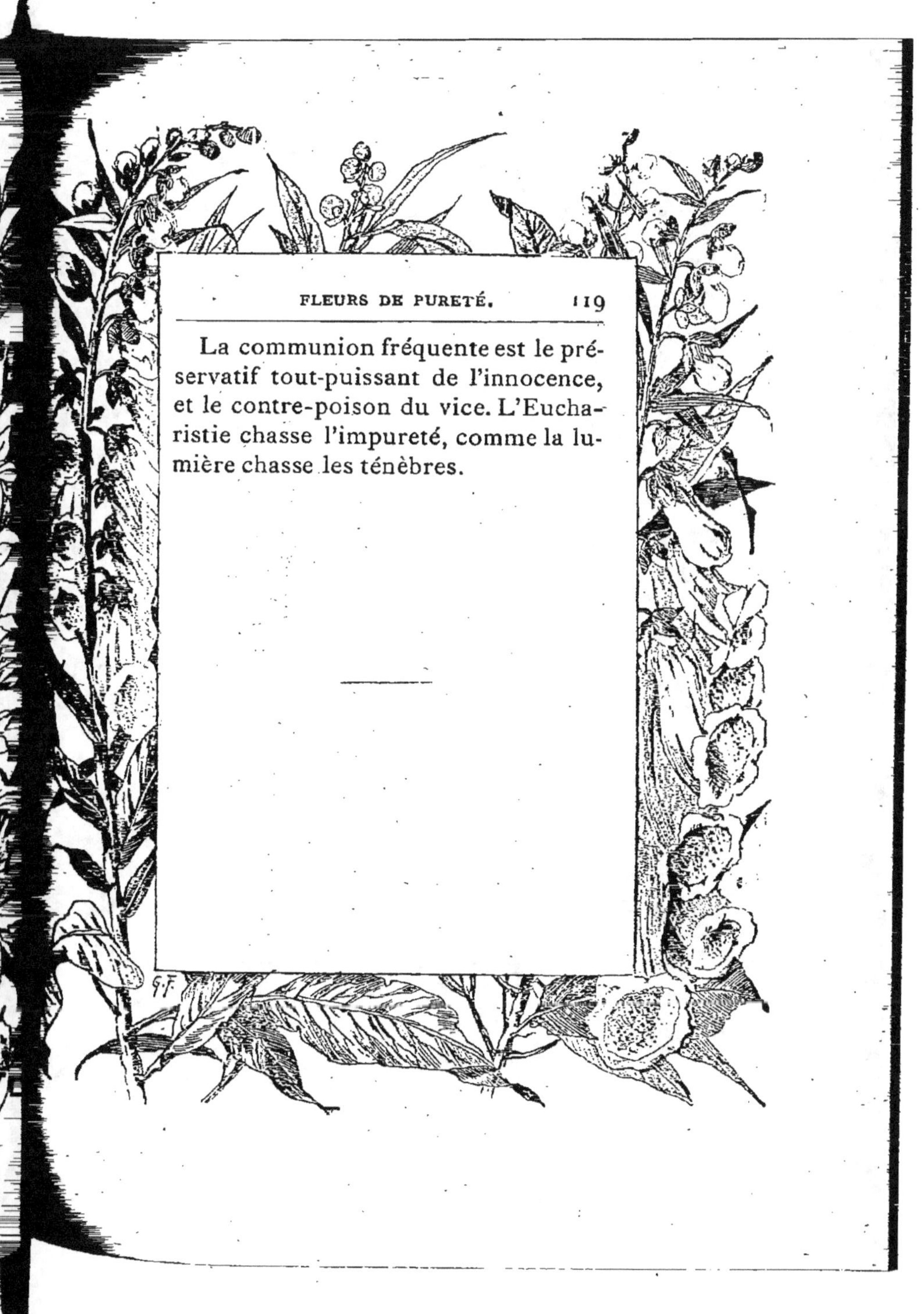

La communion fréquente est le préservatif tout-puissant de l'innocence, et le contre-poison du vice. L'Eucharistie chasse l'impureté, comme la lumière chasse les ténèbres.

LE PAPE ET L'EMPEREUR.

—

L'âme du pieux prélat reposait toujours dans la paix de la simplicité et
dans la joie de la paix. Son visage rayonnait la candeur et l'allégresse. Son langage était simple jusqu'à la naïveté, avec
les grands de la terre comme avec les
petits.

Lors des négociations dont il fut l'intermédiaire à Rome en 1853, entre le Pape
et l'Empereur, au sujet du sacre et des
articles organiques, il écrivit un jour à
Napoléon III la résolution, le désir même
de Pie IX de venir le sacrer à Paris, s'il
consentait à la révision de ces fameux et
fatals articles. « Sire, lui disait-il en
finissant, vous le voyez, la décision est
entre vos mains. *Cest du bois mort que le
Pape vous demande.* Ces articles inexé-
cutables et inexécutés ont toujours été

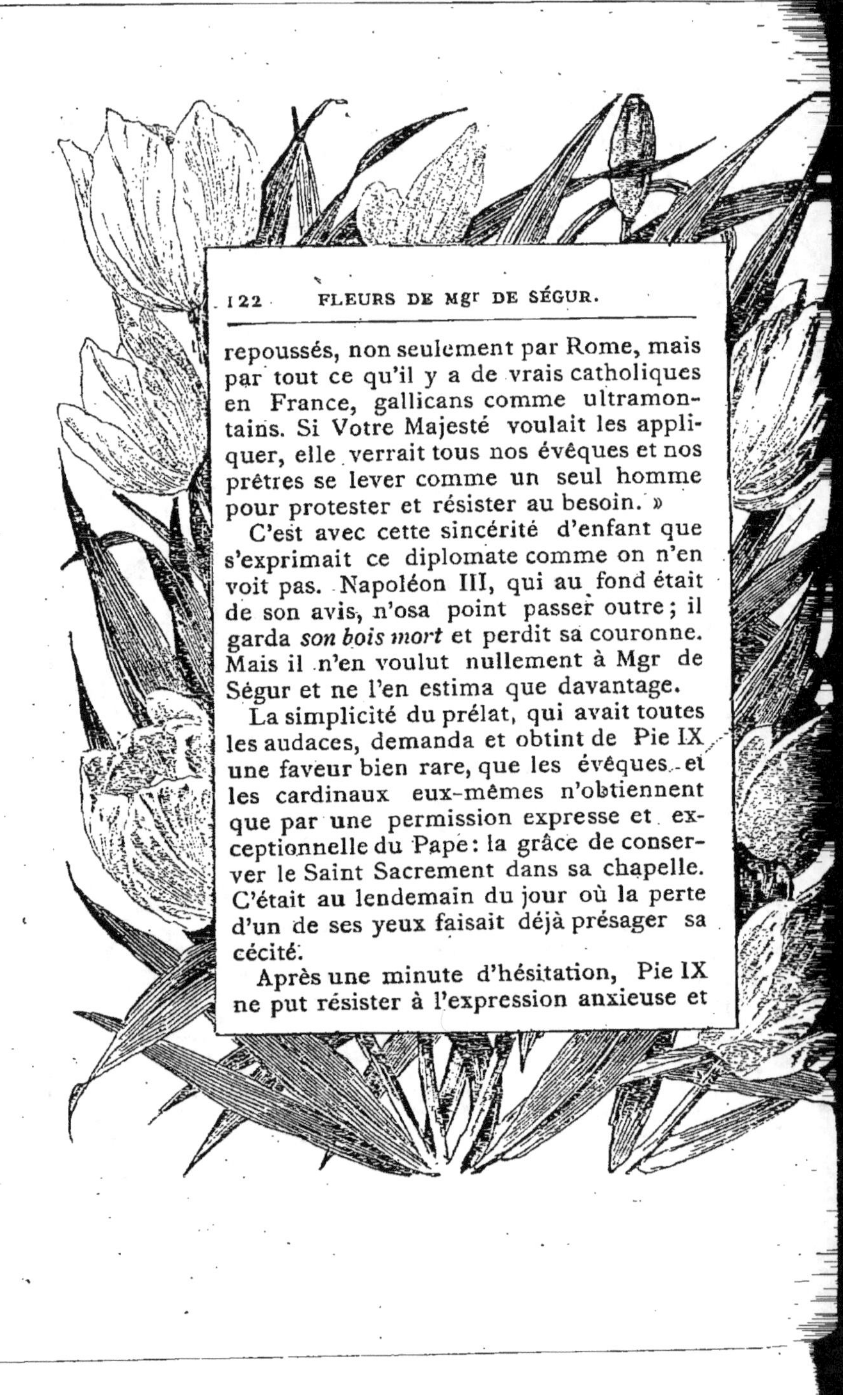

repoussés, non seulement par Rome, mais par tout ce qu'il y a de vrais catholiques en France, gallicans comme ultramontains. Si Votre Majesté voulait les appliquer, elle verrait tous nos évêques et nos prêtres se lever comme un seul homme pour protester et résister au besoin. »

C'est avec cette sincérité d'enfant que s'exprimait ce diplomate comme on n'en voit pas. Napoléon III, qui au fond était de son avis, n'osa point passer outre; il garda *son bois mort* et perdit sa couronne. Mais il n'en voulut nullement à Mgr de Ségur et ne l'en estima que davantage.

La simplicité du prélat, qui avait toutes les audaces, demanda et obtint de Pie IX une faveur bien rare, que les évêques et les cardinaux eux-mêmes n'obtiennent que par une permission expresse et exceptionnelle du Pape: la grâce de conserver le Saint Sacrement dans sa chapelle. C'était au lendemain du jour où la perte d'un de ses yeux faisait déjà présager sa cécité.

Après une minute d'hésitation, Pie IX ne put résister à l'expression anxieuse et

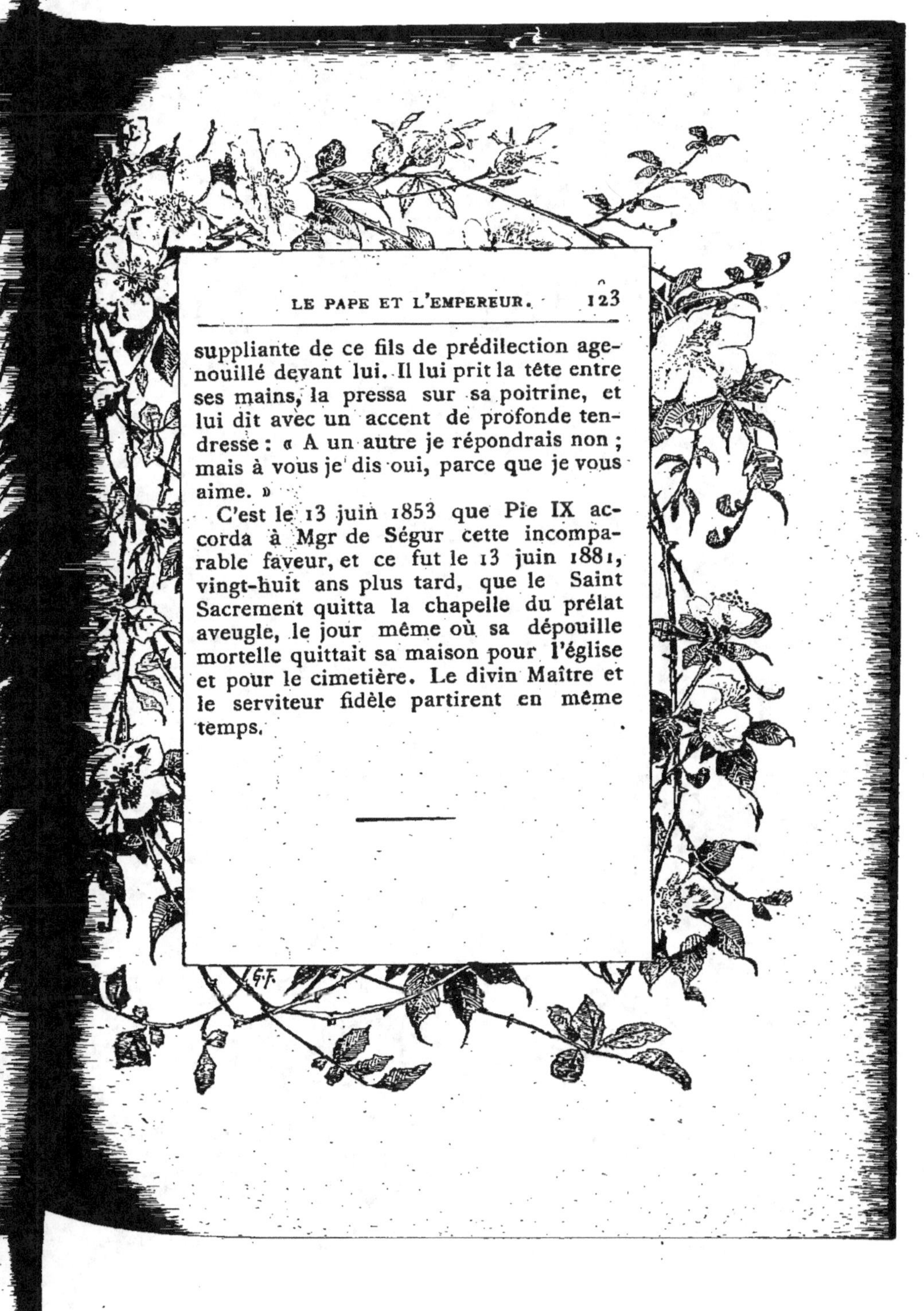

suppliante de ce fils de prédilection age-
nouillé devant lui. Il lui prit la tête entre
ses mains, la pressa sur sa poitrine, et
lui dit avec un accent de profonde tendresse : « A un autre je répondrais non ;
mais à vous je dis oui, parce que je vous
aime. »

C'est le 13 juin 1853 que Pie IX ac-
corda à Mgr de Ségur cette incomparable faveur, et ce fut le 13 juin 1881,
vingt-huit ans plus tard, que le Saint
Sacrement quitta la chapelle du prélat
aveugle, le jour même où sa dépouille
mortelle quittait sa maison pour l'église
et pour le cimetière. Le divin Maître et
le serviteur fidèle partirent en même
temps.

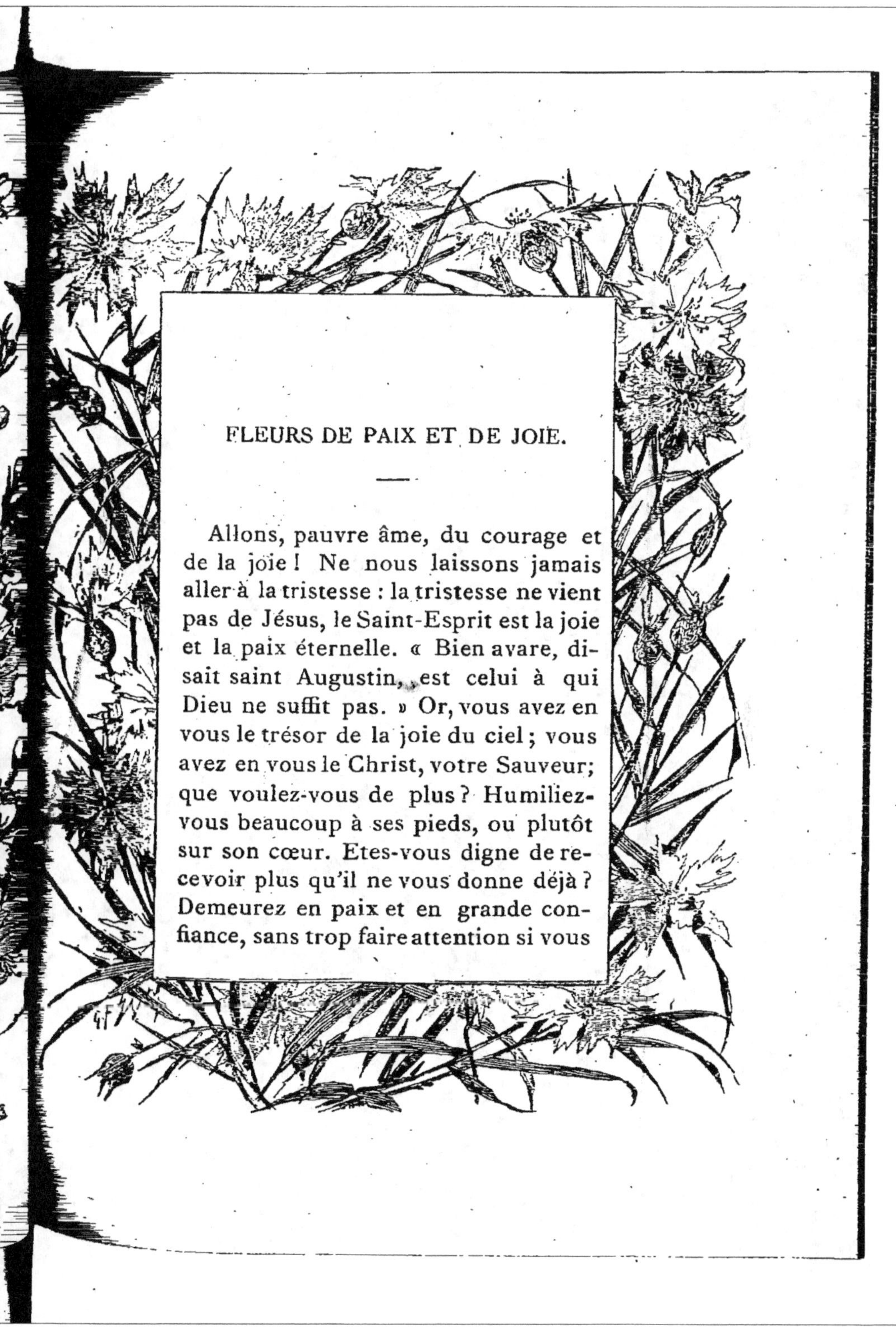

FLEURS DE PAIX ET DE JOIE.

Allons, pauvre âme, du courage et de la joie ! Ne nous laissons jamais aller à la tristesse : la tristesse ne vient pas de Jésus, le Saint-Esprit est la joie et la paix éternelle. « Bien avare, disait saint Augustin, est celui à qui Dieu ne suffit pas. » Or, vous avez en vous le trésor de la joie du ciel ; vous avez en vous le Christ, votre Sauveur ; que voulez-vous de plus ? Humiliez-vous beaucoup à ses pieds, ou plutôt sur son cœur. Etes-vous digne de recevoir plus qu'il ne vous donne déjà ? Demeurez en paix et en grande confiance, sans trop faire attention si vous

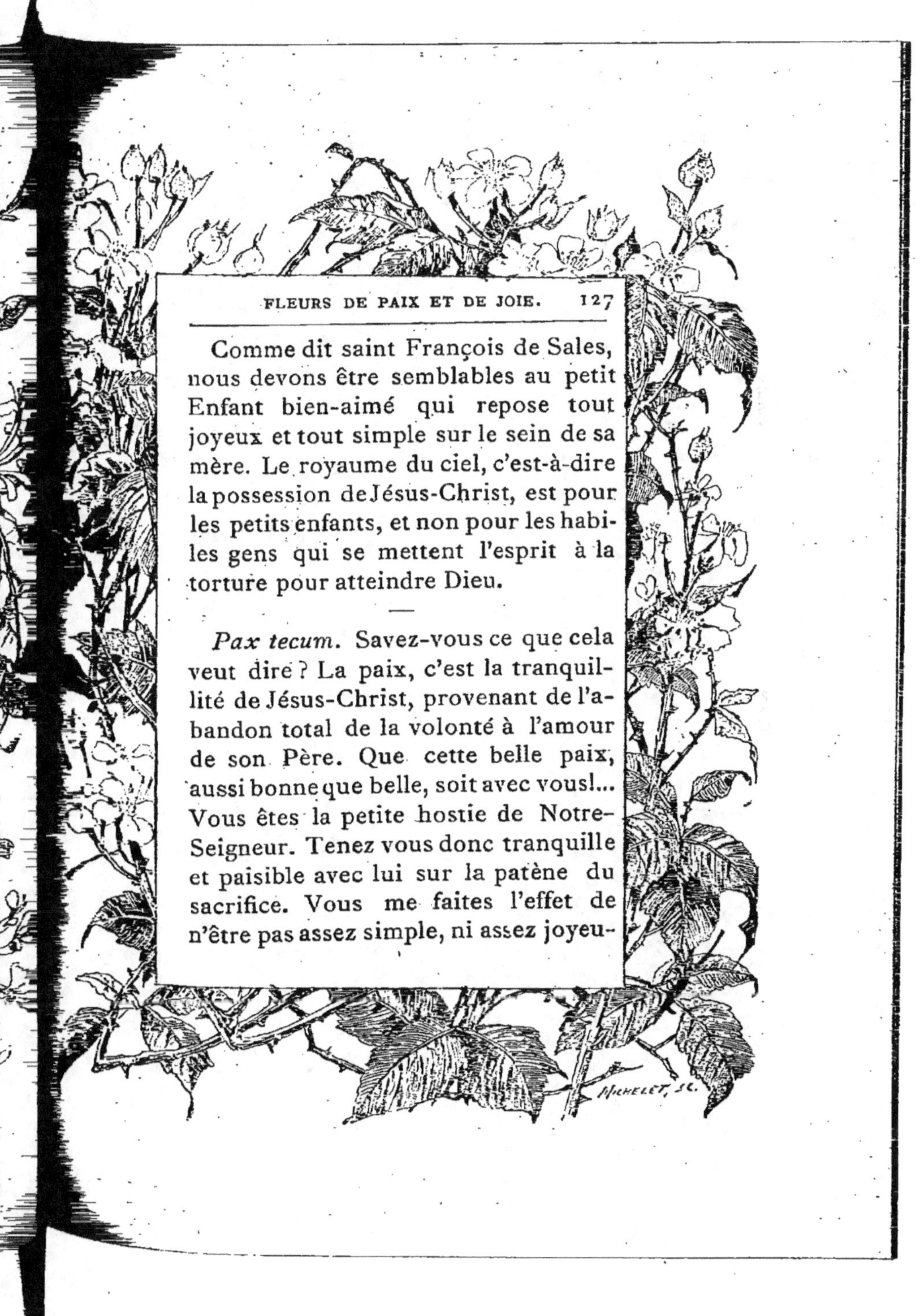

Comme dit saint François de Sales, nous devons être semblables au petit Enfant bien-aimé qui repose tout joyeux et tout simple sur le sein de sa mère. Le royaume du ciel, c'est-à-dire la possession de Jésus-Christ, est pour les petits enfants, et non pour les habiles gens qui se mettent l'esprit à la torture pour atteindre Dieu.

—

Pax tecum. Savez-vous ce que cela veut dire ? La paix, c'est la tranquillité de Jésus-Christ, provenant de l'abandon total de la volonté à l'amour de son Père. Que cette belle paix, aussi bonne que belle, soit avec vous!... Vous êtes la petite hostie de Notre-Seigneur. Tenez vous donc tranquille et paisible avec lui sur la patène du sacrifice. Vous me faites l'effet de n'être pas assez simple, ni assez joyeu-

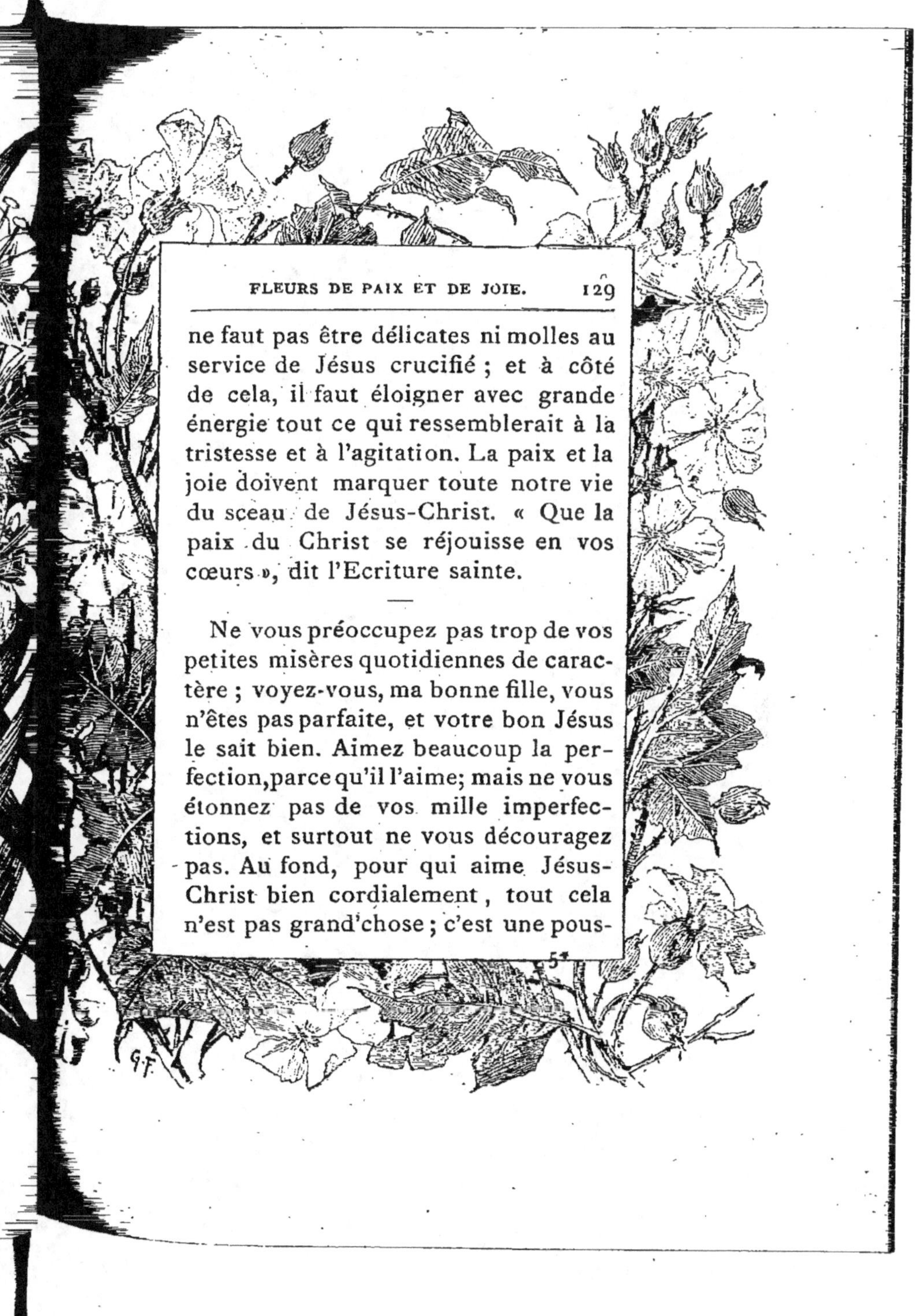

ne faut pas être délicates ni molles au
service de Jésus crucifié ; et à côté
de cela, il faut éloigner avec grande
énergie tout ce qui ressemblerait à la
tristesse et à l'agitation. La paix et la
joie doivent marquer toute notre vie
du sceau de Jésus-Christ. « Que la
paix du Christ se réjouisse en vos
cœurs », dit l'Ecriture sainte.

—

Ne vous préoccupez pas trop de vos
petites misères quotidiennes de caractère ; voyez-vous, ma bonne fille, vous
n'êtes pas parfaite, et votre bon Jésus
le sait bien. Aimez beaucoup la perfection, parce qu'il l'aime ; mais ne vous
étonnez pas de vos mille imperfections, et surtout ne vous découragez
pas. Au fond, pour qui aime Jésus-
Christ bien cordialement, tout cela
n'est pas grand'chose ; c'est une pous-

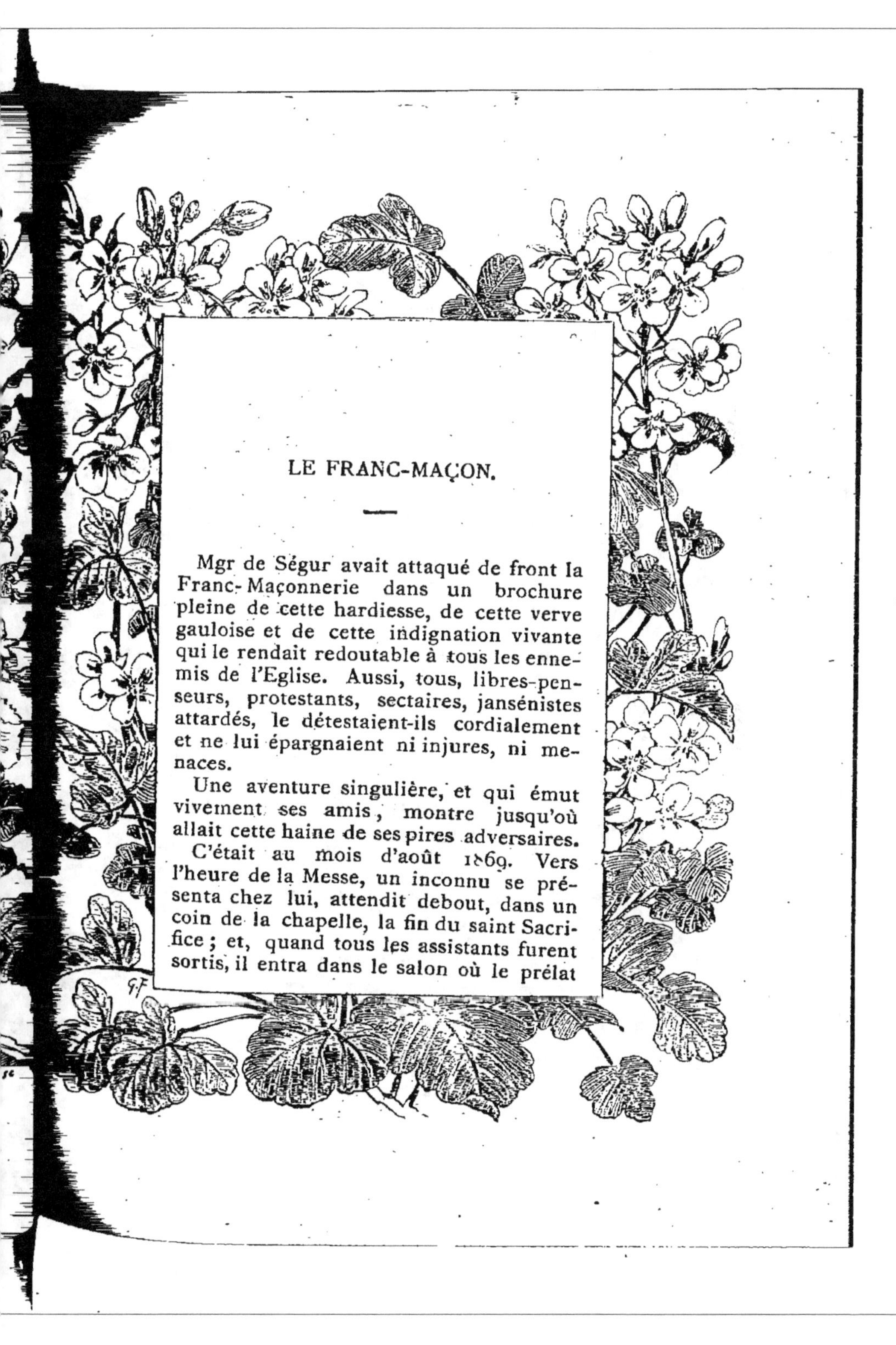

LE FRANC-MAÇON.

Mgr de Ségur avait attaqué de front la Franc-Maçonnerie dans un brochure pleine de cette hardiesse, de cette verve gauloise et de cette indignation vivante qui le rendait redoutable à tous les ennemis de l'Eglise. Aussi, tous, libres-penseurs, protestants, sectaires, jansénistes attardés, le détestaient-ils cordialement et ne lui épargnaient ni injures, ni menaces.

Une aventure singulière, et qui émut vivement ses amis, montre jusqu'où allait cette haine de ses pires adversaires.

C'était au mois d'août 1869. Vers l'heure de la Messe, un inconnu se présenta chez lui, attendit debout, dans un coin de la chapelle, la fin du saint Sacrifice ; et, quand tous les assistants furent sortis, il entra dans le salon où le prélat

se tenait pour confesser. Sa tenue, son air étrange, ses lunettes bleues avaient attiré l'attention du fidèle Méthol, qui ne le perdit pas de vue, et se glissa derrière un rideau pour intervenir au besoin.

Cet individu demanda brusquement à Mgr de Ségur si l'on pouvait être catholique et franc-maçon. Le pieux aveugle, se leva aussitôt et lui dit : « Vous êtes franc-maçon ? Que venez-vous donc faire ici ? — Je viens vous avertir, Monsieur, que, dans une récente assemblée des loges, on a décrété votre mort pour vous punir de ce que vous avez écrit et publié sur notre société. » Mgr de Ségur étendit les mains et, serrant étroitement ce malheureux entre ses bras : « Voilà donc, s'écria-t-il, ce que c'est que votre franc-maçonnerie, qui s'intitule société de bienfaisance ! Quand on l'accuse, pièces en main, de menées révolutionnaires, elle répond par des menaces de mort et par l'assassinat. Jugez par là de ce qu'elle est ! — C'est possible, répondit le franc-maçon en secouant son étreinte, mais je n'ai pas le temps de discuter. Je

suis venu vous avertir, en reconnaissance
d'un service signalé que vous m'avez
rendu sans le savoir. Prenez vos précautions, mais ne parlez à personne de ma
démarche ; elle attirerait sur moi la persécution, peut-être la mort. » Et il disparut :

Mgr de Ségur, ne pouvant se tromper à
l'accent de cet homme, fit le sacrifice de
sa vie. Il surmonta les troubles de la
nature et il écrivit à sa mère et au Pape,
avec mission de leur faire parvenir ces
lettres, en cas de malheur. Puis, se remettant corps et âme entre les mains de
Dieu, il reprit ses travaux accoutumés.
Aveugle et prêtre, exerçant un ministère
qui ouvrait sa porte à tout le monde et
le laissait en tête à tête perpétuel avec
ses visiteurs, sa vie était à la merci de
qui voudrait la prendre. Ses domestiques
firent bonne garde, éconduisant des gens
à mine suspecte qui se présentèrent les
jours suivants, et qui leur offraient
même de l'argent pour être admis. Puis
le silence se fit, et la menace de mort
resta sans effet, soit que la secte maçon-

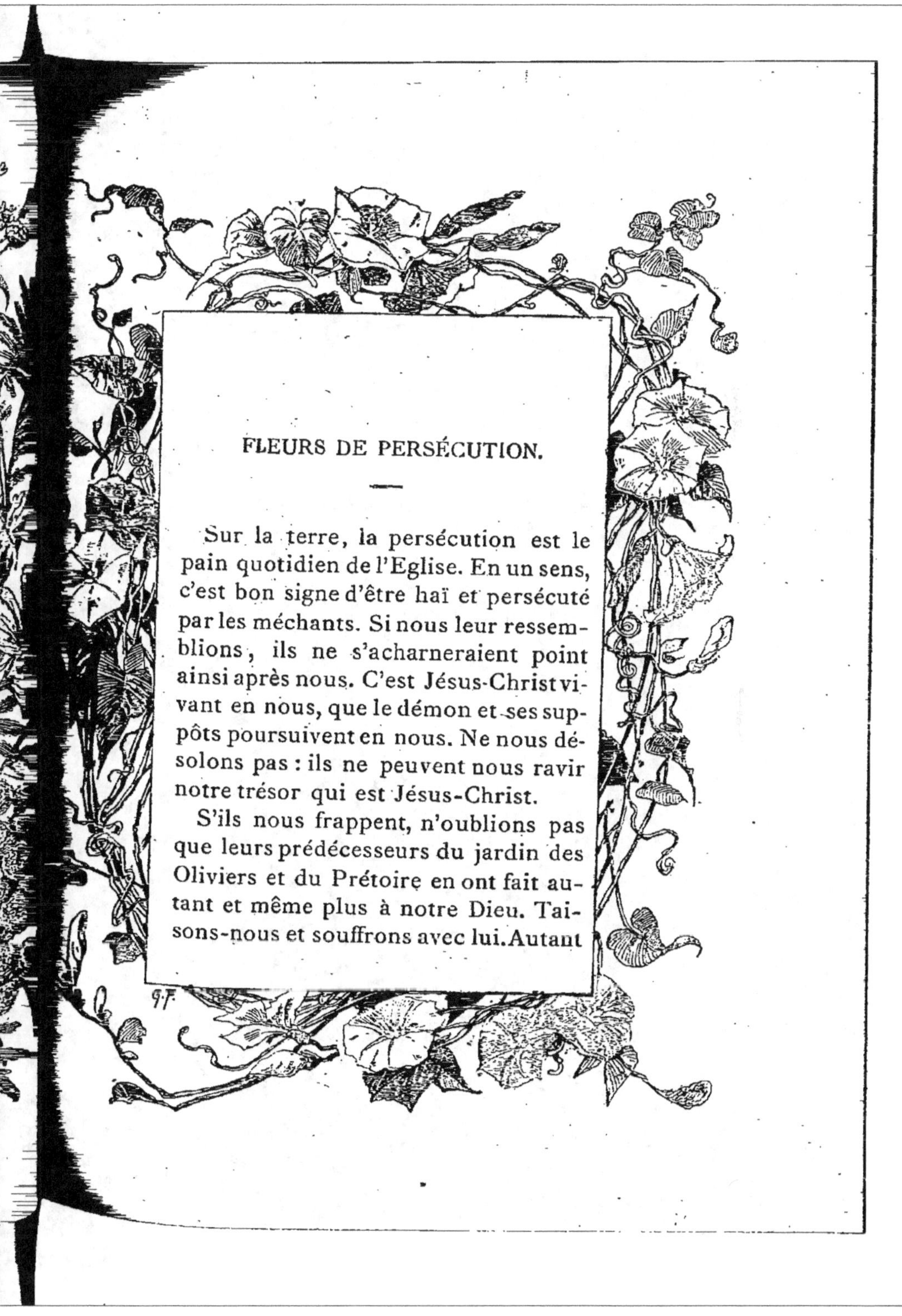

FLEURS DE PERSÉCUTION.

Sur la terre, la persécution est le pain quotidien de l'Eglise. En un sens, c'est bon signe d'être haï et persécuté par les méchants. Si nous leur ressemblions, ils ne s'acharneraient point ainsi après nous. C'est Jésus-Christ vivant en nous, que le démon et ses suppôts poursuivent en nous. Ne nous désolons pas : ils ne peuvent nous ravir notre trésor qui est Jésus-Christ.

S'ils nous frappent, n'oublions pas que leurs prédécesseurs du jardin des Oliviers et du Prétoire en ont fait autant et même plus à notre Dieu. Taisons-nous et souffrons avec lui. Autant

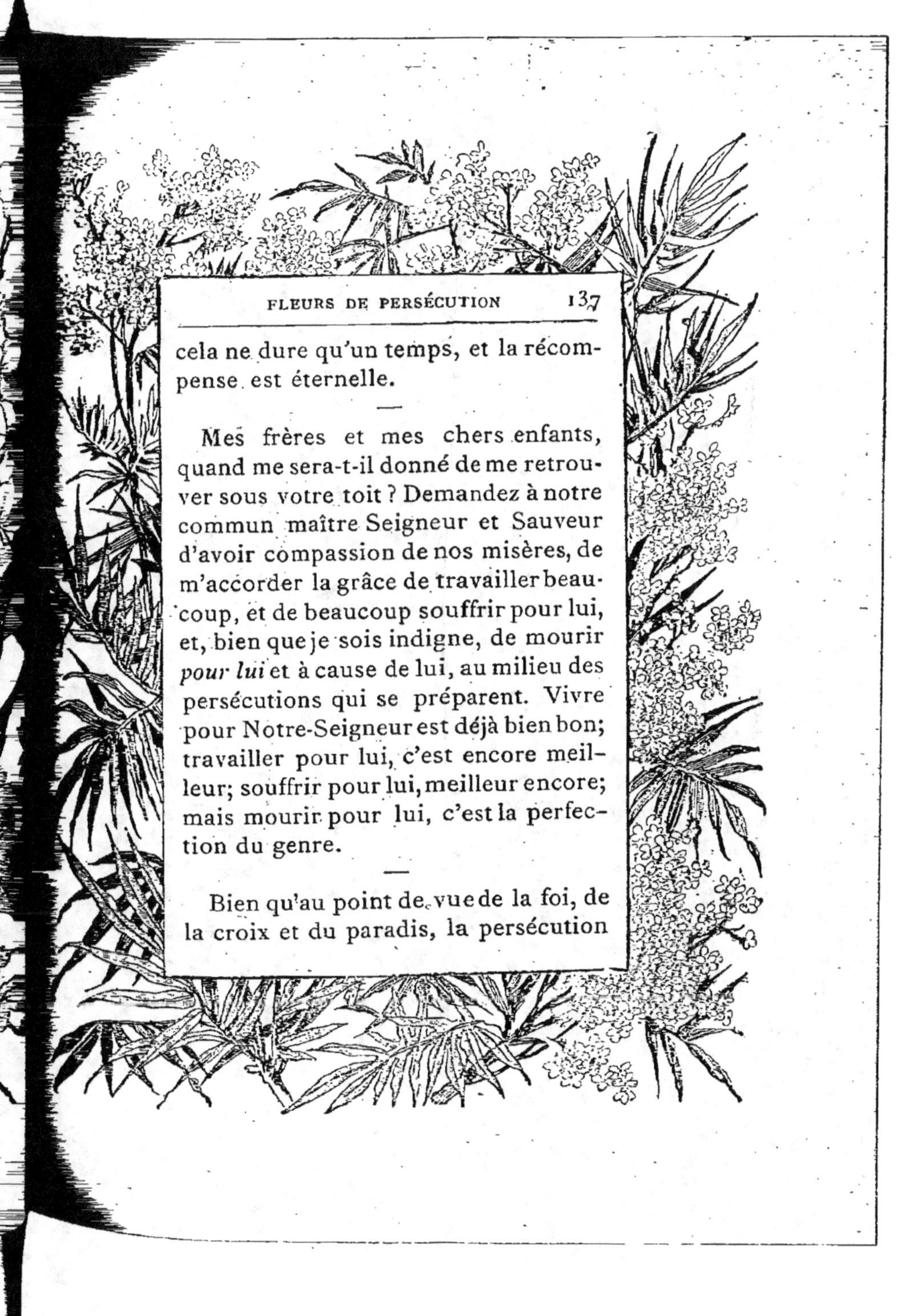

cela ne dure qu'un temps, et la récompense est éternelle.

—

Mes frères et mes chers enfants, quand me sera-t-il donné de me retrouver sous votre toit ? Demandez à notre commun maître Seigneur et Sauveur d'avoir compassion de nos misères, de m'accorder la grâce de travailler beaucoup, et de beaucoup souffrir pour lui, et, bien que je sois indigne, de mourir *pour lui* et à cause de lui, au milieu des persécutions qui se préparent. Vivre pour Notre-Seigneur est déjà bien bon; travailler pour lui, c'est encore meilleur; souffrir pour lui, meilleur encore; mais mourir pour lui, c'est la perfection du genre.

—

Bien qu'au point de vue de la foi, de la croix et du paradis, la persécution

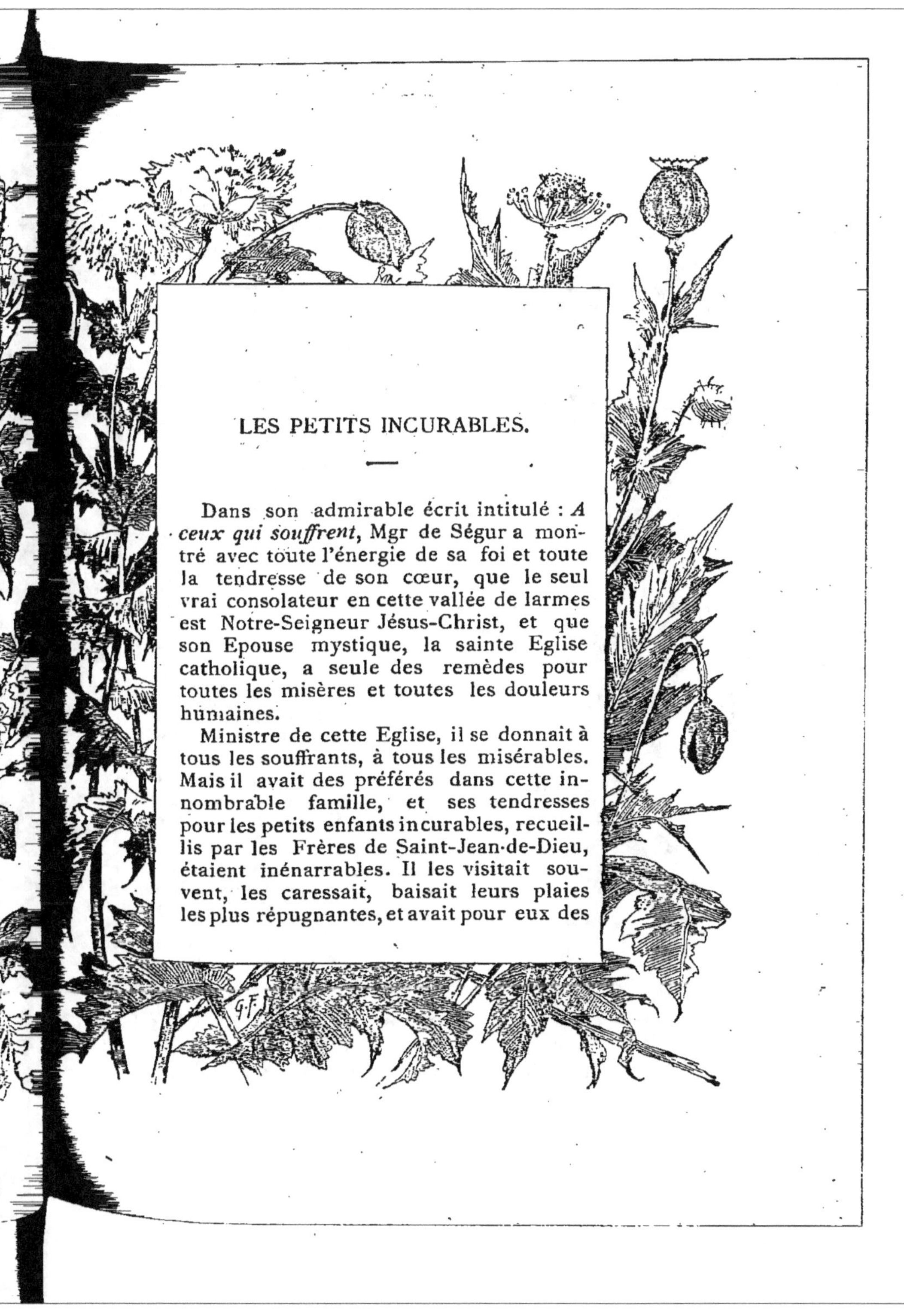

LES PETITS INCURABLES.

Dans son admirable écrit intitulé : *A ceux qui souffrent*, Mgr de Ségur a montré avec toute l'énergie de sa foi et toute la tendresse de son cœur, que le seul vrai consolateur en cette vallée de larmes est Notre-Seigneur Jésus-Christ, et que son Epouse mystique, la sainte Eglise catholique, a seule des remèdes pour toutes les misères et toutes les douleurs humaines.

Ministre de cette Eglise, il se donnait à tous les souffrants, à tous les misérables. Mais il avait des préférés dans cette innombrable famille, et ses tendresses pour les petits enfants incurables, recueillis par les Frères de Saint-Jean-de-Dieu, étaient inénarrables. Il les visitait souvent, les caressait, baisait leurs plaies les plus répugnantes, et avait pour eux des

attentions maternelles. Au jour de l'an,
il leur apportait des étrennes ; au temps
du carnaval, le mardi-gras, il passait
l'après-midi dans leur asile, et il assistait
à des distractions d'un genre tout particulier préparées à son intention : « re-
présentations sans précédent, disait-il
en souriant, données devant un aveugle
par des manchots, des boiteux et des
infirmes. »

Le matin du jour où il se coucha,
vers le soir, pour ne plus se relever, il
dit la Messe, sa dernière Messe, pour eux
et au milieu d'eux. C'était dans sa chapelle, où une vingtaine de ces chers
petits étaient venus assister au saint Sacrifice. Sa faiblesse était si grande, qu'il
put à peine aller jusqu'au bout. Spec-
sacle singulièrement touchant que ce
taint aveugle défaillant, déjà touché de
la main de la mort, élevant l'adorable
Victime au milieu de ces petits enfants
infirmes, couchés par terre, comme de
pauvres agneaux autour du bon pasteur.

Après la Messe, il voulut leur servir de
ses mains tremblantes une dernière colla-

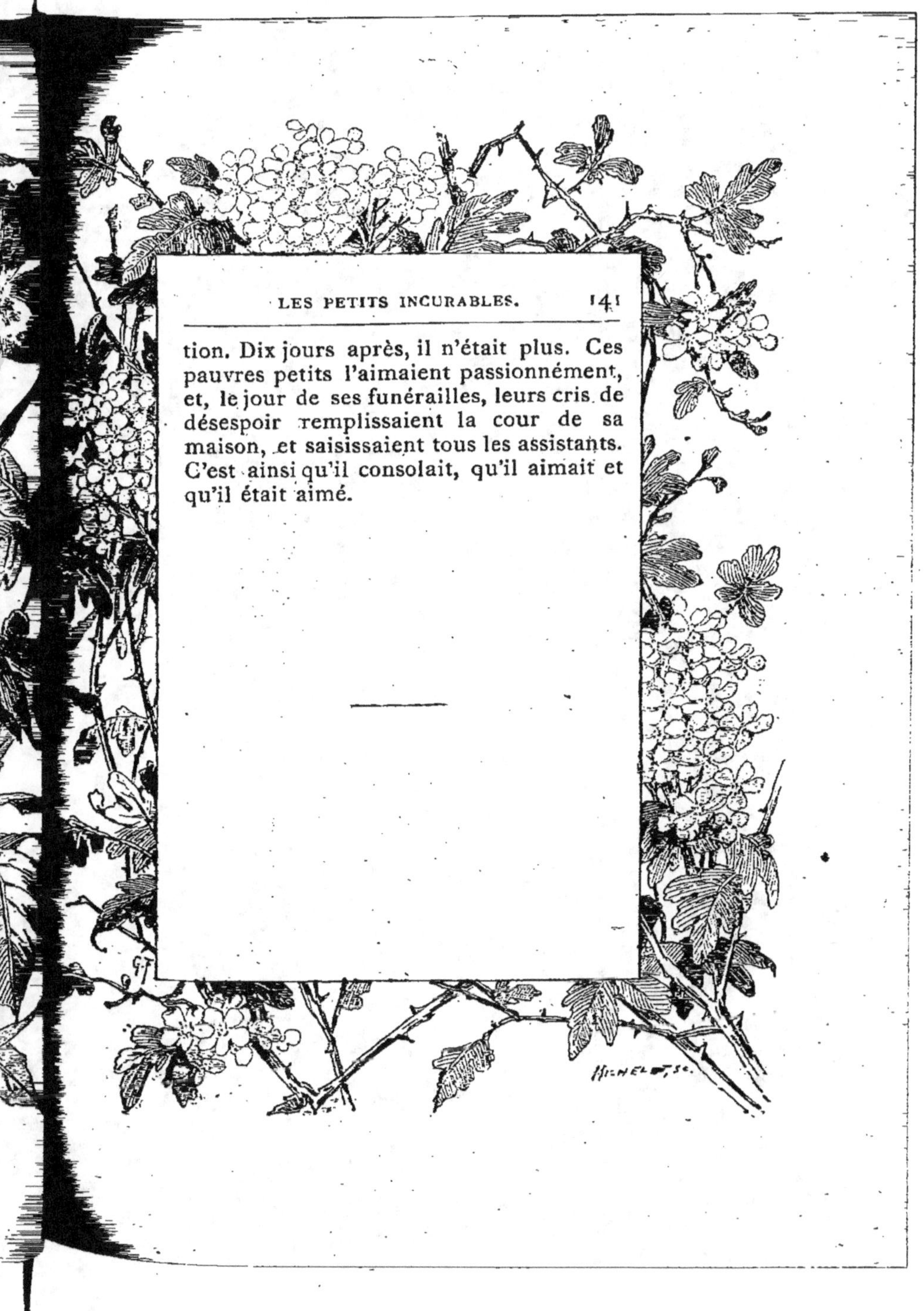

tion. Dix jours après, il n'était plus. Ces pauvres petits l'aimaient passionnément, et, le jour de ses funérailles, leurs cris de désespoir remplissaient la cour de sa maison, et saisissaient tous les assistants. C'est ainsi qu'il consolait, qu'il aimait et qu'il était aimé.

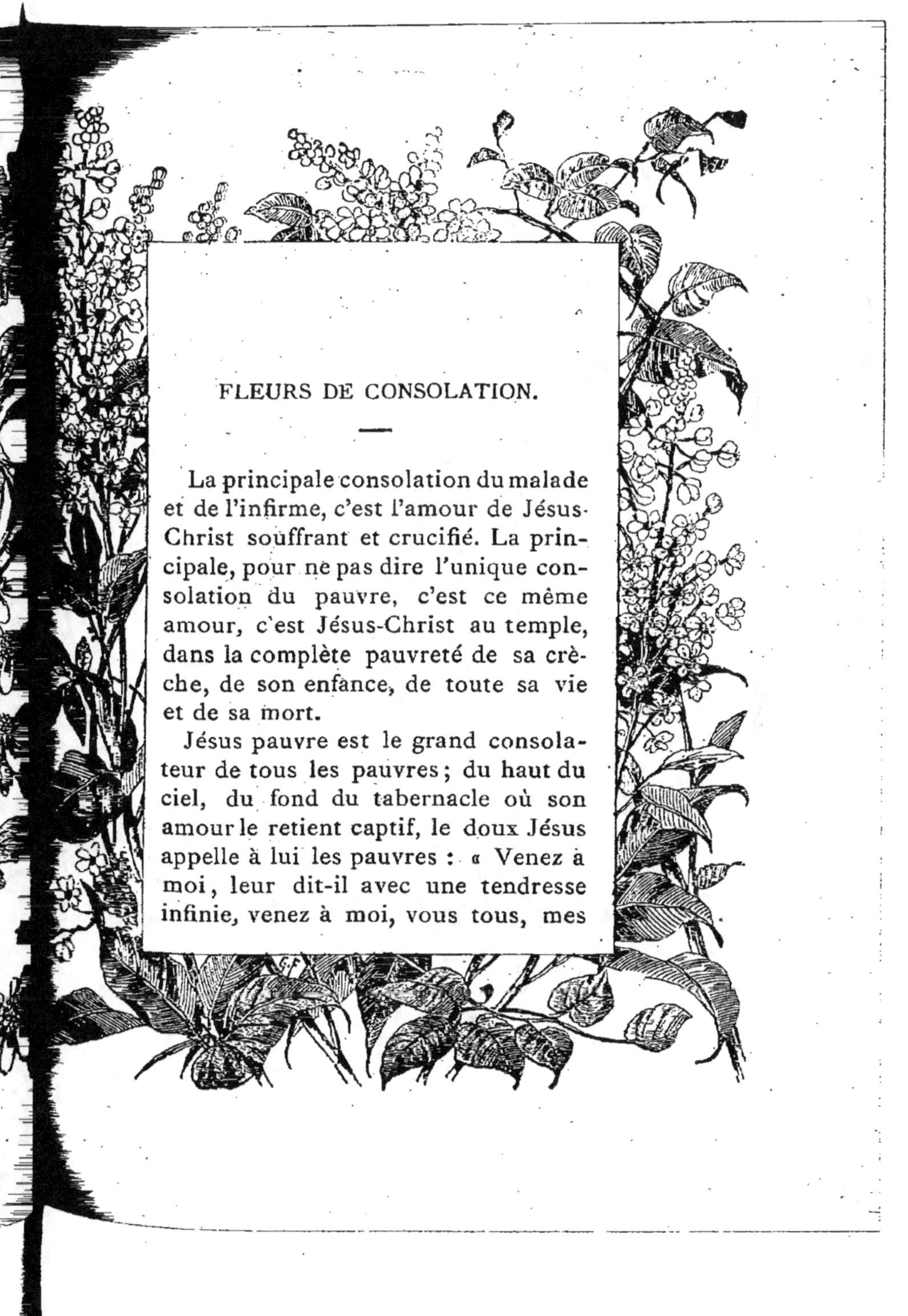

FLEURS DE CONSOLATION.

—

La principale consolation du malade
et de l'infirme, c'est l'amour de Jésus-
Christ souffrant et crucifié. La principale, pour ne pas dire l'unique consolation du pauvre, c'est ce même
amour, c'est Jésus-Christ au temple,
dans la complète pauvreté de sa crèche, de son enfance, de toute sa vie
et de sa mort.

Jésus pauvre est le grand consolateur de tous les pauvres; du haut du
ciel, du fond du tabernacle où son
amour le retient captif, le doux Jésus
appelle à lui les pauvres : « Venez à
moi, leur dit-il avec une tendresse
infinie, venez à moi, vous tous, mes

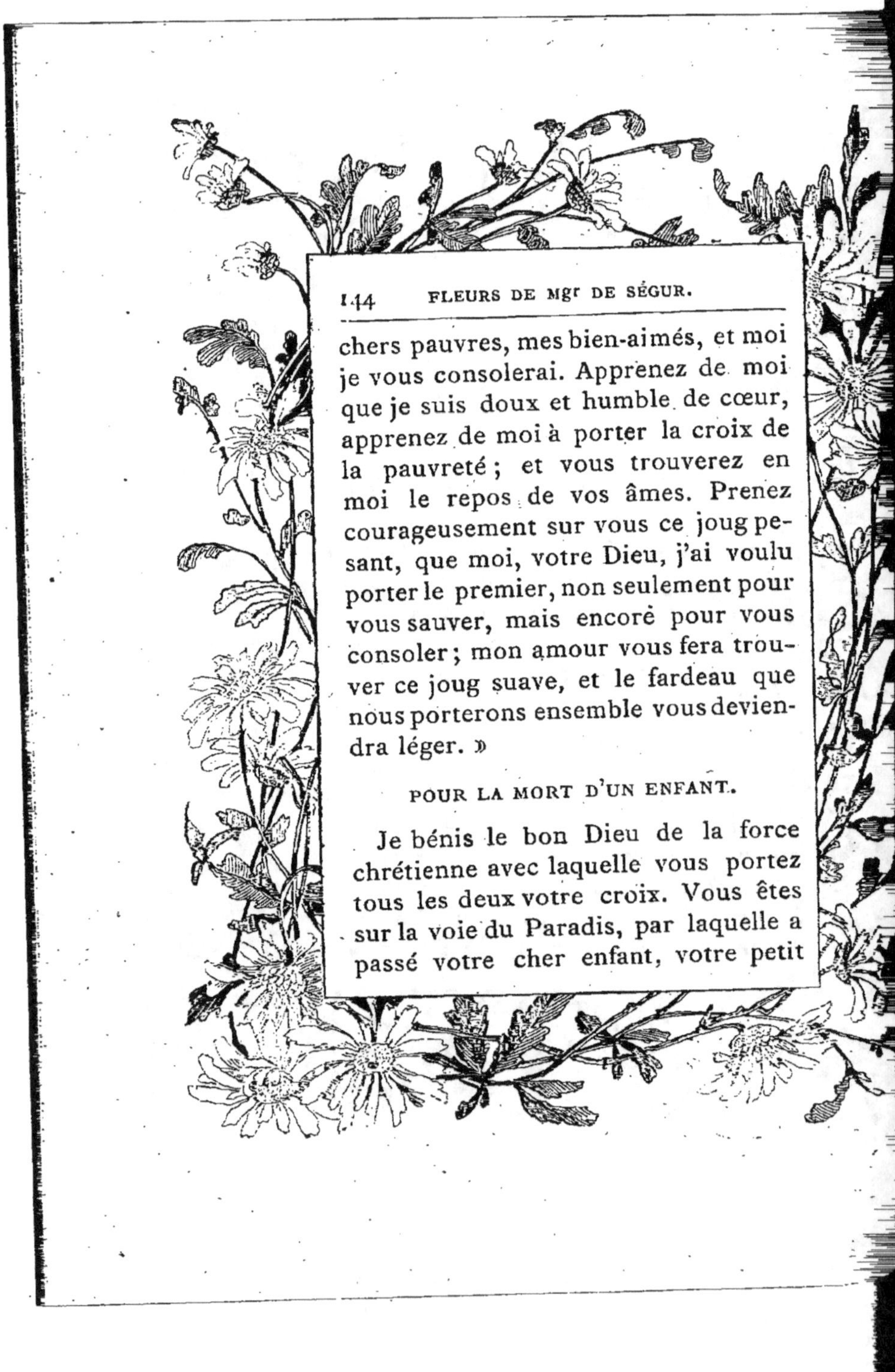

chers pauvres, mes bien-aimés, et moi
je vous consolerai. Apprenez de moi
que je suis doux et humble de cœur,
apprenez de moi à porter la croix de
la pauvreté ; et vous trouverez en
moi le repos de vos âmes. Prenez
courageusement sur vous ce joug pe-
sant, que moi, votre Dieu, j'ai voulu
porter le premier, non seulement pour
vous sauver, mais encore pour vous
consoler ; mon amour vous fera trouver ce joug suave, et le fardeau que
nous porterons ensemble vous deviendra léger. »

POUR LA MORT D'UN ENFANT.

Je bénis le bon Dieu de la force
chrétienne avec laquelle vous portez
tous les deux votre croix. Vous êtes
sur la voie du Paradis, par laquelle a
passé votre cher enfant, votre petit

est tombée, sur le cœur de Jésus-Christ, au milieu même du feu de son amour. Oh ! la belle et douce mort, et qu'il est bon d'avoir dans sa famille d'aussi excellents modèles ! Le paradis est la grande, la perpétuelle communion, à laquelle rien ne prépare mieux que la communion passagère, mais fréquente d'ici-bas. Vivons bien en Notre-Seigneur et de Notre-Seigneur, nous qui sommes encore en voyage ; nous vivrons éternellement de ce qui aura été notre vie sur la terre, Jésus-Christ, et son saint amour.

POUR LA MORT D'UN MARI.

Hier nous avons été près de vous en esprit à Saint-Sulpice. Pauvre cher ami ! Comme on va l'oublier vite ! Excepté nous et quelques intimes, qui.

1

ENFANTS DE PARIS.

Au début de son ministère, comme après son retour de Rome, Mgr de Ségur donna une grande part de son temps à la jeunesse ouvrière de Paris. Les cercles, les patronages de jeunes gens trouvaient en lui un apôtre infatigable. C'est lui qui le premier, après la révolution de 1848, communiqua à ces œuvres admirables une vie spirituelle qu'on croyait impossible. On eût dit qu'en le voyant, les enfants de Paris le reconnaissaient et le saluaient comme un vieil ami. Son amabilité les attirait, sa gaieté familière achevait de les gagner. Sa bonté, la tendresse de son cœur les attachaient à lui passionnément, et dans ce cœur enflammé de l'amour de Jésus-Christ, ils puisaient une ardeur de foi et de piété dont on les aurait crus incapables.

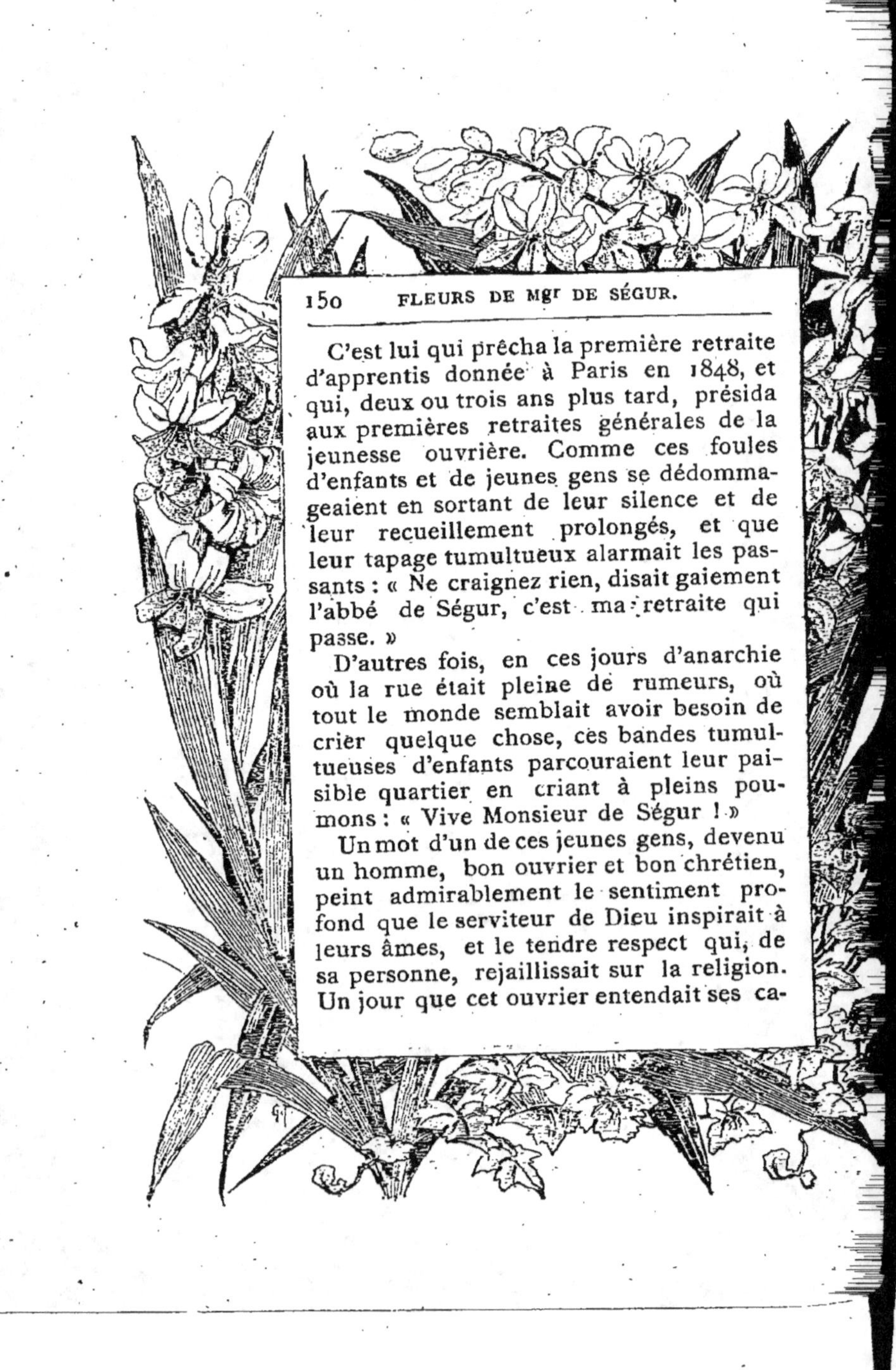

C'est lui qui prêcha la première retraite
d'apprentis donnée à Paris en 1848, et
qui, deux ou trois ans plus tard, présida
aux premières retraites générales de la
jeunesse ouvrière. Comme ces foules
d'enfants et de jeunes gens se dédomma-
geaient en sortant de leur silence et de
leur recueillement prolongés, et que
leur tapage tumultueux alarmait les pas-
sants : « Ne craignez rien, disait gaiement
l'abbé de Ségur, c'est ma retraite qui
passe. »

D'autres fois, en ces jours d'anarchie
où la rue était pleine de rumeurs, où
tout le monde semblait avoir besoin de
crier quelque chose, ces bandes tumul-
tueuses d'enfants parcouraient leur paisible quartier en criant à pleins pou-
mons : « Vive Monsieur de Ségur ! »

Un mot d'un de ces jeunes gens, devenu
un homme, bon ouvrier et bon chrétien,
peint admirablement le sentiment profond que le serviteur de Dieu inspirait à
leurs âmes, et le tendre respect qui, de
sa personne, rejaillissait sur la religion.
Un jour que cet ouvrier entendait ses ca-

camarades d'atelier accumuler les injures, les calomnies contre le clergé, et qu'il ne savait plus que répondre à ce débordement d'impiété, il leur dit tout à coup avec un accent si convaincu qu'il mit fin à la dispute : « Ça m'est égal, tout ce que vous pouvez dire contre les prêtres. Moi, j'en ai connu un, l'abbé de Ségur, il n'y aurait-il que celui-là, pour moi la religion est vraie. »

Voilà le cri du cœur, qui est aussi le cri de la raison. « Aux fruits vous connaîtrez l'arbre », a dit le divin Maître, et sa parole ne passe pas.

Le logement de Mgr de Ségur appartenait à tous ses enfants des patronages, comme son cœur. Il les accueillait à temps et à contre-temps, les confessait, les consolait, les visitait dans leurs maladies, les assistait à la mort, accompagnait leur cercueil à l'église, parfois jusqu'au cimetière. Il les mariait, baptisait leurs nouveau-nés, et on pouvait lui appliquer ces vers du poète parlant du cœur d'une mère qui appartient à tous ses enfants :

Chacun en a sa part et tous l'ont tout entier.

FLEURS DE PARIS,

Vous savez, mes enfants, que notre âme ne peut pas plus se passer de nourriture que notre corps, et qu'elle meurt bientôt de faim quand elle reste longtemps sans recevoir le pain vivant descendu du ciel exprès pour la nourrir. Je me recommande bien à vos prières corps et âme. La fatigue me gagne et je sens que je ne vaux pas cher. Il faut faire comme les lampes du Saint Sacrement, brûler tant qu'il y a de l'huile, brûler avec joie, s'user avec bonheur pour le service du bon Dieu, puis s'éteindre tranquillement, sans fumée, c'est-à-dire sans grogner.

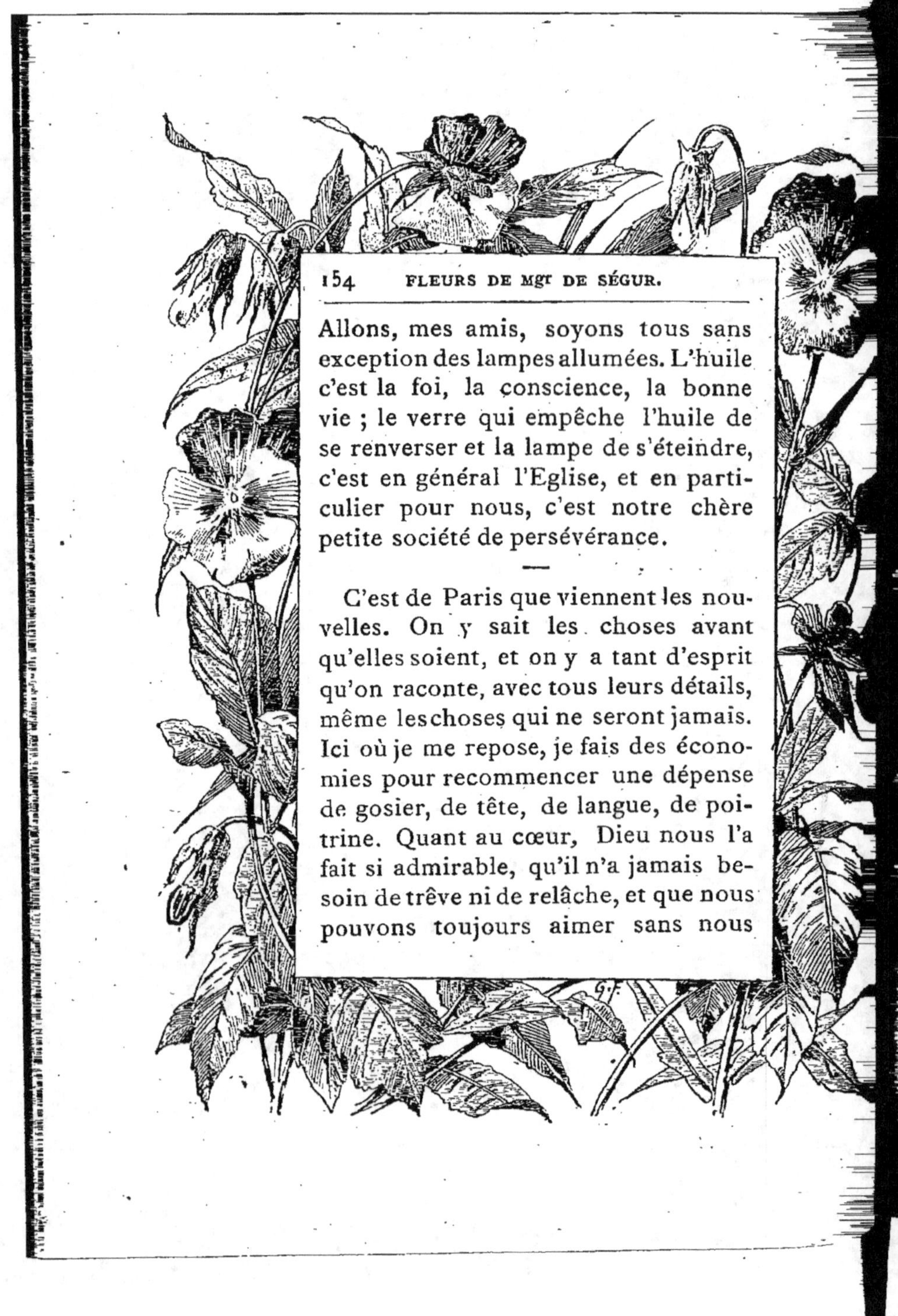

Allons, mes amis, soyons tous sans exception des lampes allumées. L'huile c'est la foi, la conscience, la bonne vie ; le verre qui empêche l'huile de se renverser et la lampe de s'éteindre, c'est en général l'Eglise, et en particulier pour nous, c'est notre chère petite société de persévérance.

—

C'est de Paris que viennent les nouvelles. On y sait les choses avant qu'elles soient, et on y a tant d'esprit qu'on raconte, avec tous leurs détails, même les choses qui ne seront jamais. Ici où je me repose, je fais des économies pour recommencer une dépense de gosier, de tête, de langue, de poitrine. Quant au cœur, Dieu nous l'a fait si admirable, qu'il n'a jamais besoin de trêve ni de relâche, et que nous pouvons toujours aimer sans nous

épuiser jamais. Le cœur du chrétien, c'est la merveille de Dieu ; le cœur du prêtre est plus encore : c'est Dieu lui-même, c'est Jésus-Christ aimant tous les hommes par le cœur d'un homme. Or, aimer, c'est se donner et se sacrifier avec bonheur.

J'espère que vos prières et votre bonne conduite auront pleinement écarté les atteintes du choléra. Il frappe quelquefois les plus saintes gens et les hommes les mieux réglés ; mais, d'ordinaire, il fait comme les poules qui picotent sur le fumier. Fasse Dieu que vos santés soient en bon état et vos âmes plus encore ! A quoi servirait de se bien porter physiquement, si l'on avait une âme gangrenée par le vice, mourante ou morte devant Dieu ?

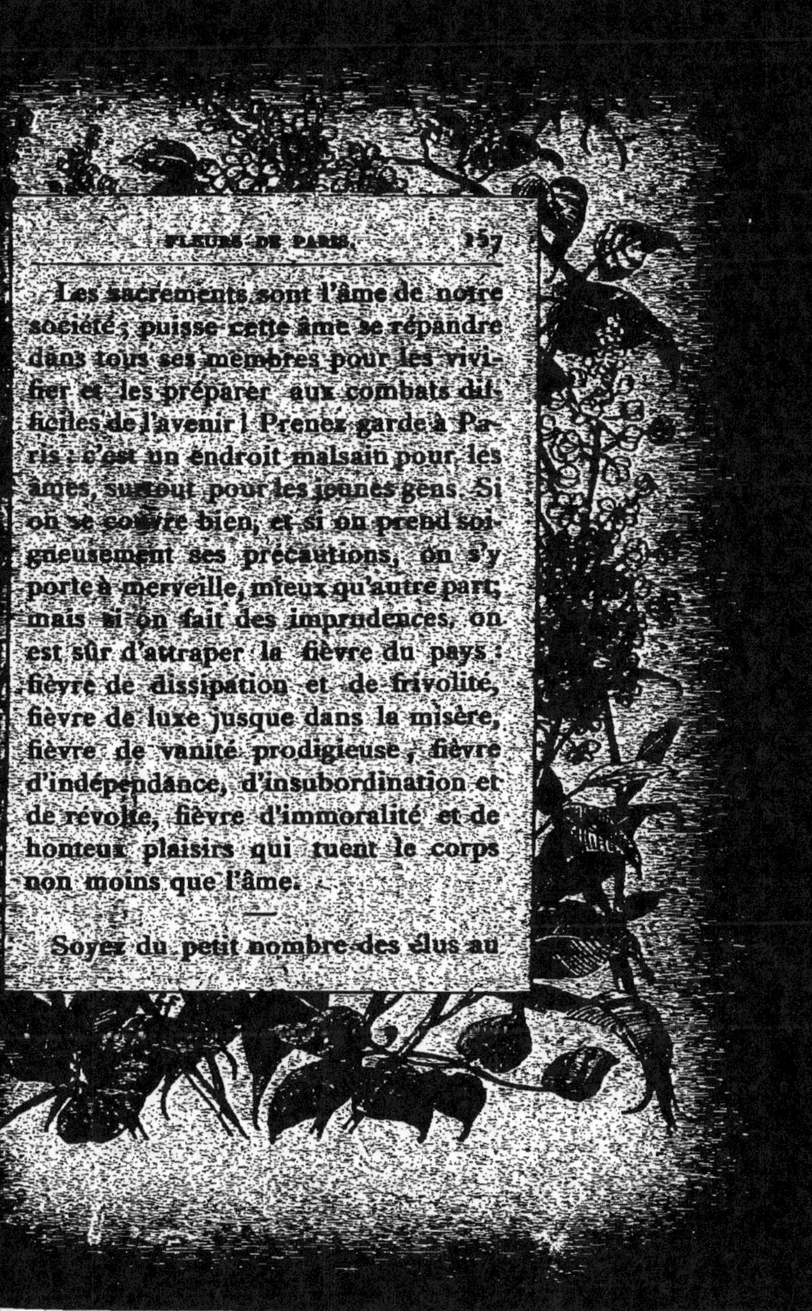

Les sacrements sont l'âme de notre société ; puisse cette âme se répandre dans tous ses membres pour les vivifier et les préparer aux combats difficiles de l'avenir ! Prenez garde à Paris : c'est un endroit malsain pour les âmes, surtout pour les jeunes gens. Si on se couvre bien, et si on prend soigneusement ses précautions, on s'y porte à merveille, mieux qu'autre part ; mais si on fait des imprudences, on est sûr d'attraper la fièvre du pays : fièvre de dissipation et de frivolité, fièvre de luxe jusque dans la misère, fièvre de vanité prodigieuse, fièvre d'indépendance, d'insubordination et de révolte, fièvre d'immoralité et de honteux plaisirs qui tuent le corps non moins que l'âme.

—

Soyez du petit nombre des élus au

Celui qui vous l'a conféré. Si vous deviez vivre pour épeurer Dieu, n'au-rait-il pas mieux valu cela soit que vous restiez inconnu, comme tant d'autres ?

Et chacun de vous, en contenant de sauver son âme dans ce monde, ou s'il vous est donné d'y contribuer. La sainteté d'un pauvre enfant, d'un hum-ble petit apprenti, d'un jeune homme obscur, prise dans la balance de la mi-séricorde autant et quelquefois plus que la sainteté d'un grand person-nage. Vous savez que le bon Dieu aime les petits et les pauvres. Met-tons-nous-y tous bien résolument. Évitons comme le feu tout péché vo-lontaire, surtout ceux qui offensent le plus profondément la très pure Ma-jesté de Dieu : le blasphème, l'oubli de la prière, la violation du diman-

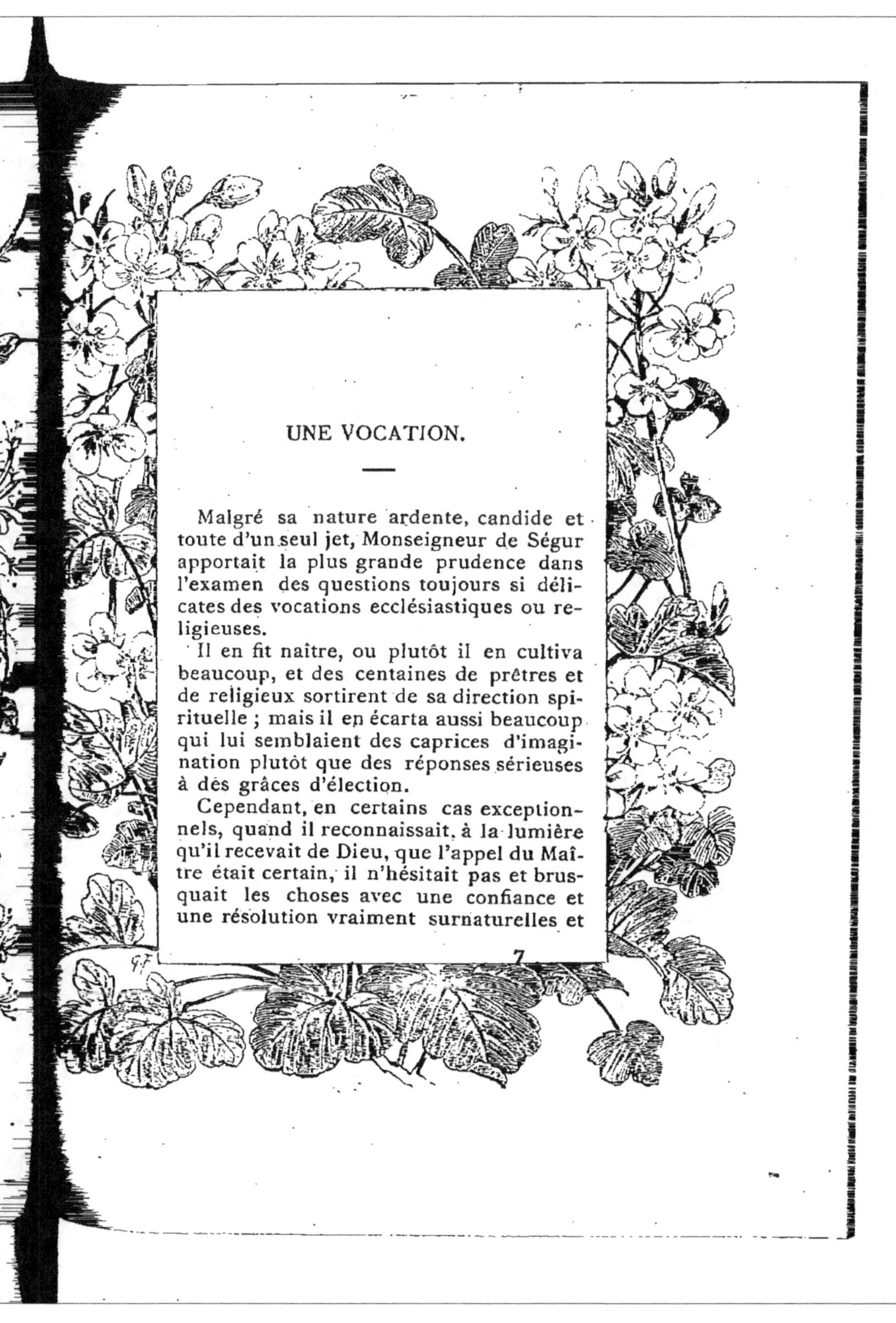

UNE VOCATION.

—

Malgré sa nature ardente, candide et toute d'un seul jet, Monseigneur de Ségur apportait la plus grande prudence dans l'examen des questions toujours si délicates des vocations ecclésiastiques ou religieuses.

Il en fit naître, ou plutôt il en cultiva beaucoup, et des centaines de prêtres et de religieux sortirent de sa direction spirituelle ; mais il en écarta aussi beaucoup qui lui semblaient des caprices d'imagination plutôt que des réponses sérieuses à des grâces d'élection.

Cependant, en certains cas exceptionnels, quand il reconnaissait, à la lumière qu'il recevait de Dieu, que l'appel du Maître était certain, il n'hésitait pas et brusquait les choses avec une confiance et une résolution vraiment surnaturelles et

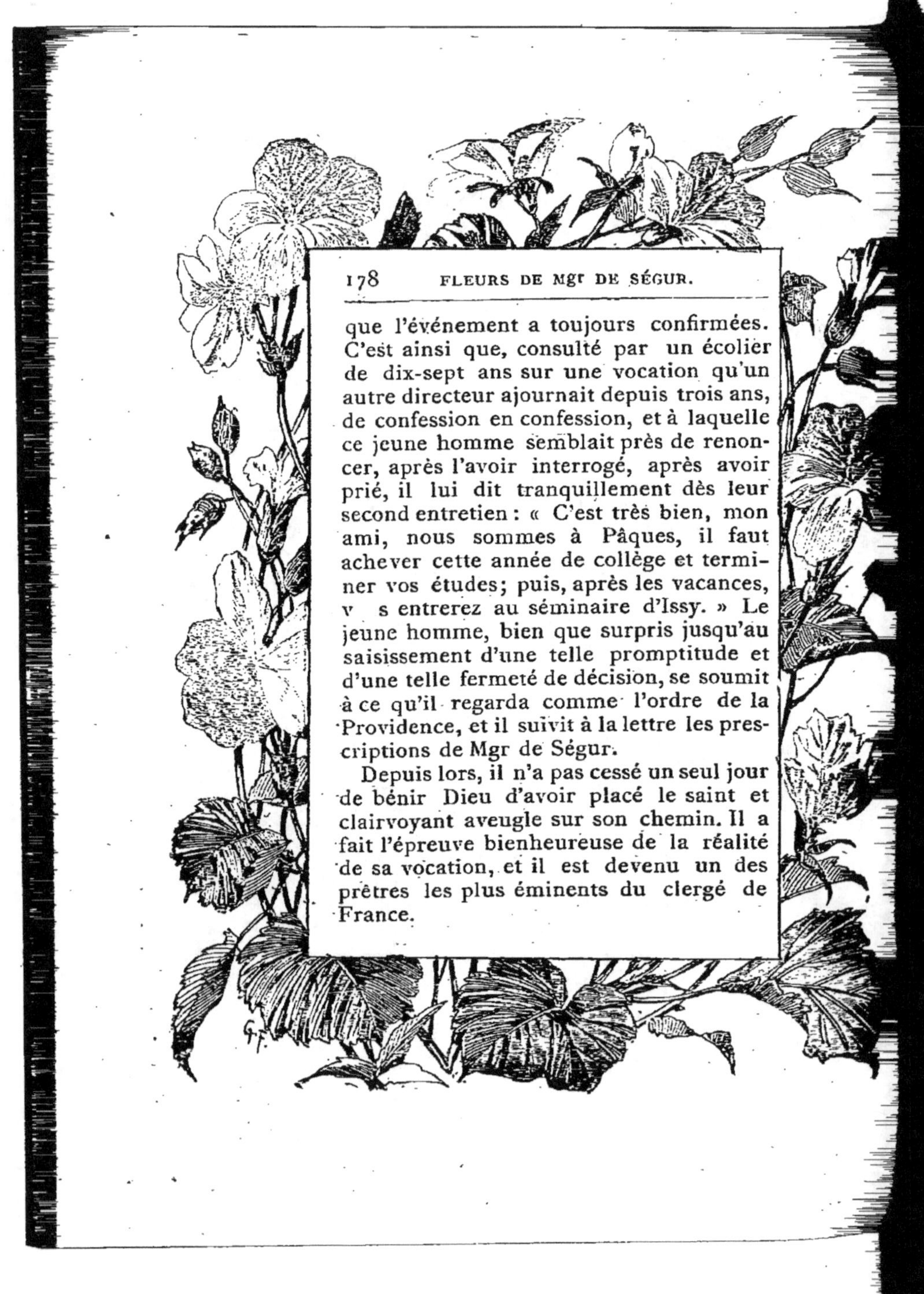

que l'événement a toujours confirmées.
C'est ainsi que, consulté par un écolier
de dix-sept ans sur une vocation qu'un
autre directeur ajournait depuis trois ans,
de confession en confession, et à laquelle
ce jeune homme semblait près de renon-
cer, après l'avoir interrogé, après avoir
prié, il lui dit tranquillement dès leur
second entretien : « C'est très bien, mon
ami, nous sommes à Pâques, il faut
achever cette année de collège et termi-
ner vos études; puis, après les vacances,
v s entrerez au séminaire d'Issy. » Le
jeune homme, bien que surpris jusqu'au
saisissement d'une telle promptitude et
d'une telle fermeté de décision, se soumit
à ce qu'il regarda comme l'ordre de la
Providence, et il suivit à la lettre les pres-
criptions de Mgr de Ségur.

Depuis lors, il n'a pas cessé un seul jour
de bénir Dieu d'avoir placé le saint et
clairvoyant aveugle sur son chemin. Il a
fait l'épreuve bienheureuse de la réalité
de sa vocation, et il est devenu un des
prêtres les plus éminents du clergé de
France.

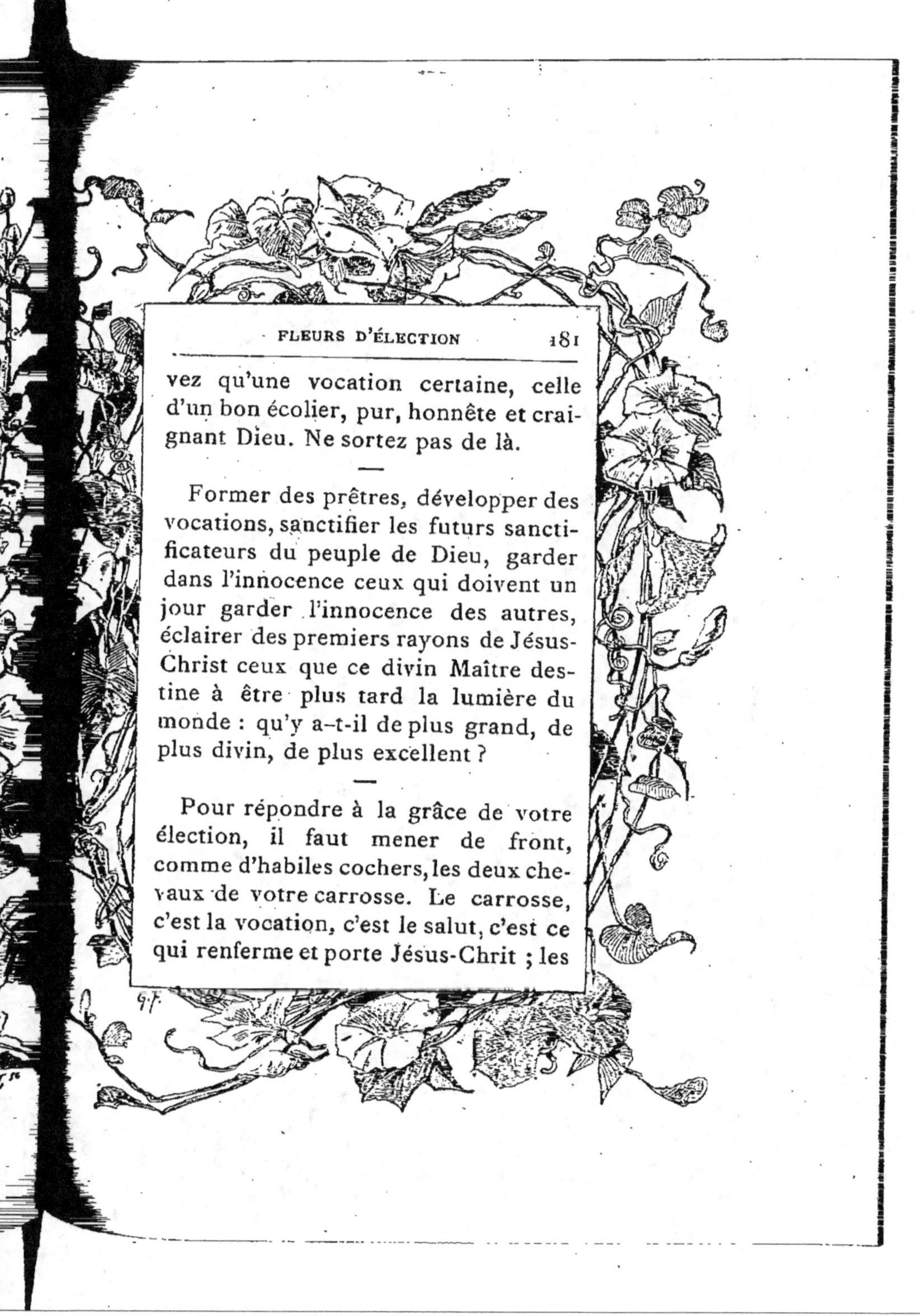

vez qu'une vocation certaine, celle d'un bon écolier, pur, honnête et craignant Dieu. Ne sortez pas de là.

—

Former des prêtres, développer des vocations, sanctifier les futurs sanctificateurs du peuple de Dieu, garder dans l'innocence ceux qui doivent un jour garder l'innocence des autres, éclairer des premiers rayons de Jésus-Christ ceux que ce divin Maître destine à être plus tard la lumière du monde : qu'y a-t-il de plus grand, de plus divin, de plus excellent ?

—

Pour répondre à la grâce de votre élection, il faut mener de front, comme d'habiles cochers, les deux chevaux de votre carrosse. Le carrosse, c'est la vocation, c'est le salut, c'est ce qui renferme et porte Jésus-Chrit ; les

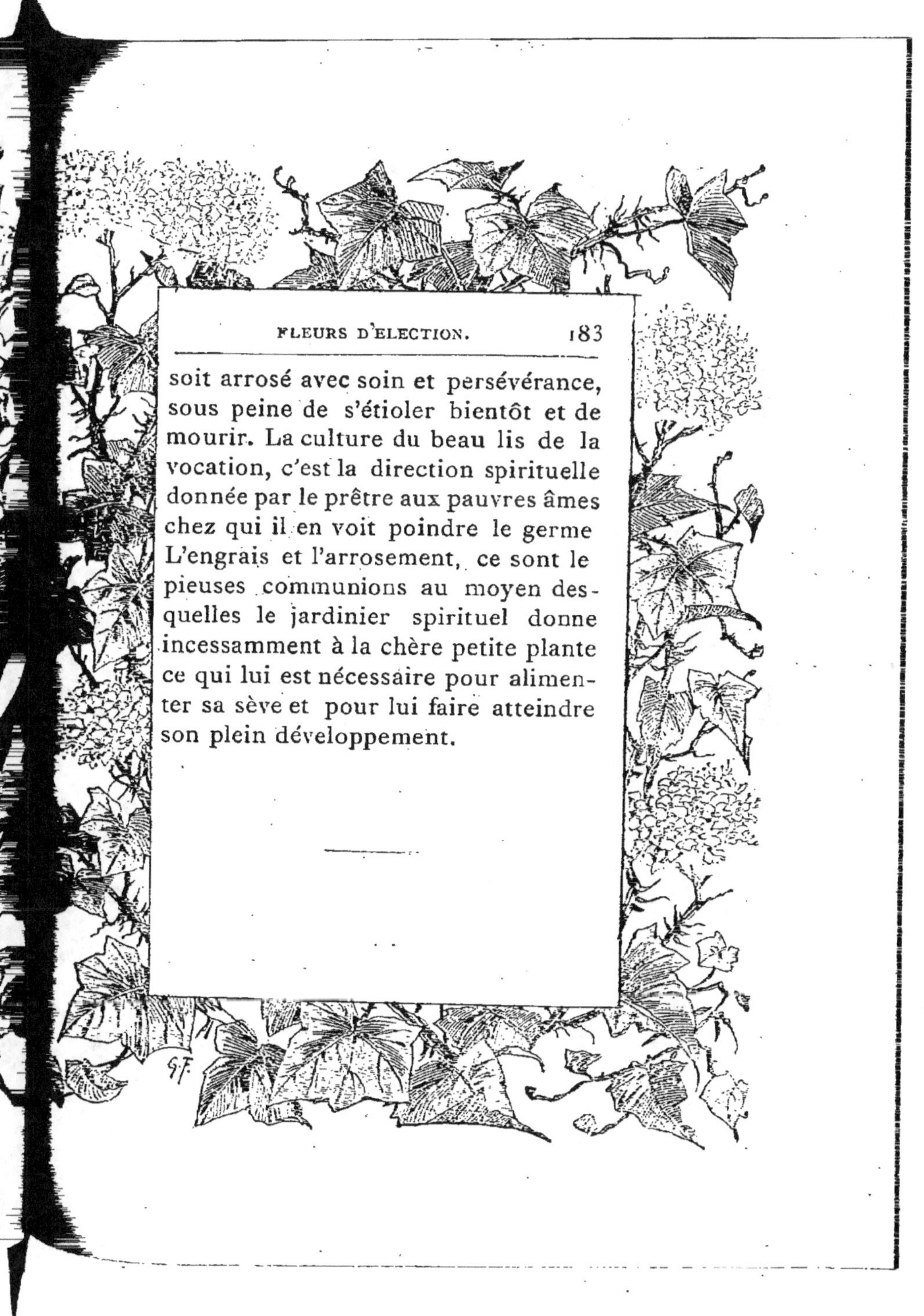

soit arrosé avec soin et persévérance,
sous peine de s'étioler bientôt et de
mourir. La culture du beau lis de la
vocation, c'est la direction spirituelle
donnée par le prêtre aux pauvres âmes
chez qui il en voit poindre le germe
L'engrais et l'arrosement, ce sont le
pieuses communions au moyen desquelles le jardinier spirituel donne
incessamment à la chère petite plante
ce qui lui est nécessaire pour alimen-
ter sa sève et pour lui faire atteindre
son plein développement.

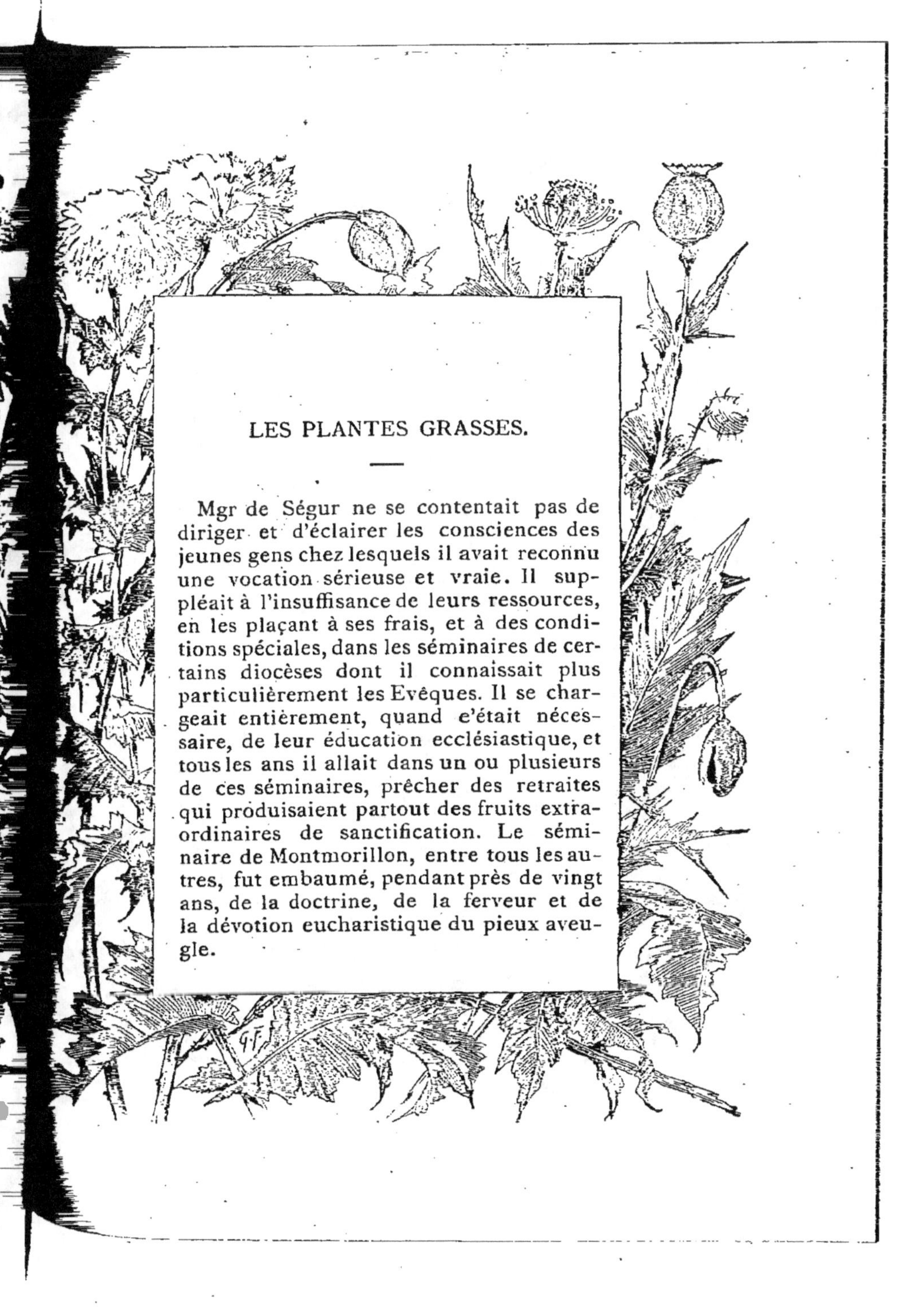

LES PLANTES GRASSES.

—

Mgr de Ségur ne se contentait pas de diriger et d'éclairer les consciences des jeunes gens chez lesquels il avait reconnu une vocation sérieuse et vraie. Il suppléait à l'insuffisance de leurs ressources, en les plaçant à ses frais, et à des conditions spéciales, dans les séminaires de certains diocèses dont il connaissait plus particulièrement les Evêques. Il se chargeait entièrement, quand e'était nécessaire, de leur éducation ecclésiastique, et tous les ans il allait dans un ou plusieurs de ces séminaires, prêcher des retraites qui produisaient partout des fruits extraordinaires de sanctification. Le séminaire de Montmorillon, entre tous les autres, fut embaumé, pendant près de vingt ans, de la doctrine, de la ferveur et de la dévotion eucharistique du pieux aveugle.

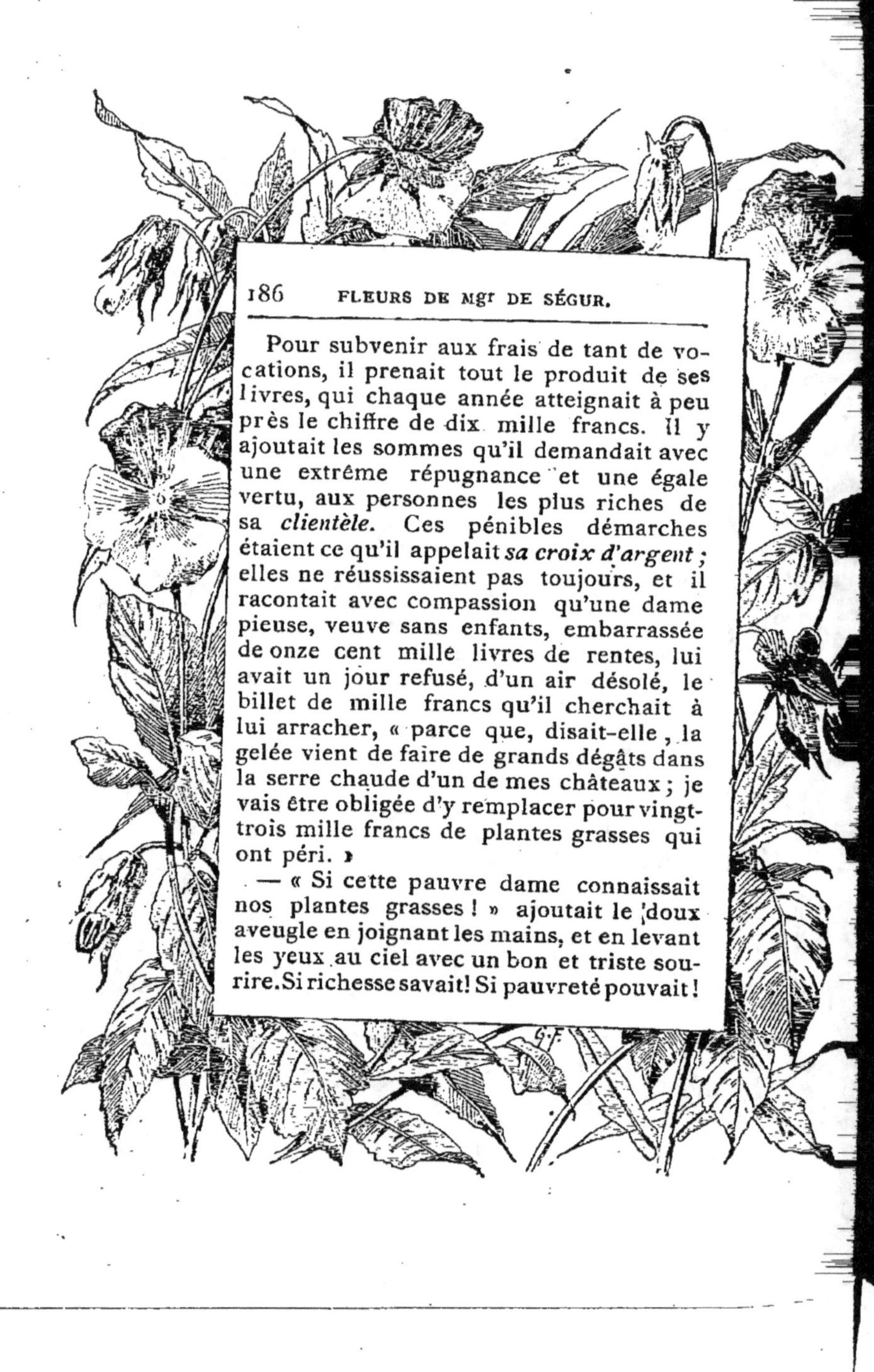

Pour subvenir aux frais de tant de vocations, il prenait tout le produit de ses livres, qui chaque année atteignait à peu près le chiffre de dix mille francs. Il y ajoutait les sommes qu'il demandait avec une extrême répugnance et une égale vertu, aux personnes les plus riches de sa *clientèle*. Ces pénibles démarches étaient ce qu'il appelait *sa croix d'argent*; elles ne réussissaient pas toujours, et il racontait avec compassion qu'une dame pieuse, veuve sans enfants, embarrassée de onze cent mille livres de rentes, lui avait un jour refusé, d'un air désolé, le billet de mille francs qu'il cherchait à lui arracher, « parce que, disait-elle, la gelée vient de faire de grands dégâts dans la serre chaude d'un de mes châteaux; je vais être obligée d'y remplacer pour vingt-trois mille francs de plantes grasses qui ont péri. »

— « Si cette pauvre dame connaissait nos plantes grasses ! » ajoutait le doux aveugle en joignant les mains, et en levant les yeux au ciel avec un bon et triste sourire. Si richesse savait ! Si pauvreté pouvait !

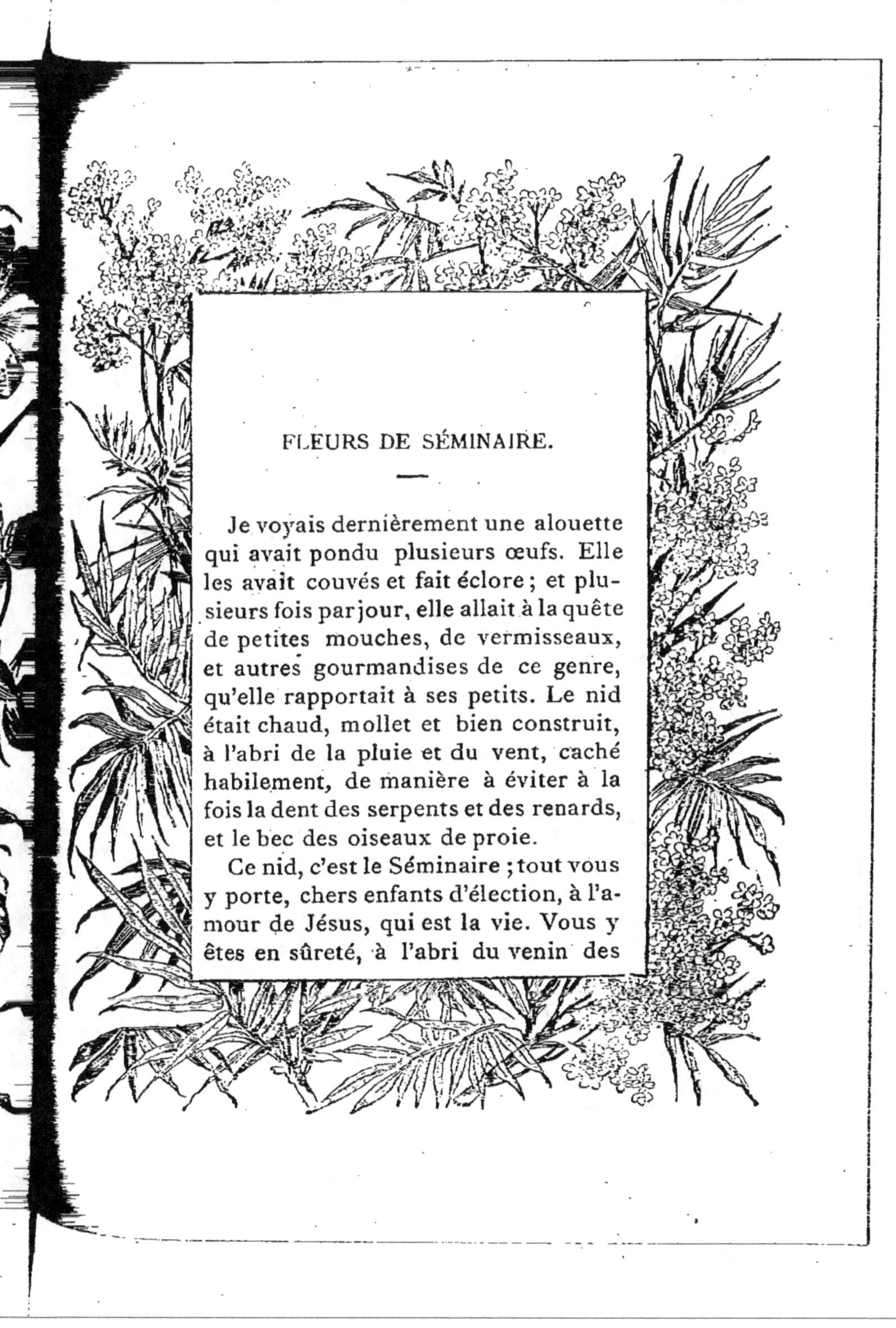

FLEURS DE SÉMINAIRE.

—

Je voyais dernièrement une alouette
qui avait pondu plusieurs œufs. Elle
les avait couvés et fait éclore ; et plusieurs fois par jour, elle allait à la quête
de petites mouches, de vermisseaux,
et autres gourmandises de ce genre,
qu'elle rapportait à ses petits. Le nid
était chaud, mollet et bien construit,
à l'abri de la pluie et du vent, caché
habilement, de manière à éviter à la
fois la dent des serpents et des renards,
et le bec des oiseaux de proie.

Ce nid, c'est le Séminaire ; tout vous
y porte, chers enfants d'élection, à l'a-
mour de Jésus, qui est la vie. Vous y
êtes en sûreté, à l'abri du venin des

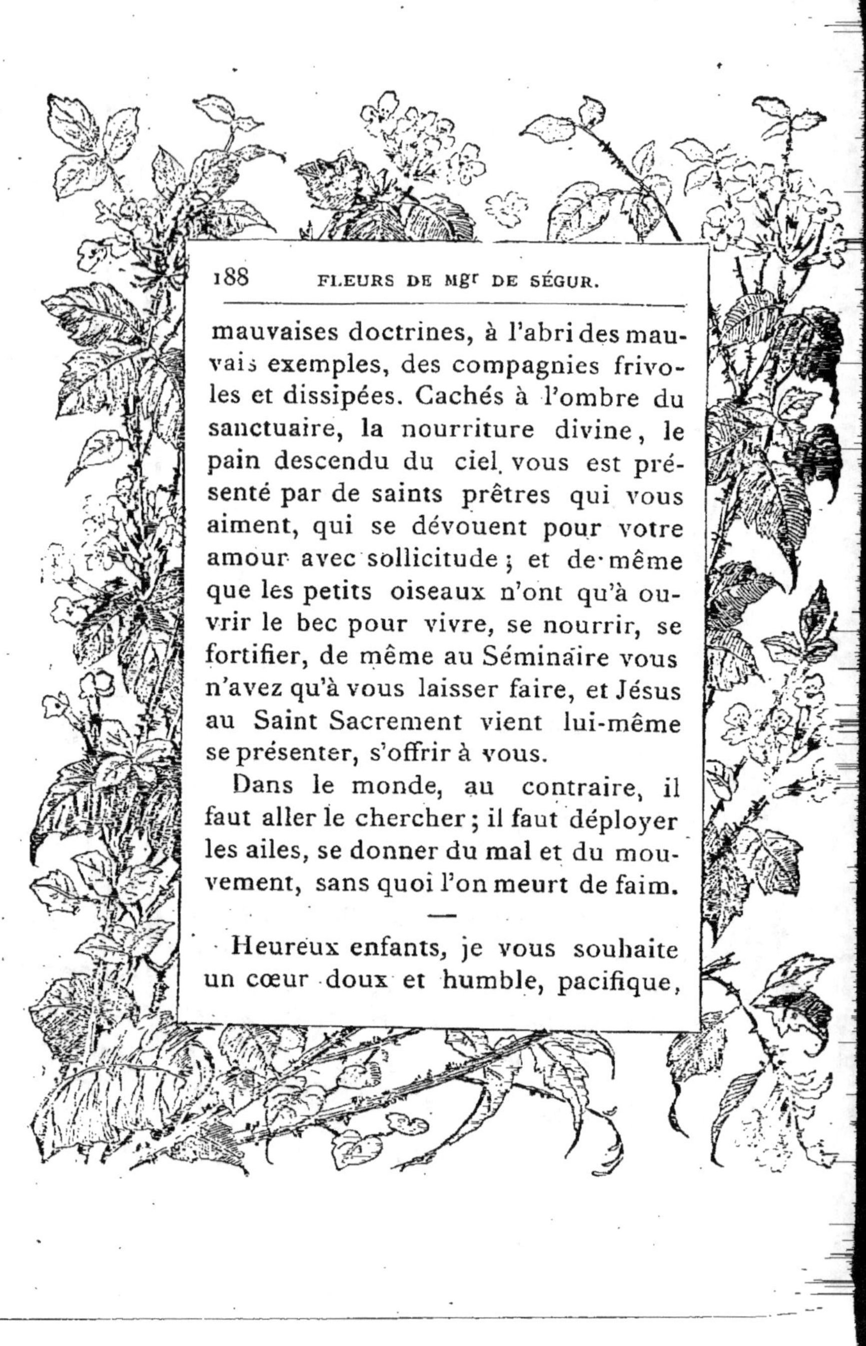

mauvaises doctrines, à l'abri des mauvais exemples, des compagnies frivoles et dissipées. Cachés à l'ombre du sanctuaire, la nourriture divine, le pain descendu du ciel, vous est présenté par de saints prêtres qui vous aiment, qui se dévouent pour votre amour avec sollicitude ; et de même que les petits oiseaux n'ont qu'à ouvrir le bec pour vivre, se nourrir, se fortifier, de même au Séminaire vous n'avez qu'à vous laisser faire, et Jésus au Saint Sacrement vient lui-même se présenter, s'offrir à vous.

Dans le monde, au contraire, il faut aller le chercher ; il faut déployer les ailes, se donner du mal et du mouvement, sans quoi l'on meurt de faim.

—

Heureux enfants, je vous souhaite un cœur doux et humble, pacifique,

prochaine. Il... de la vie, qui...
monde toujours sur la mer; il s'agira...
faut le pêche, payer. ... Ouvrez...
toujours du côté de Vénosta. Je
vous souhaite d'être comme les petits
oiseaux, leur par le bon... un bain
sous... qui... dans...
... des ... De cette sorte
que le mugissement des vagues ne fait
qu'ils laissent dans les... chavirer
une seule petite ouverture leur donne
de l'air et du soleil; et elle se trouve
toujours tournée du côté du ciel.
Comme ces petits oiseaux, vous ne devez respirer et aspirer que le ciel, que
la pure lumière, et vous ne devez pas
vous laisser souiller par l'éclaboussure
des vagues.

« L'eau s'attiédit bien vite, lorsqu'on
n'a pas soin de la tenir près du feu. Pré-

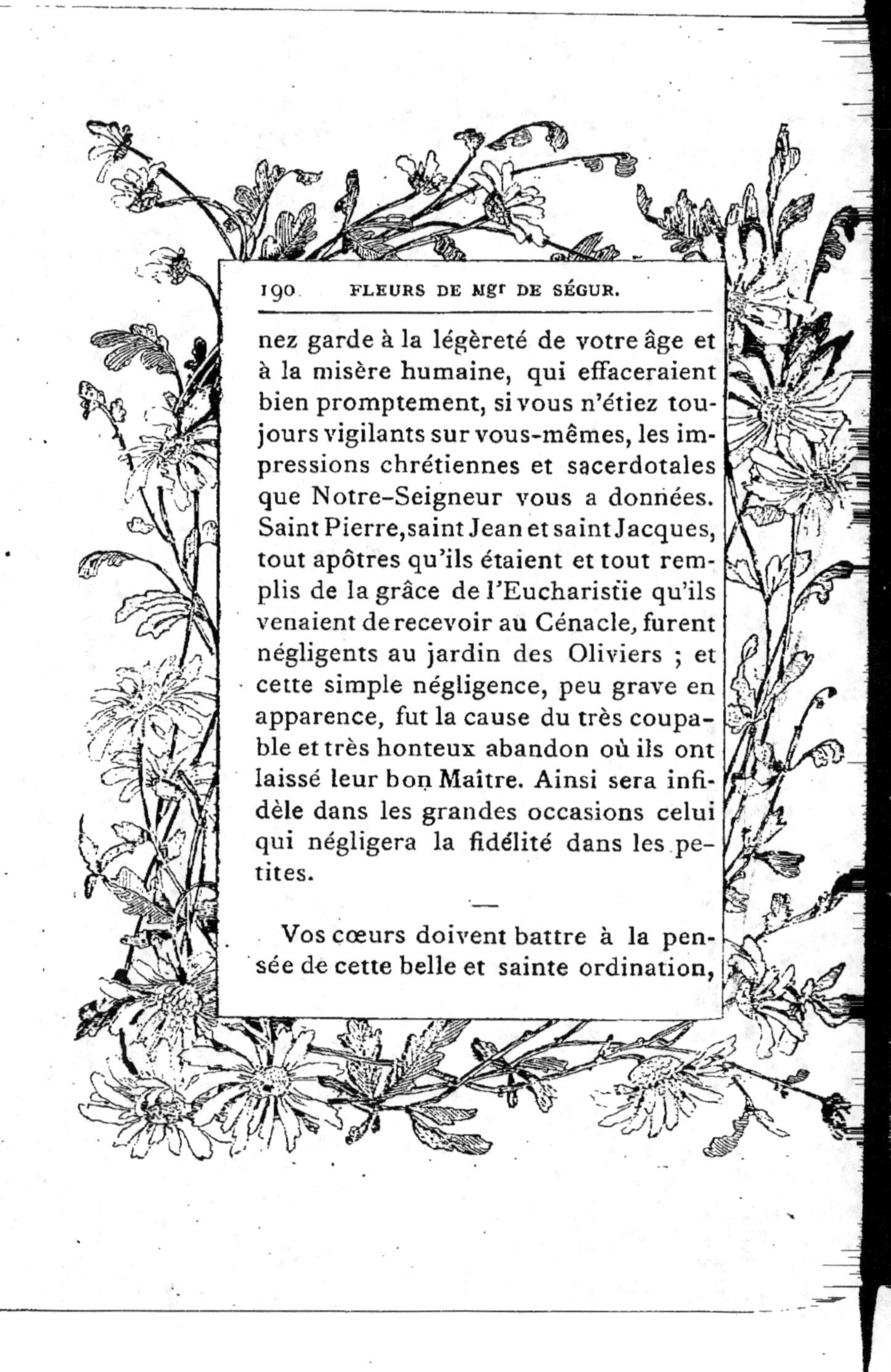

nez garde à la légèreté de votre âge et
à la misère humaine, qui effaceraient
bien promptement, si vous n'étiez toujours vigilants sur vous-mêmes, les im-
pressions chrétiennes et sacerdotales
que Notre-Seigneur vous a données.
Saint Pierre, saint Jean et saint Jacques,
tout apôtres qu'ils étaient et tout rem-
plis de la grâce de l'Eucharistie qu'ils
venaient de recevoir au Cénacle, furent
négligents au jardin des Oliviers ; et
cette simple négligence, peu grave en
apparence, fut la cause du très coupable et très honteux abandon où ils ont
laissé leur bon Maître. Ainsi sera infi-
dèle dans les grandes occasions celui
qui négligera la fidélité dans les petites.

—

Vos cœurs doivent battre à la pensée de cette belle et sainte ordination,

où des grâces si excellentes vont pleu-
voir sur le Séminaire, comme si les
cataractes du ciel s'entr'ouvraient au-
dessus de vos têtes. Dieu est riche en
miséricordes; faites tout ce qui dépend
de vous, pour vous mettre à même de
recevoir comme les apôtres la pléni-
tude des dons du Seigneur.

Purifiez pleinement vos chers cœurs,
soyez d'une entière sincérité vis-à-vis
de votre Père spirituel, et rejetez avec
une souveraine indignation toutes les
vues basses et purement humaines qui
viendraient se glisser dans vos pensées
de vocation. A qui s'adressera la
grande parole *Sursum corda*, sinon
à vous, enfants du Sanctuaire, qui devez être tout entiers vivants de la vie de
la foi, purs comme des anges, et absolument dévoués à la gloire de Notre
Seigneur et aux intérêts de l'Église! ..

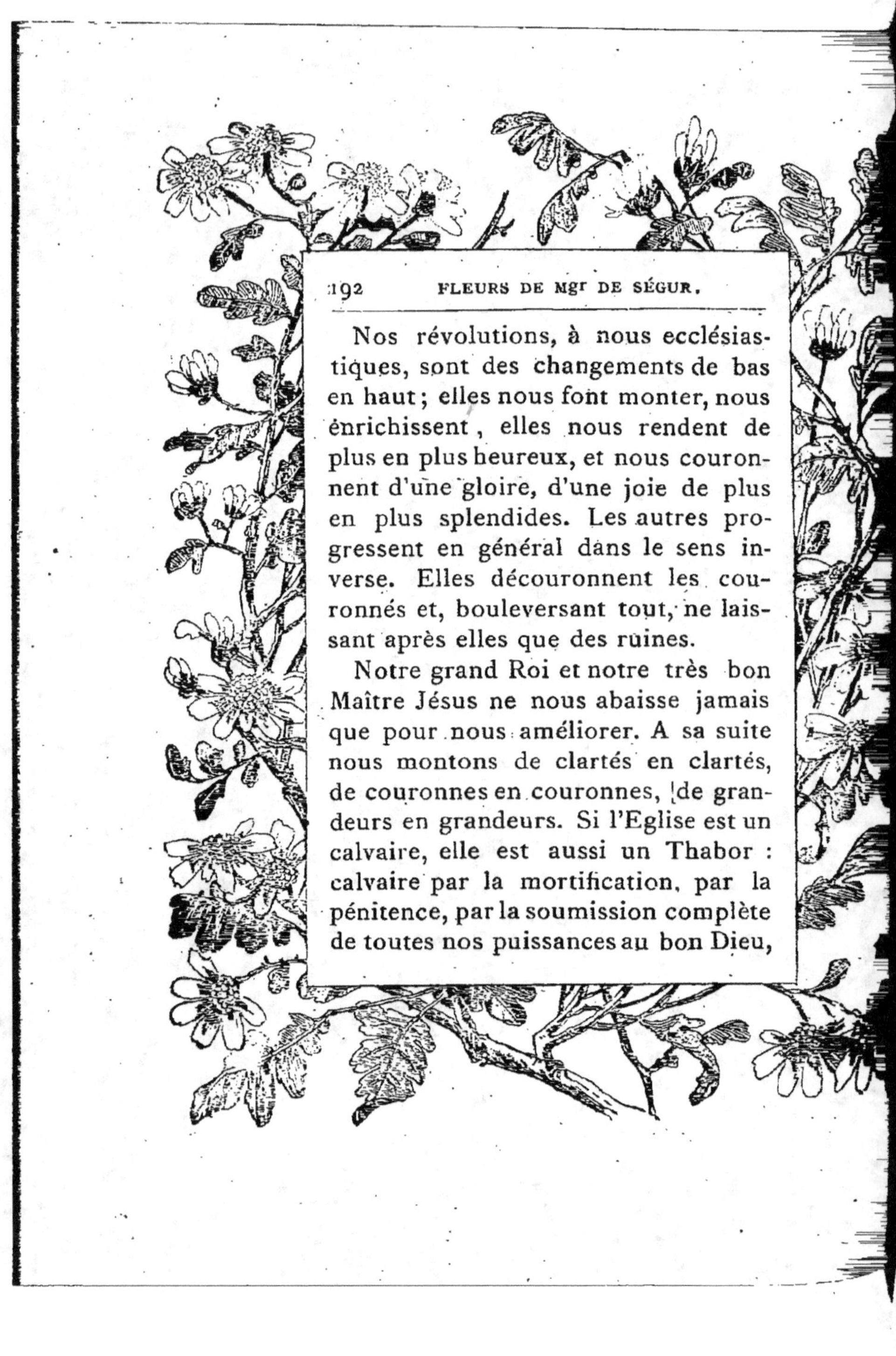

Nos révolutions, à nous ecclésiastiques, sont des changements de bas en haut ; elles nous font monter, nous enrichissent, elles nous rendent de plus en plus heureux, et nous couronnent d'une gloire, d'une joie de plus en plus splendides. Les autres progressent en général dans le sens inverse. Elles découronnent les couronnés et, bouleversant tout, ne laissant après elles que des ruines.

Notre grand Roi et notre très bon Maître Jésus ne nous abaisse jamais que pour nous améliorer. A sa suite nous montons de clartés en clartés, de couronnes en couronnes, de grandeurs en grandeurs. Si l'Eglise est un calvaire, elle est aussi un Thabor : calvaire par la mortification, par la pénitence, par la soumission complète de toutes nos puissances au bon Dieu,

elle est pour nous un beau Thabor par
cette série de charmantes et saintes or-
dinations qui sont comme l'âme de
votre jeunesse ecclésiastique, et qui
vous préparent à monter un jour jusqu'au sommet du Sacerdoce, où vous
tiendrez dans vos mains Jésus transfi-
guré, transsubstantié, glorieux sous
les voiles du Saint Sacrement. C'est
alors, bien plus encore que maintenant, que vous lui direz comme saint
Pierre : « *Domine, bonum est nos hic
esse* Seigneur, il nous est bon d'ê-
tre ici »

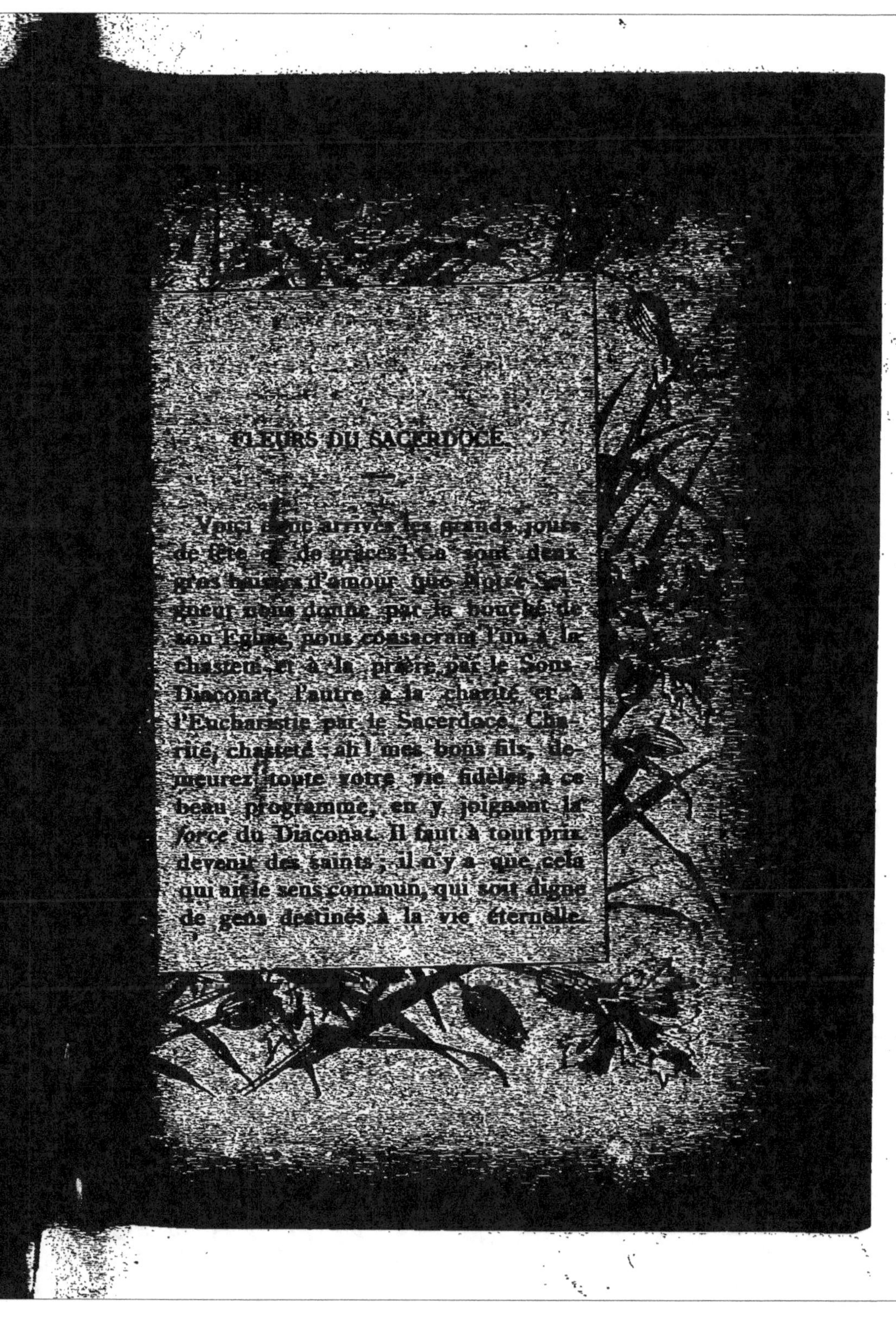

FLEURS DU SACERDOCE

Voici donc arrivés les grands jours de fête et de grâces! Ce sont deux gros baisers d'amour que Notre-Seigneur nous donne par la bouche de son Église, nous consacrant l'un à la chasteté et à la prière par le Sous-Diaconat, l'autre à la charité et à l'Eucharistie par le Sacerdoce. Charité, chasteté - ah! mes bons fils, demeurez toute votre vie fidèles à ce beau programme, en y joignant la *force* du Diaconat. Il faut à tout prix devenir des saints; il n'y a que cela qui ait le sens commun, qui soit digne de gens destinés à la vie éternelle.

méchants prononcent la dire, sont en
très petit nombre. Voilà pourquoi
Notre-Seigneur est si miséricordieux
pour nous, sans léser sa justice,
mais traite avec compassion, et
sans colère. Faisons de même

[illegible] tion du monde, et le signe sensible de la présence de Jésus-Christ et de l'Église au milieu des peuples.

Oui, l'habit ecclésiastique ou religieux, c'est l'Église catholique en [illegible], en latin, c'est la foi, c'est Jésus-Christ, c'est l'amour de Dieu dont le

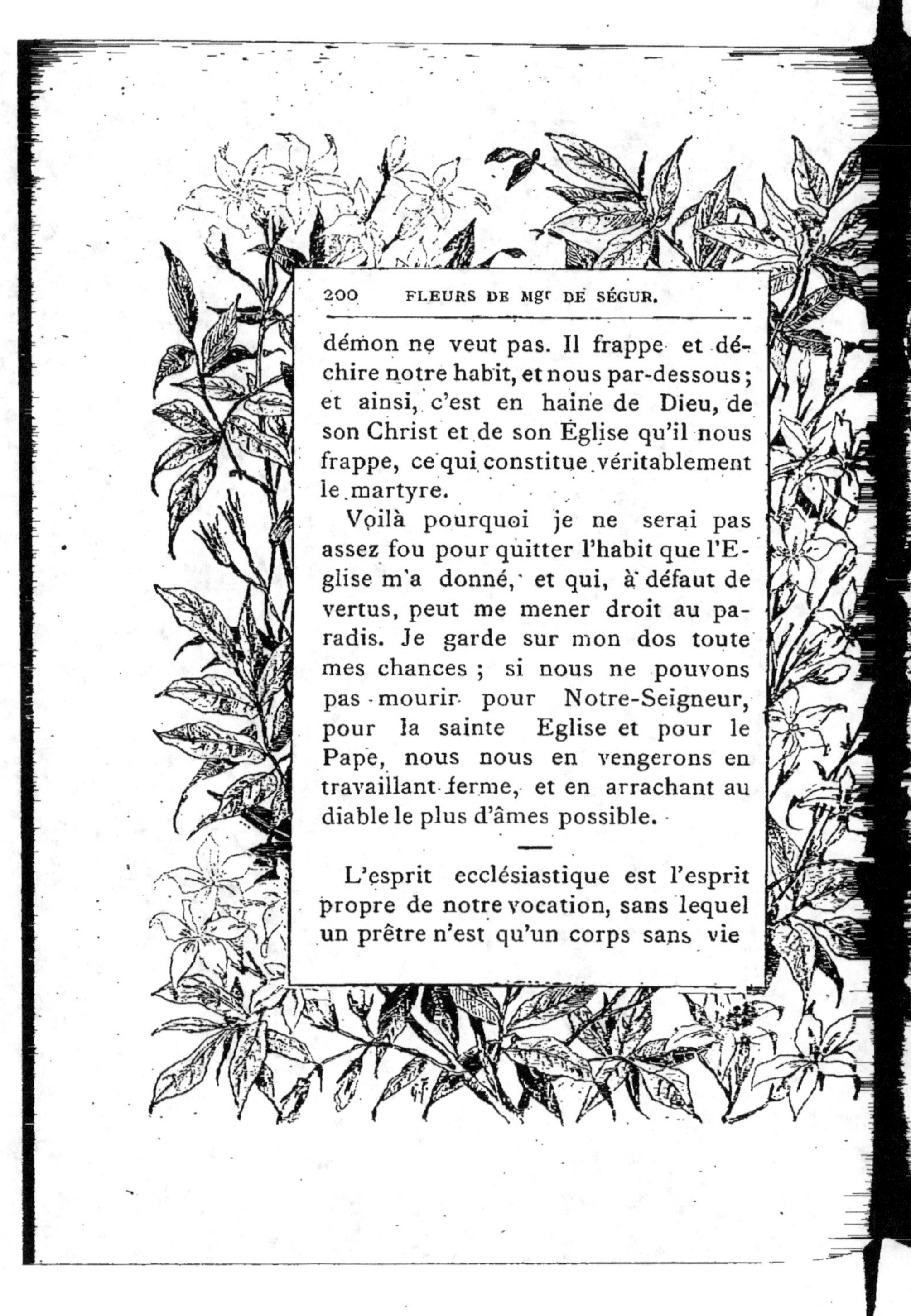

démon ne veut pas. Il frappe et dé-
chire notre habit, et nous par-dessous ;
et ainsi, c'est en haine de Dieu, de
son Christ et de son Église qu'il nous
frappe, ce qui constitue véritablement
le martyre.

Voilà pourquoi je ne serai pas
assez fou pour quitter l'habit que l'E-
glise m'a donné, et qui, à défaut de
vertus, peut me mener droit au paradis. Je garde sur mon dos toute
mes chances ; si nous ne pouvons
pas mourir pour Notre-Seigneur,
pour la sainte Eglise et pour le
Pape, nous nous en vengerons en
travaillant ferme, et en arrachant au
diable le plus d'âmes possible.

—

L'esprit ecclésiastique est l'esprit
propre de notre vocation, sans lequel
un prêtre n'est qu'un corps sans vie

... être sous l'action de Jésus-Christ. Si
saint Augustin a pu dire : « Un chrétien, c'est le Christ », un autre Père
a dit avec encore plus de raison que
« le prêtre c'est le Christ, *Sacerdos
Christus*, » c'est le Christ vivant dans
un homme à qui il daigne communi-
quer, par l'ordination, toutes les

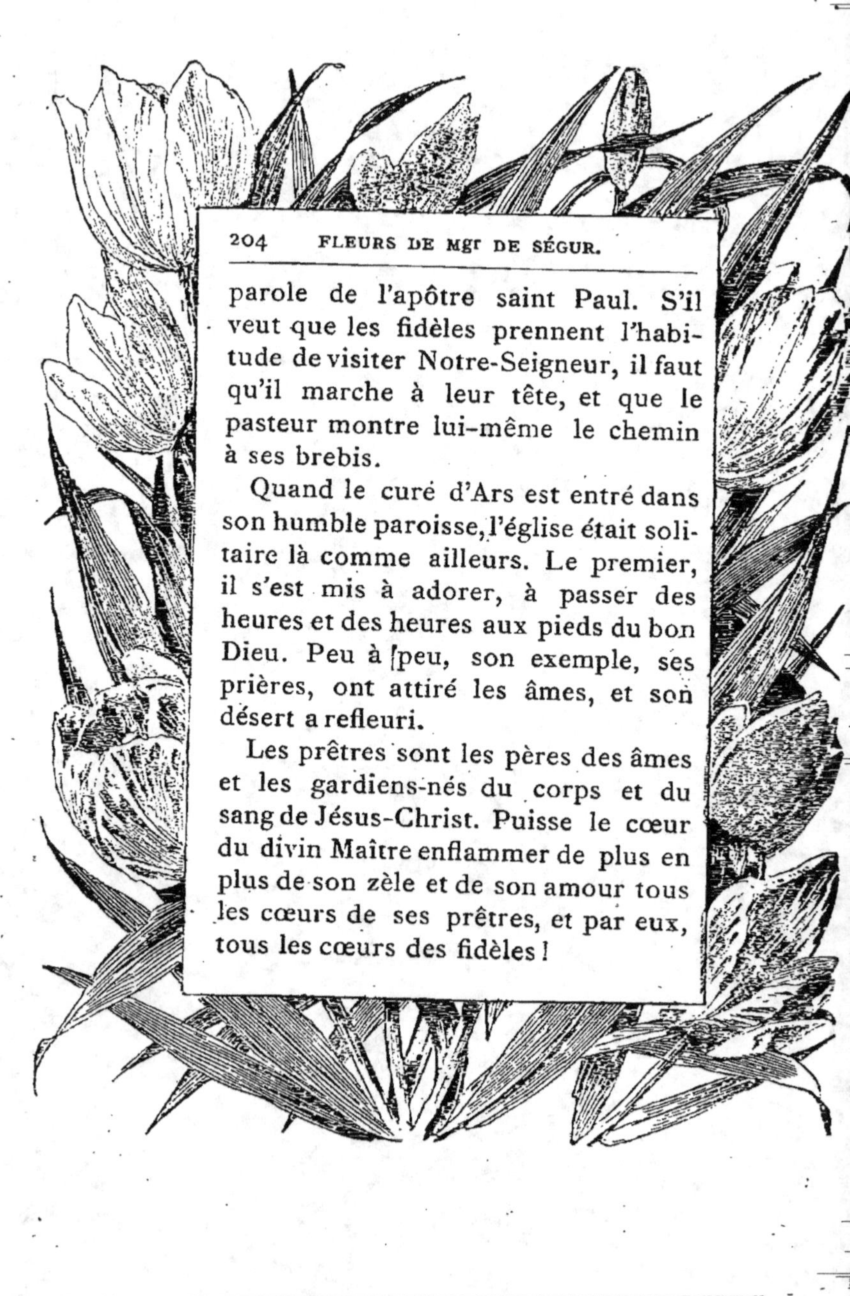

parole de l'apôtre saint Paul. S'il veut que les fidèles prennent l'habitude de visiter Notre-Seigneur, il faut qu'il marche à leur tête, et que le pasteur montre lui-même le chemin à ses brebis.

Quand le curé d'Ars est entré dans son humble paroisse, l'église était solitaire là comme ailleurs. Le premier, il s'est mis à adorer, à passer des heures et des heures aux pieds du bon Dieu. Peu à [peu, son exemple, ses prières, ont attiré les âmes, et son désert a refleuri.

Les prêtres sont les pères des âmes et les gardiens-nés du corps et du sang de Jésus-Christ. Puisse le cœur du divin Maître enflammer de plus en plus de son zèle et de son amour tous les cœurs de ses prêtres, et par eux, tous les cœurs des fidèles !

LES ROSSIGNOLS DE SAINT-CLAUDE

Une des communautés [illegible] plus [illegible] de [illegible] Bon [illegible] fondateur, l'adoration perpétuelle du Saint Sacrement, exposé nuit et jour dans la chapelle de cette sainte maison, la robe de laine blanche des religieux et des novices, image de la pureté de leurs âmes, la simplicité naïve et joyeuse qui était comme l'atmosphère de ce cloître, enfin les voix charmantes des novices qui chantaient sans relâche, comme un chœur de séraphins, les louanges du Dieu de l'Eucharistie, tout cela avait gagné le cœur de Mgr de Ségur, et l'attirait invinciblement vers ce nid de prières, d'adoration et d'amour.

les mauvaises langues, sont des bêtes
très laborieuses, très modestes comme
vous, et sans aucun doute moins mu-
siciennes que vous.

—

Je me rappelle la paix toute céleste,
le recueillement si religieux de la
petite chapelle du monastère, à Prime
surtout et à Complies. C'est la prière
catholique dans toute la majesté de
sa simplicité. Vous êtes les plus élo-
quents prédicateurs de la prière que
j'aie jamais entendus. Tenez ferme à
cette angélique vocation, mes petits
frères, et vous aussi, bons et braves
novices et scolastiques, boutons de
rose qui devez vous ouvrir un jour et
vous épanouir pleinement au soleil
des vœux de la religion. N'écoutez
point les petits découragements du
dedans, ni les mirages du dehors.

8

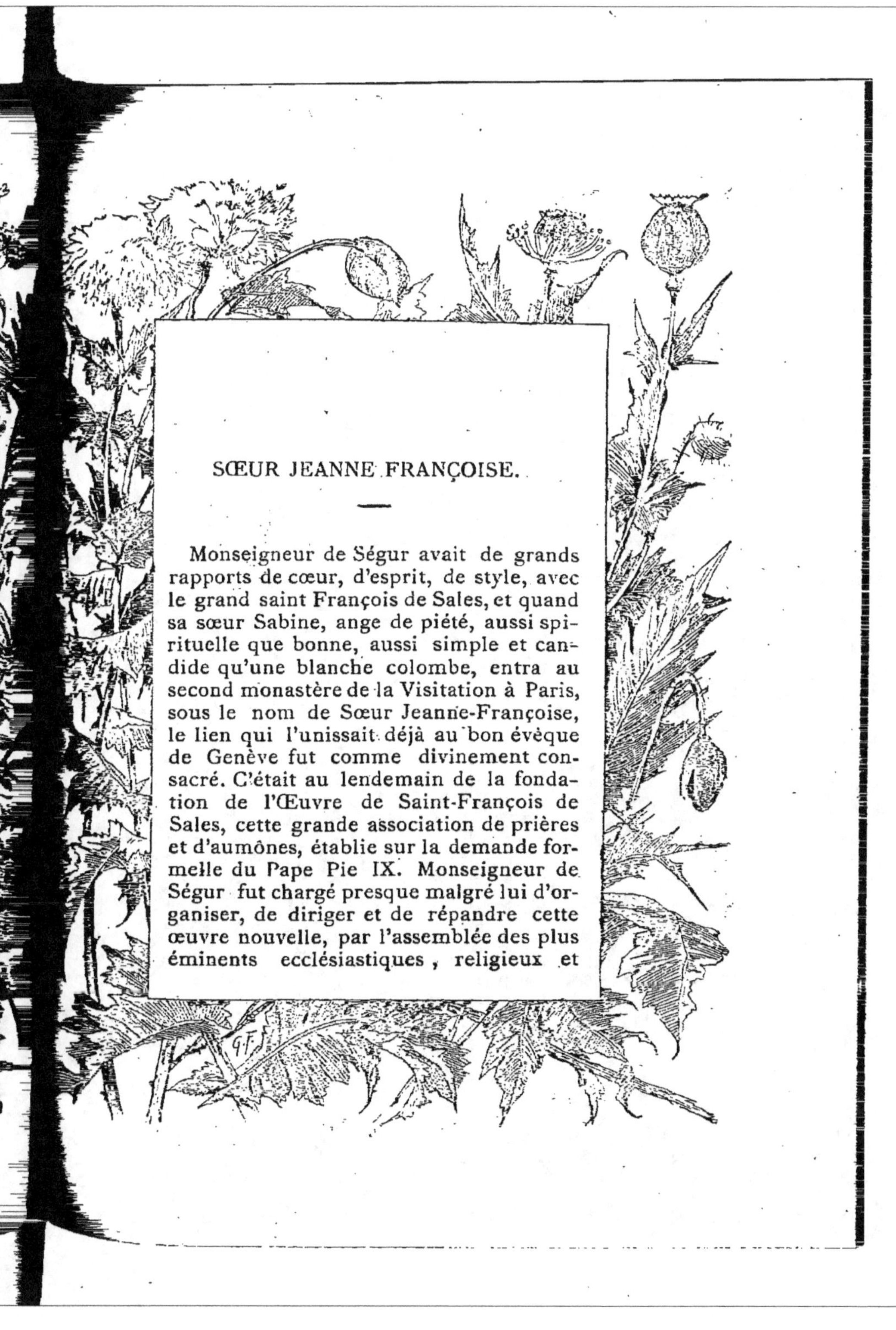

SŒUR JEANNE FRANÇOISE.

Monseigneur de Ségur avait de grands rapports de cœur, d'esprit, de style, avec le grand saint François de Sales, et quand sa sœur Sabine, ange de piété, aussi spirituelle que bonne, aussi simple et candide qu'une blanche colombe, entra au second monastère de la Visitation à Paris, sous le nom de Sœur Jeanne-Françoise, le lien qui l'unissait déjà au bon évêque de Genève fut comme divinement consacré. C'était au lendemain de la fondation de l'Œuvre de Saint-François de Sales, cette grande association de prières et d'aumônes, établie sur la demande formelle du Pape Pie IX. Monseigneur de Ségur fut chargé presque malgré lui d'organiser, de diriger et de répandre cette œuvre nouvelle, par l'assemblée des plus éminents ecclésiastiques, religieux et

FLEURS DE LA VISITATION.

—

Loué soit Jésus-Christ, mes chères Sœurs ! Je viens fêter avec vous la Visitation, chanter avec vous le *Magnificat*, et réciter en votre chère compagnie, avec sainte Elisabeth et saint Jean Baptiste, le *Benedicta tu in mulieribus*. Je demande à la Sainte Vierge qu'elle apporte au fond de vos cœurs, où vous la trouvez en Jésus-Christ, la même bénédiction qu'elle apporta jadis à la maison d'Elisabeth. Votre pauvre petit monastère doit être rempli de Dieu pendant ces saints jours, et toutes, selon votre grâce, vous devez être *in spiritu*, élevées en esprit, transfigurées et sanctifiées

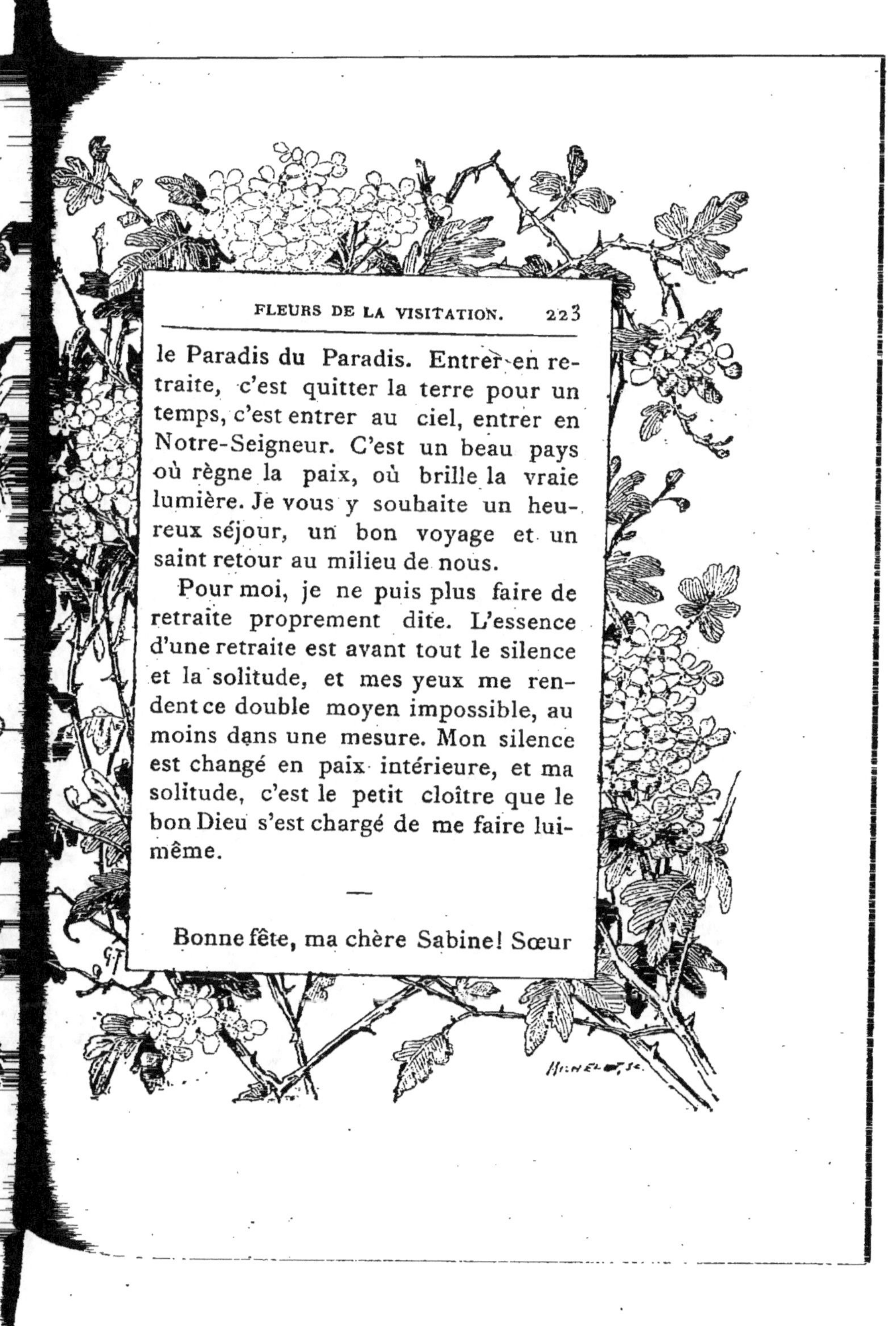

le Paradis du Paradis. Entrer en retraite, c'est quitter la terre pour un temps, c'est entrer au ciel, entrer en Notre-Seigneur. C'est un beau pays où règne la paix, où brille la vraie lumière. Je vous y souhaite un heureux séjour, un bon voyage et un saint retour au milieu de nous.

Pour moi, je ne puis plus faire de retraite proprement dite. L'essence d'une retraite est avant tout le silence et la solitude, et mes yeux me rendent ce double moyen impossible, au moins dans une mesure. Mon silence est changé en paix intérieure, et ma solitude, c'est le petit cloître que le bon Dieu s'est chargé de me faire lui-même.

—

Bonne fête, ma chère Sabine! Sœur

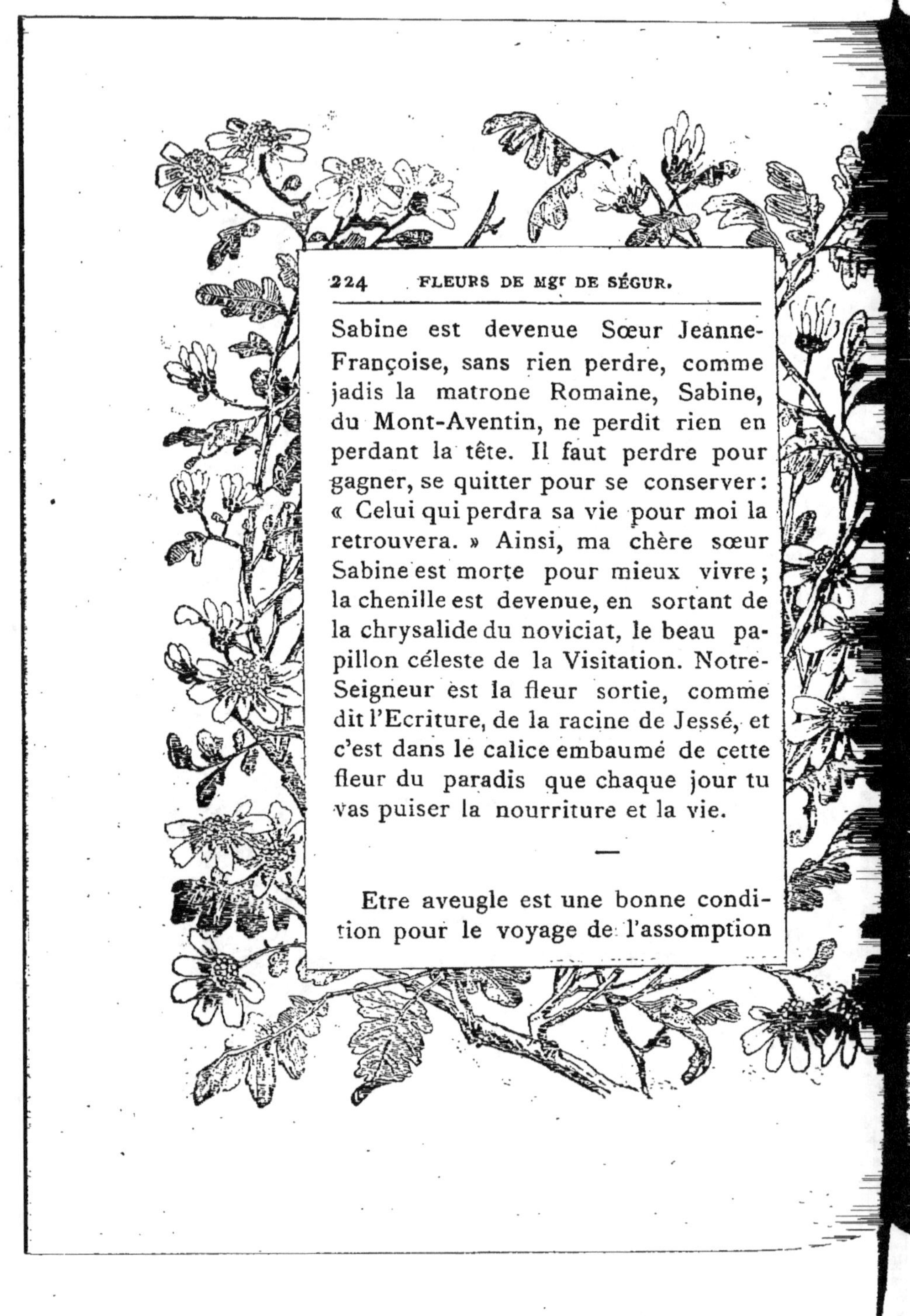

Sabine est devenue Sœur Jeanne-Françoise, sans rien perdre, comme jadis la matrone Romaine, Sabine, du Mont-Aventin, ne perdit rien en perdant la tête. Il faut perdre pour gagner, se quitter pour se conserver : « Celui qui perdra sa vie pour moi la retrouvera. » Ainsi, ma chère sœur Sabine est morte pour mieux vivre ; la chenille est devenue, en sortant de la chrysalide du noviciat, le beau papillon céleste de la Visitation. Notre-Seigneur est la fleur sortie, comme dit l'Ecriture, de la racine de Jessé, et c'est dans le calice embaumé de cette fleur du paradis que chaque jour tu vas puiser la nourriture et la vie.

—

Etre aveugle est une bonne condition pour le voyage de l'assomption

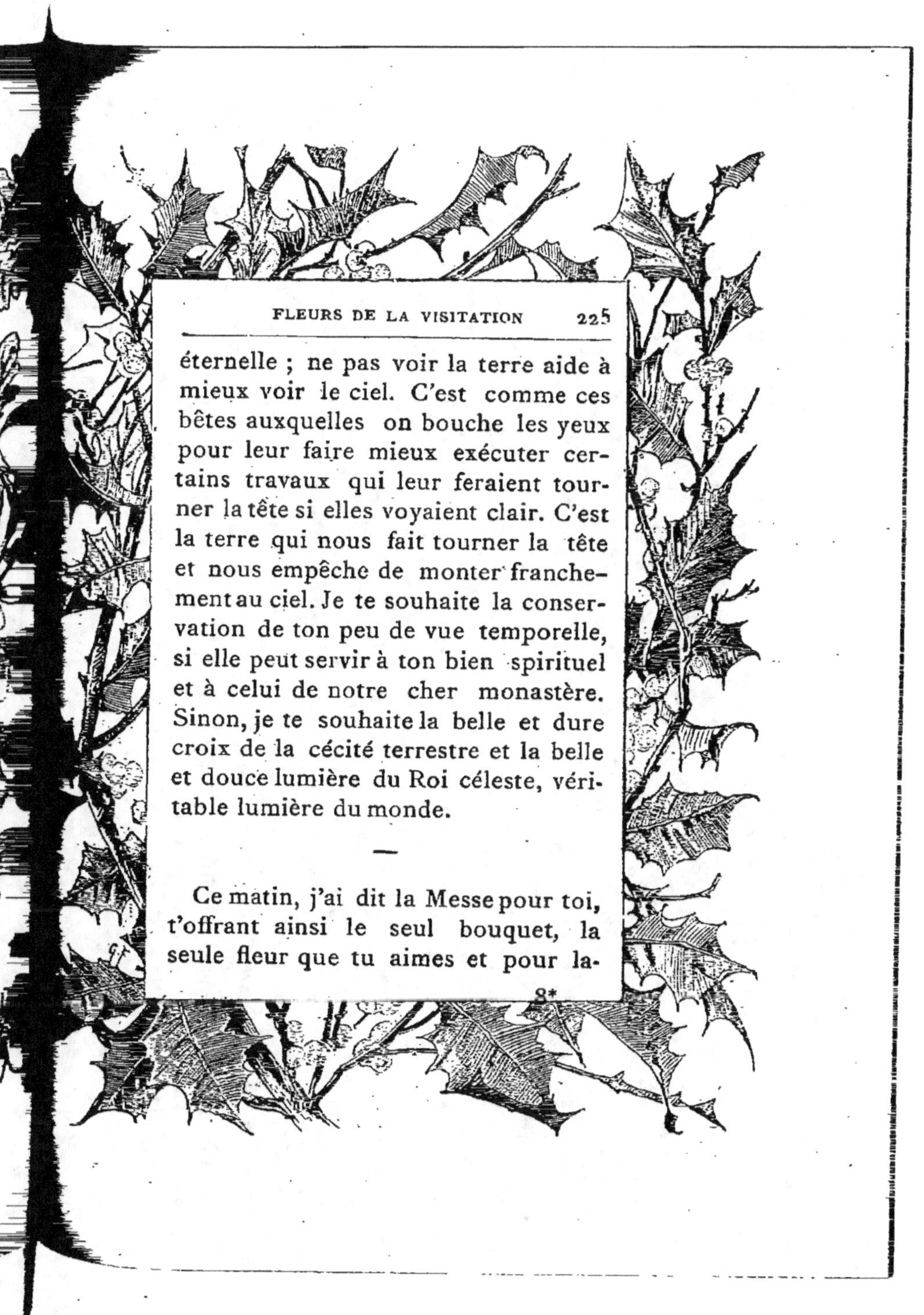

éternelle ; ne pas voir la terre aide à
mieux voir le ciel. C'est comme ces
bêtes auxquelles on bouche les yeux
pour leur faire mieux exécuter certains travaux qui leur feraient tourner la tête si elles voyaient clair. C'est
la terre qui nous fait tourner la tête
et nous empêche de monter franche-
ment au ciel. Je te souhaite la conser-
vation de ton peu de vue temporelle,
si elle peut servir à ton bien spirituel
et à celui de notre cher monastère.
Sinon, je te souhaite la belle et dure
croix de la cécité terrestre et la belle
et douce lumière du Roi céleste, véritable lumière du monde.

—

Ce matin, j'ai dit la Messe pour toi,
t'offrant ainsi le seul bouquet, la
seule fleur que tu aimes et pour la-

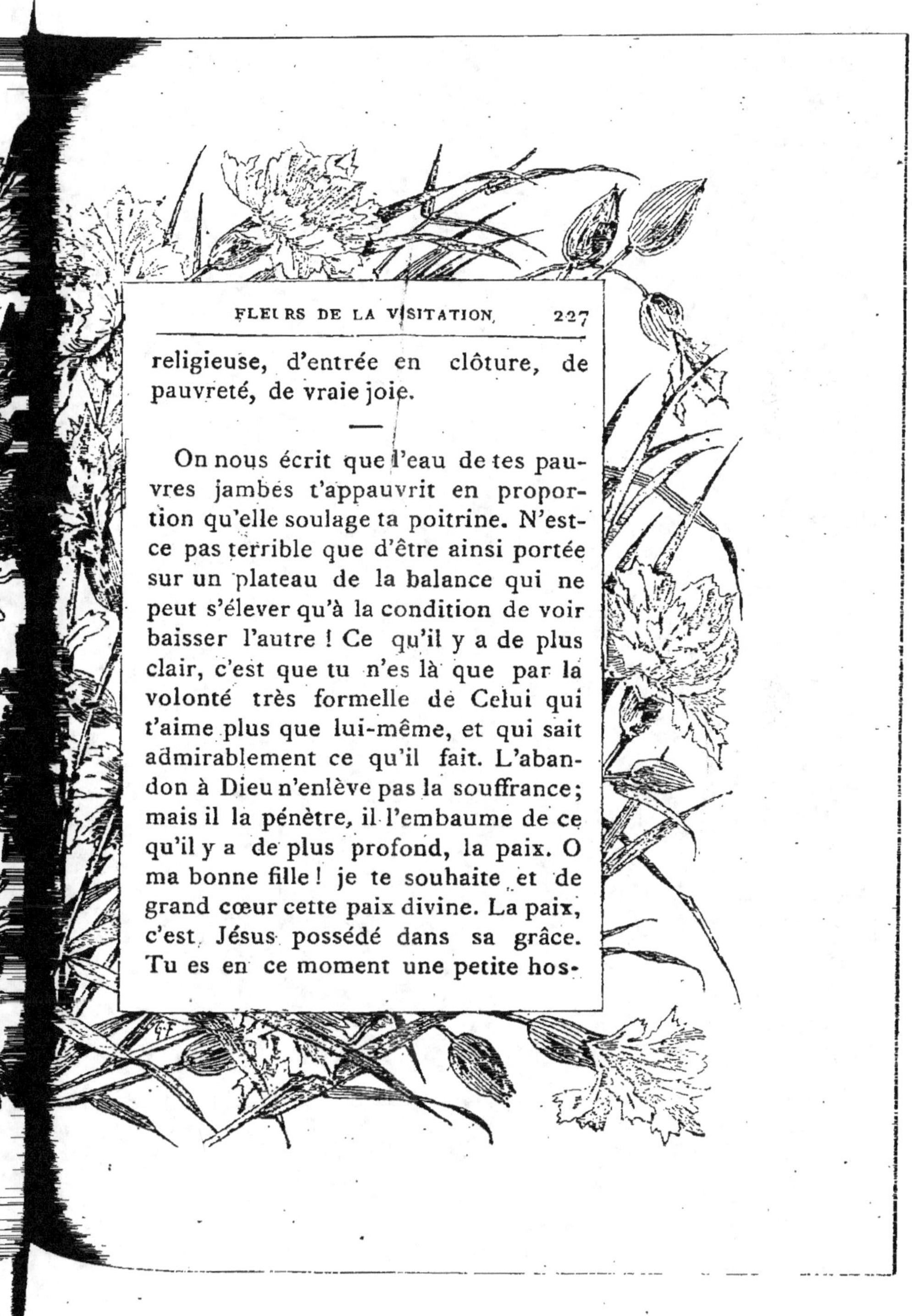

religieuse, d'entrée en clôture, de
pauvreté, de vraie joie.

—

On nous écrit que l'eau de tes pauvres jambes t'appauvrit en propor-
tion qu'elle soulage ta poitrine. N'est-
ce pas terrible que d'être ainsi portée
sur un plateau de la balance qui ne
peut s'élever qu'à la condition de voir
baisser l'autre ! Ce qu'il y a de plus
clair, c'est que tu n'es là que par la
volonté très formelle de Celui qui
t'aime plus que lui-même, et qui sait
admirablement ce qu'il fait. L'abandon à Dieu n'enlève pas la souffrance;
mais il la pénètre, il l'embaume de ce
qu'il y a de plus profond, la paix. O
ma bonne fille ! je te souhaite et de
grand cœur cette paix divine. La paix,
c'est Jésus possédé dans sa grâce.
Tu es en ce moment une petite hos-

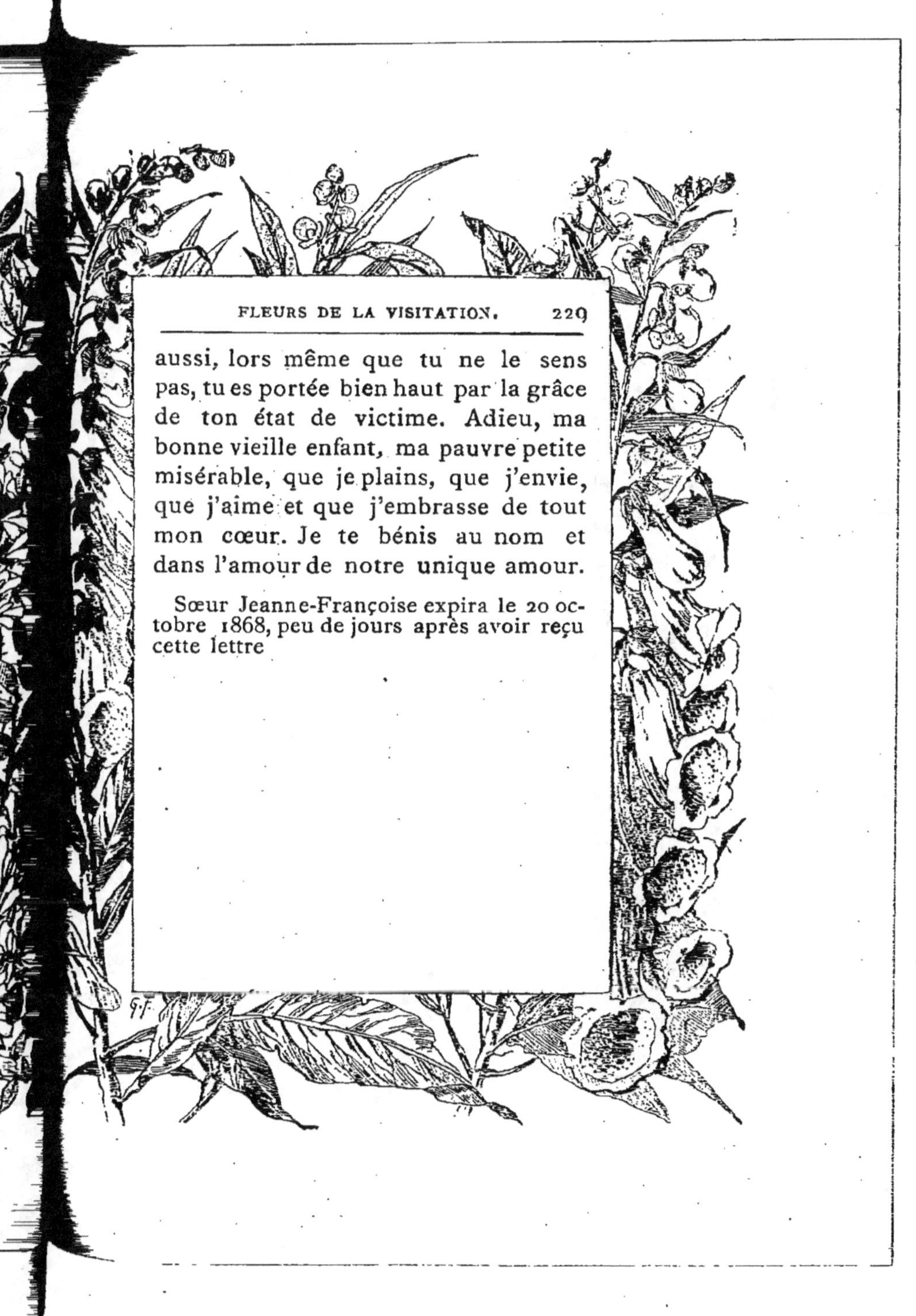

aussi, lors même que tu ne le sens pas, tu es portée bien haut par la grâce de ton état de victime. Adieu, ma bonne vieille enfant, ma pauvre petite misérable, que je plains, que j'envie, que j'aime et que j'embrasse de tout mon cœur. Je te bénis au nom et dans l'amour de notre unique amour.

Sœur Jeanne-Françoise expira le 20 octobre 1868, peu de jours après avoir reçu cette lettre

« Voici vos enfants » ; et à nous, en
nous montrant, en nous donnant la
bonne Sainte Vierge : « Voici votre
mère. » Ne soyons pas le mauvais
larron à qui Jésus ne dit rien. Ce silence, c'est la mort.

ces merveilles, fut le plus pénible de
ses années. Mais tout cela disparut,
car, pour lui, devant les grandeurs de la
Rome chrétienne, de ce ville de saint
Pierre, de la capitale du monde catholique, et comme l'Eglise c'est le Pape, le
Papauté représenté par Pie IX, fut pour lui
le grand souvenir, le grand amour et
comme l'incarnation de Rome.

Ses amis romains, Mgr Bastide, l'incomparable apôtre de l'armée d'occupa-

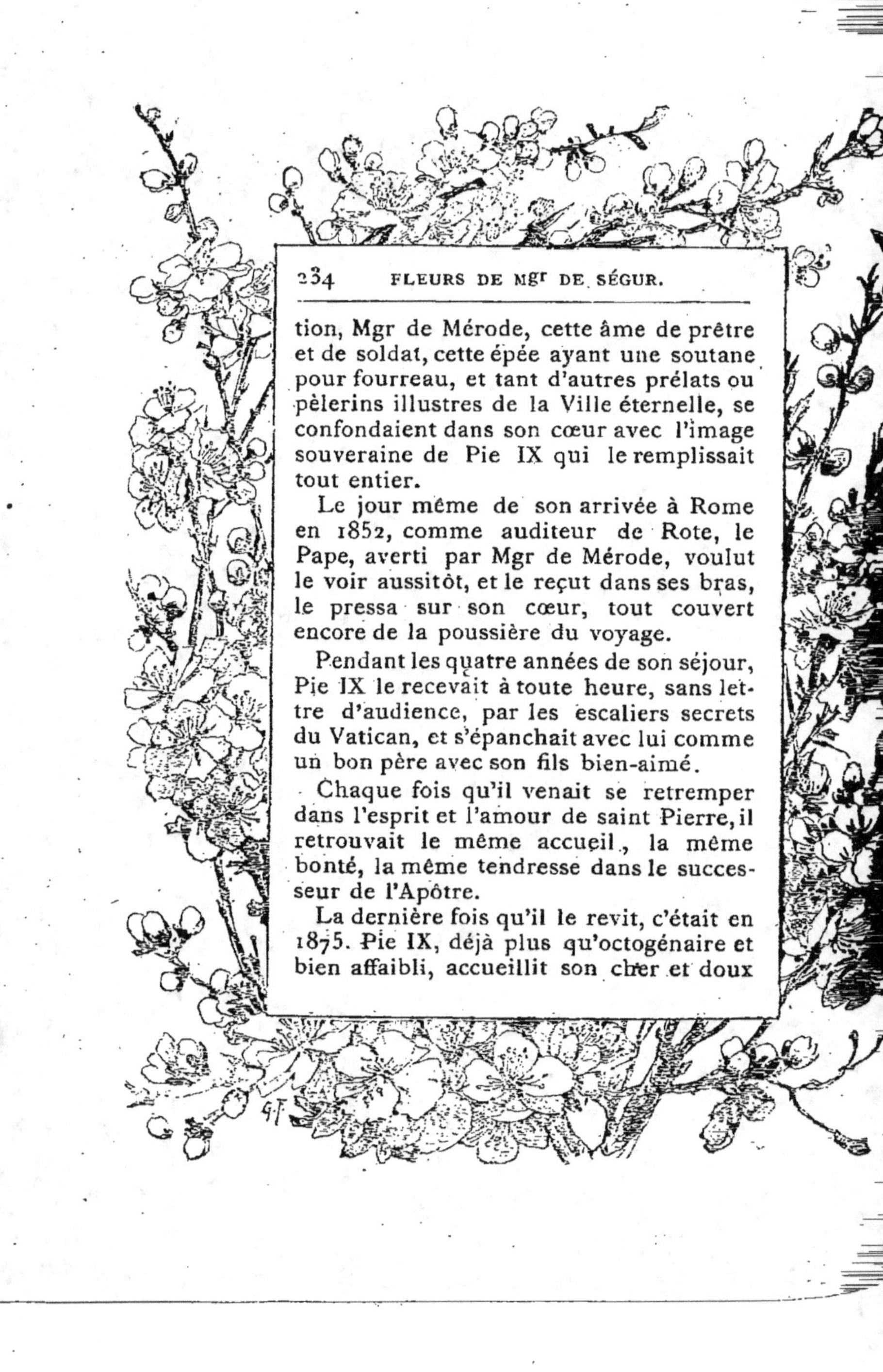

tion, Mgr de Mérode, cette âme de prêtre
et de soldat, cette épée ayant une soutane
pour fourreau, et tant d'autres prélats ou
pèlerins illustres de la Ville éternelle, se
confondaient dans son cœur avec l'image
souveraine de Pie IX qui le remplissait
tout entier.

Le jour même de son arrivée à Rome
en 1852, comme auditeur de Rote, le
Pape, averti par Mgr de Mérode, voulut
le voir aussitôt, et le reçut dans ses bras,
le pressa sur son cœur, tout couvert
encore de la poussière du voyage.

Pendant les quatre années de son séjour,
Pie IX le recevait à toute heure, sans lettre d'audience, par les escaliers secrets
du Vatican, et s'épanchait avec lui comme
un bon père avec son fils bien-aimé.

Chaque fois qu'il venait se retremper
dans l'esprit et l'amour de saint Pierre, il
retrouvait le même accueil, la même
bonté, la même tendresse dans le succes-
seur de l'Apôtre.

La dernière fois qu'il le revit, c'était en
1875. Pie IX, déjà plus qu'octogénaire et
bien affaibli, accueillit son cher et doux

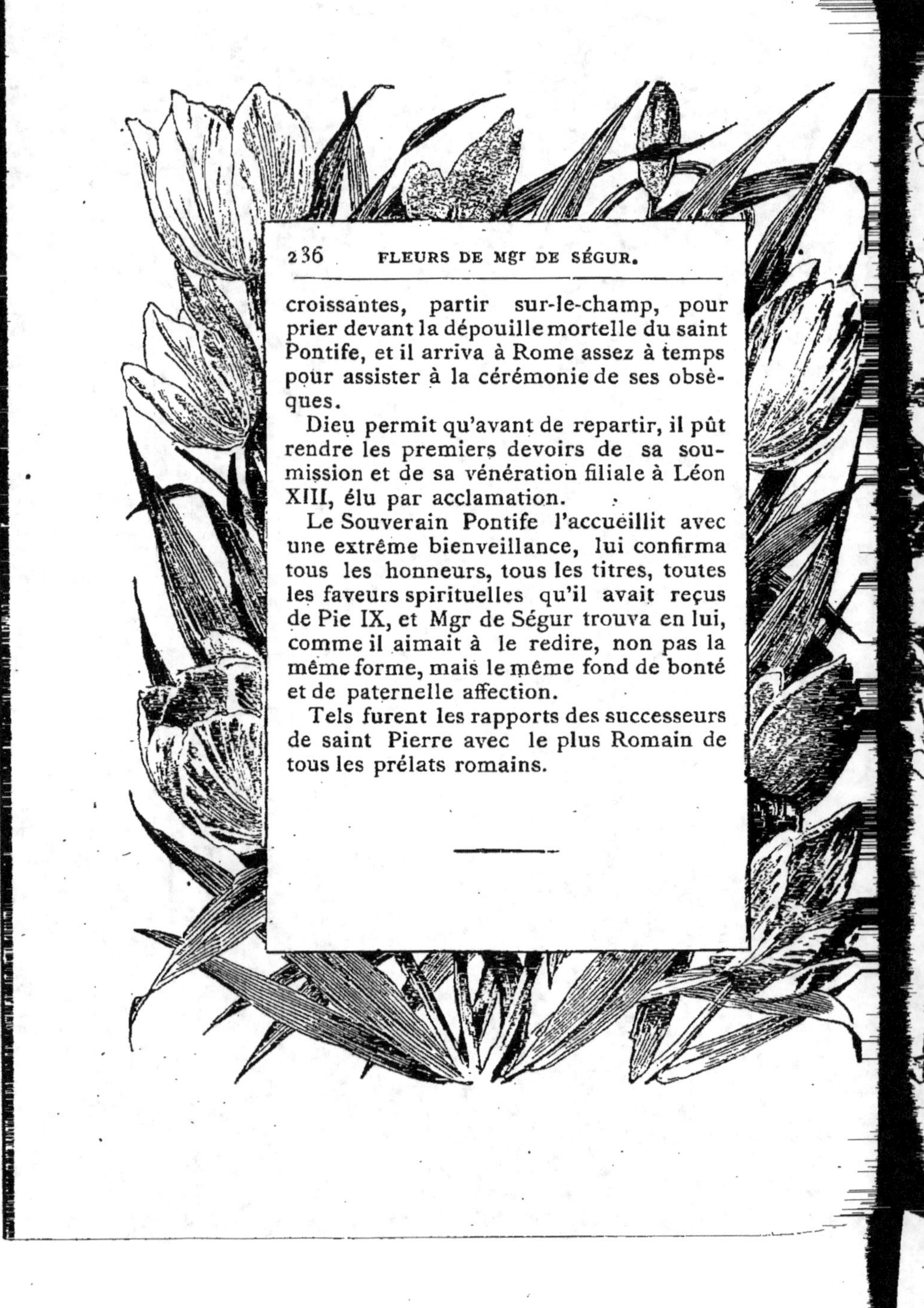

croissantes, partir sur-le-champ, pour prier devant la dépouille mortelle du saint Pontife, et il arriva à Rome assez à temps pour assister à la cérémonie de ses obsèques.

Dieu permit qu'avant de repartir, il pût rendre les premiers devoirs de sa soumission et de sa vénération filiale à Léon XIII, élu par acclamation.

Le Souverain Pontife l'accueillit avec une extrême bienveillance, lui confirma tous les honneurs, tous les titres, toutes les faveurs spirituelles qu'il avait reçus de Pie IX, et Mgr de Ségur trouva en lui, comme il aimait à le redire, non pas la même forme, mais le même fond de bonté et de paternelle affection.

Tels furent les rapports des successeurs de saint Pierre avec le plus Romain de tous les prélats romains.

LES GRANDEURS DE ROME

[...] l'amour de l'Église est le bonheur auquel se reconnaît [...] l'amour de Notre-Seigneur Jésus-Christ, c'est de même qu'aimer Notre-Seigneur et aimer l'Église, c'est une seule et même chose, de même aussi aimer l'Église et aimer le Pape, chef de l'Église, aimer Rome, centre de l'Église, c'est un seul et même amour.

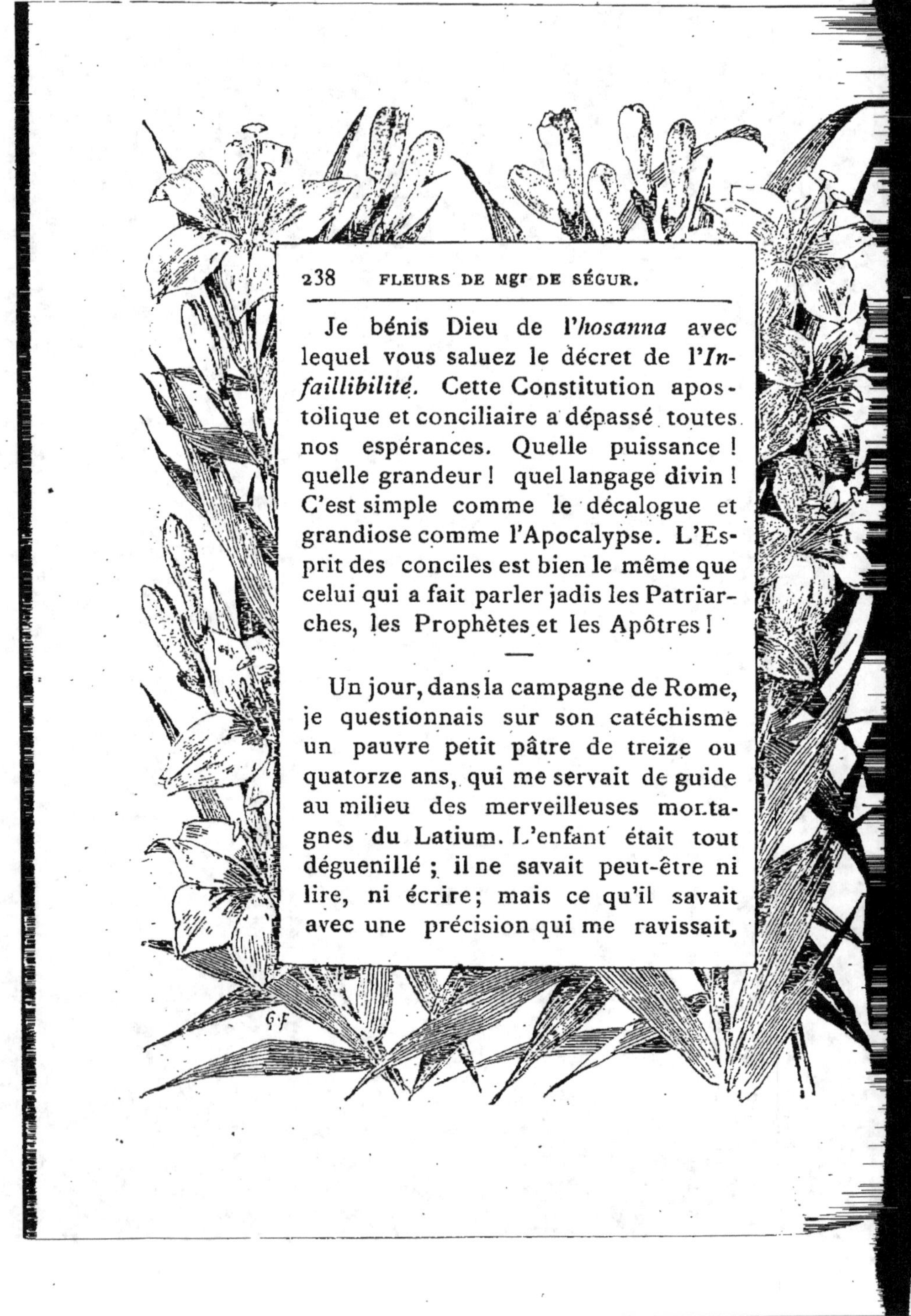

Je bénis Dieu de l'*hosanna* avec lequel vous saluez le décret de l'*Infaillibilité*. Cette Constitution apostolique et conciliaire a dépassé toutes nos espérances. Quelle puissance ! quelle grandeur ! quel langage divin ! C'est simple comme le décalogue et grandiose comme l'Apocalypse. L'Esprit des conciles est bien le même que celui qui a fait parler jadis les Patriarches, les Prophètes et les Apôtres !

—

Un jour, dans la campagne de Rome, je questionnais sur son catéchisme un pauvre petit pâtre de treize ou quatorze ans, qui me servait de guide au milieu des merveilleuses montagnes du Latium. L'enfant était tout déguenillé ; il ne savait peut-être ni lire, ni écrire ; mais ce qu'il savait avec une précision qui me ravissait,

LA PREMIÈRE COMMUNION

[...] entrée dans les ordres, âgé de [...] pour l'apostolat [...] catholique, et [...] qu'il [...] par centaine les malades de l'hôpital [...] auxquels il portait les [...] d'une âme [...] sacerdotale.

Un jour, la Sœur de charité chargée de la salle qu'il évangélisait lui indiqua un [j]eune homme d'une trenta[ine] d'années [...]

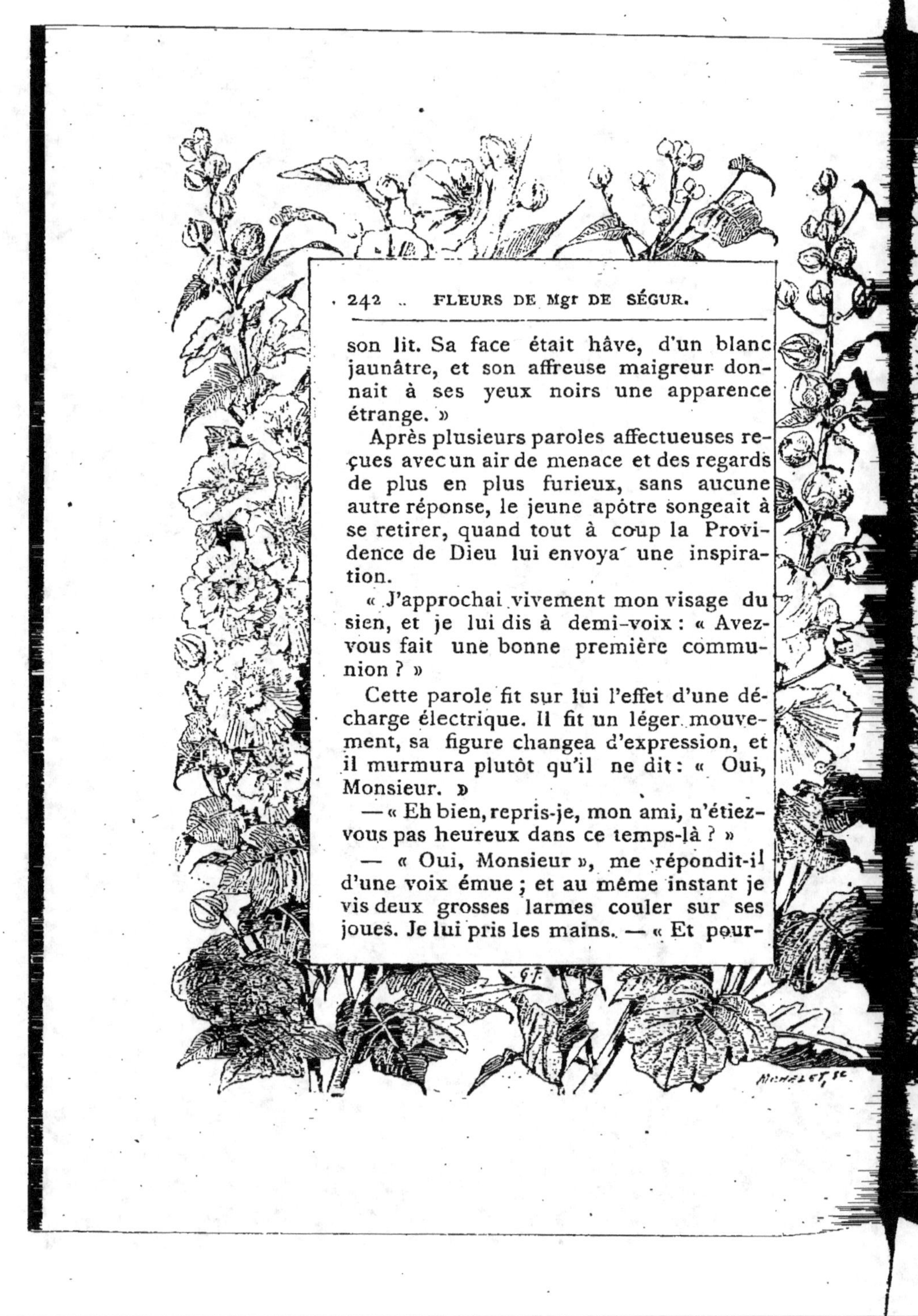

son lit. Sa face était hâve, d'un blanc jaunâtre, et son affreuse maigreur donnait à ses yeux noirs une apparence étrange. »

Après plusieurs paroles affectueuses reçues avec un air de menace et des regards de plus en plus furieux, sans aucune autre réponse, le jeune apôtre songeait à se retirer, quand tout à coup la Providence de Dieu lui envoya une inspiration.

« J'approchai vivement mon visage du sien, et je lui dis à demi-voix : « Avez-vous fait une bonne première communion ? »

Cette parole fit sur lui l'effet d'une décharge électrique. Il fit un léger mouvement, sa figure changea d'expression, et il murmura plutôt qu'il ne dit : « Oui, Monsieur. »

— « Eh bien, repris-je, mon ami, n'étiez-vous pas heureux dans ce temps-là ? »

— « Oui, Monsieur », me répondit-il d'une voix émue ; et au même instant je vis deux grosses larmes couler sur ses joues. Je lui pris les mains. — « Et pour-

[illegible]

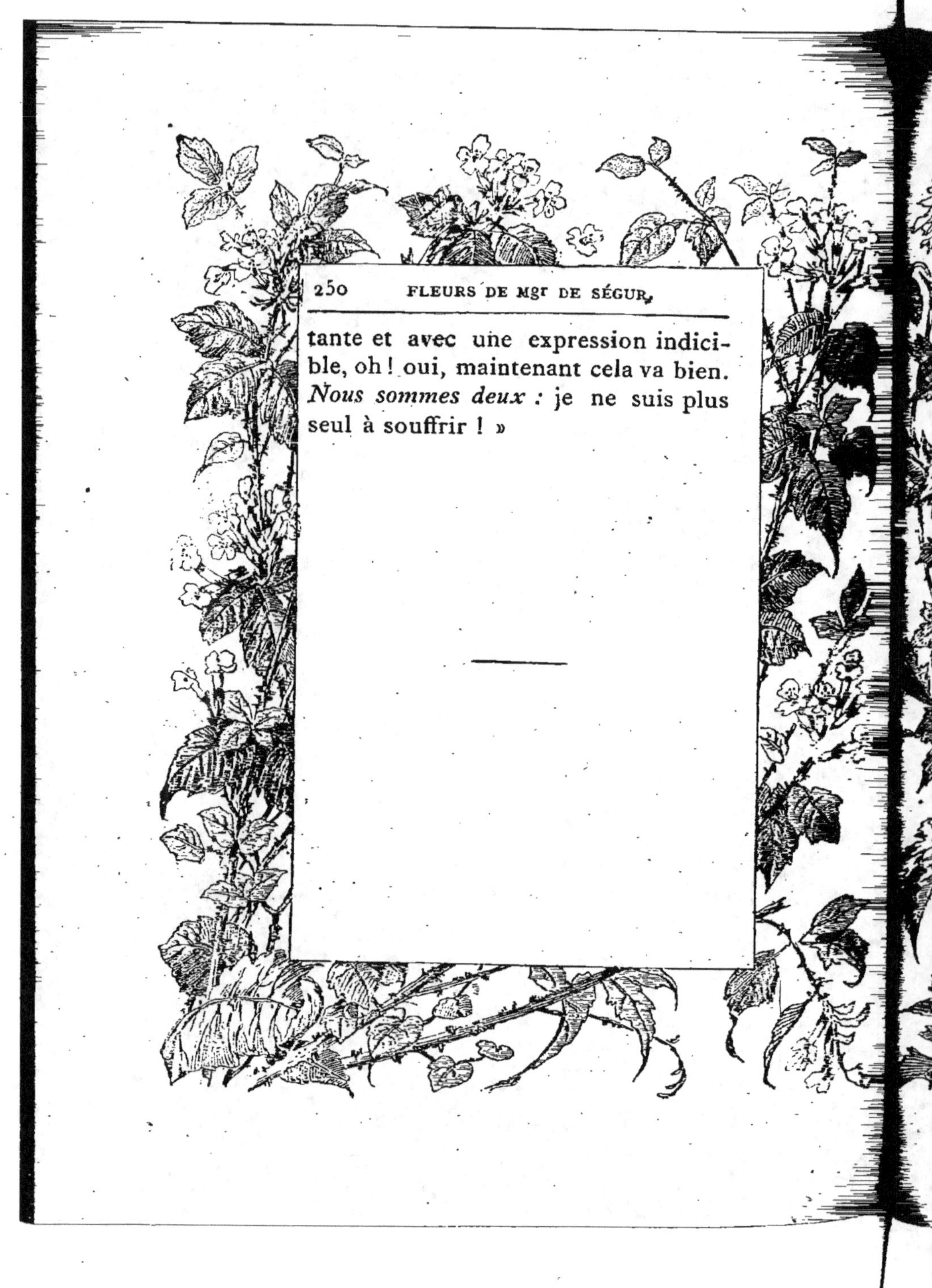

tante et avec une expression indicible, oh ! oui, maintenant cela va bien. *Nous sommes deux :* je ne suis plus seul à souffrir ! »

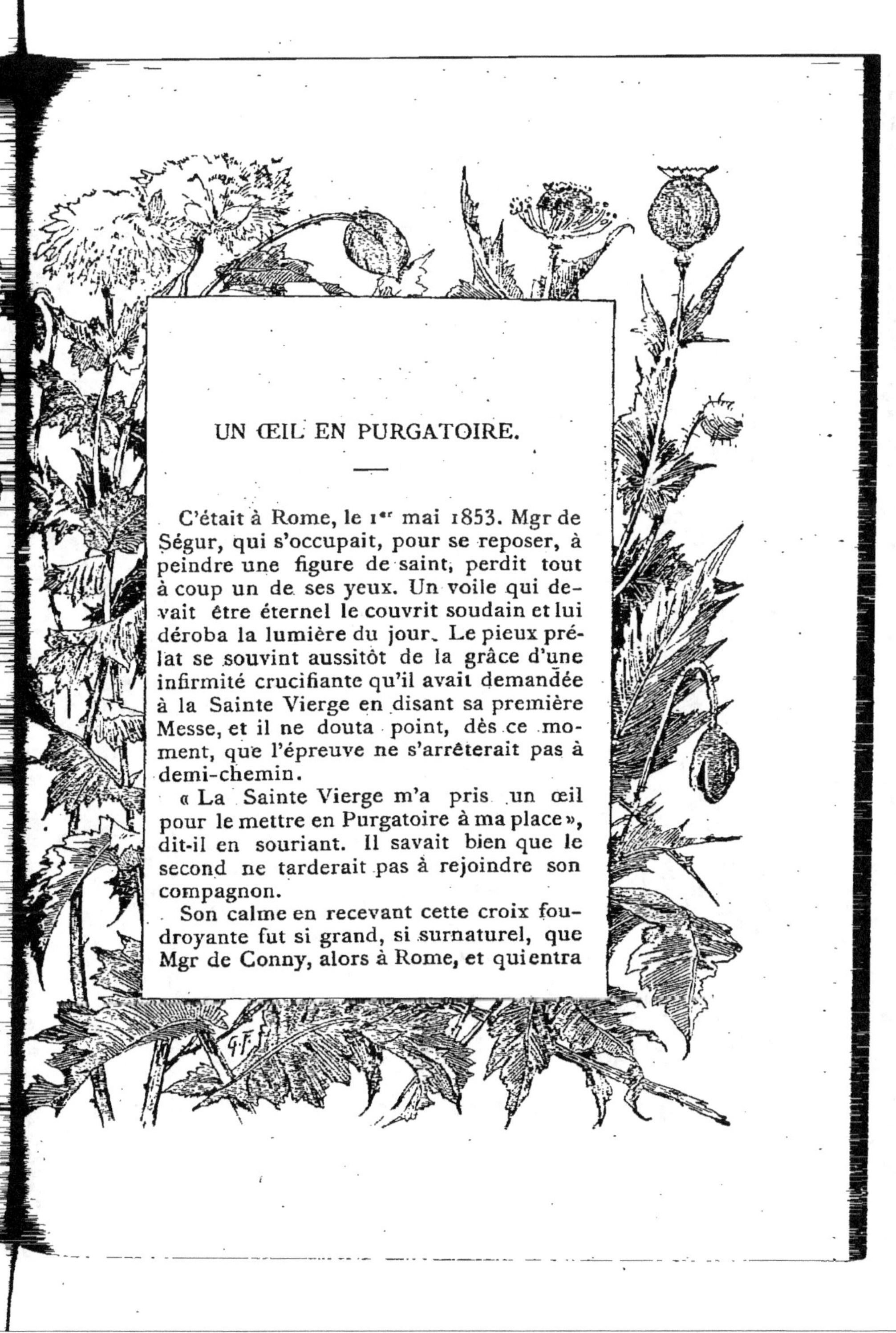

UN ŒIL EN PURGATOIRE.

—

C'était à Rome, le 1ᵉʳ mai 1853. Mgr de
Ségur, qui s'occupait, pour se reposer, à
peindre une figure de saint, perdit tout
à coup un de ses yeux. Un voile qui devait être éternel le couvrit soudain et lui
déroba la lumière du jour. Le pieux prélat se souvint aussitôt de la grâce d'une
infirmité crucifiante qu'il avait demandée
à la Sainte Vierge en disant sa première
Messe, et il ne douta point, dès ce moment, que l'épreuve ne s'arrêterait pas à
demi-chemin.

« La Sainte Vierge m'a pris un œil
pour le mettre en Purgatoire à ma place »,
dit-il en souriant. Il savait bien que le
second ne tarderait pas à rejoindre son
compagnon.

Son calme en recevant cette croix fou-
droyante fut si grand, si surnaturel, que
Mgr de Conny, alors à Rome, et qui entra

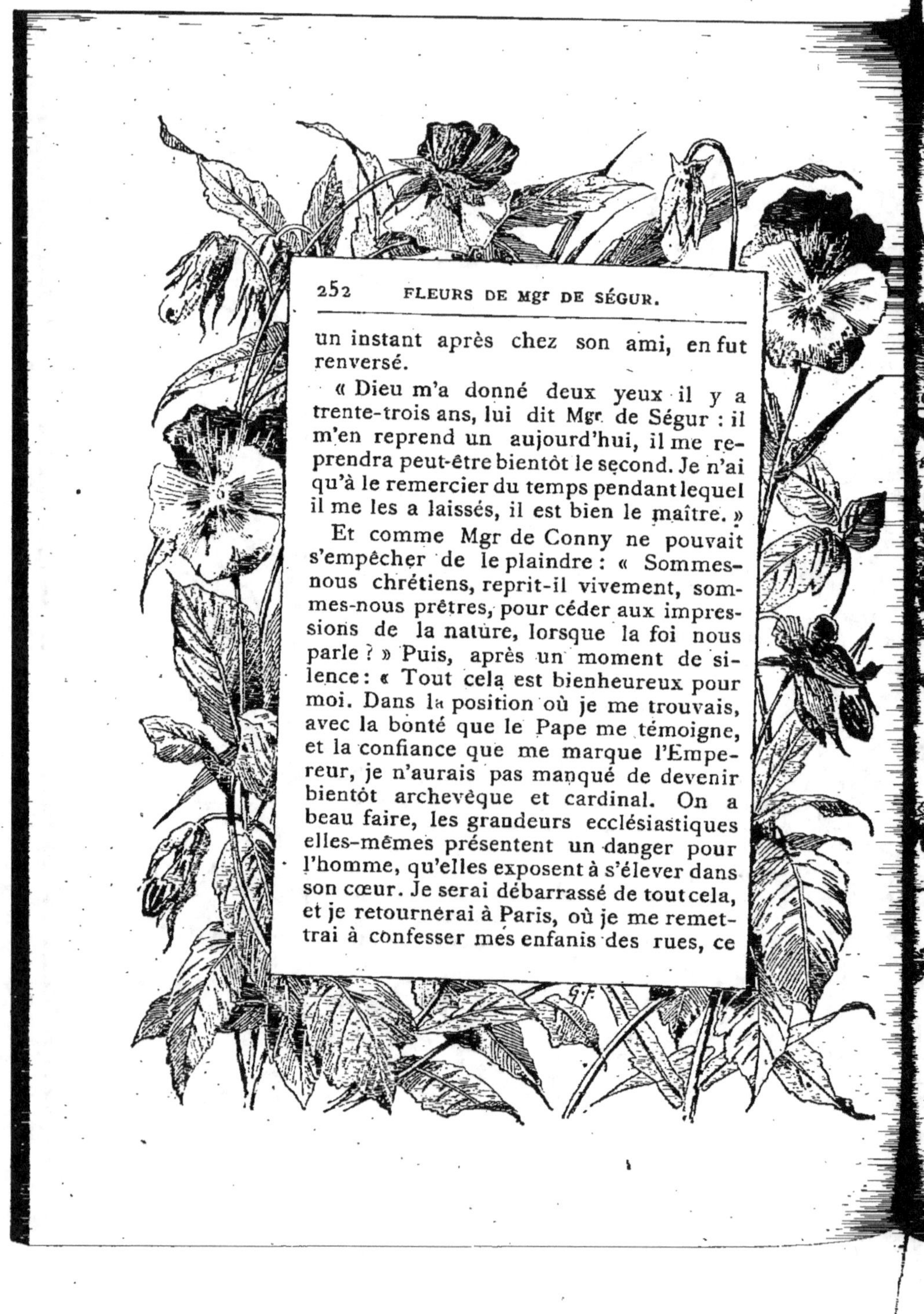

un instant après chez son ami, en fut
renversé.

« Dieu m'a donné deux yeux il y a
trente-trois ans, lui dit Mgr. de Ségur : il
m'en reprend un aujourd'hui, il me re-
prendra peut-être bientôt le second. Je n'ai
qu'à le remercier du temps pendant lequel
il me les a laissés, il est bien le maître. »

Et comme Mgr de Conny ne pouvait
s'empêcher de le plaindre : « Sommes-
nous chrétiens, reprit-il vivement, som-
mes-nous prêtres, pour céder aux impres-
sions de la nature, lorsque la foi nous
parle ? » Puis, après un moment de silence : « Tout cela est bienheureux pour
moi. Dans la position où je me trouvais,
avec la bonté que le Pape me témoigne,
et la confiance que me marque l'Empereur, je n'aurais pas manqué de devenir
bientôt archevêque et cardinal. On a
beau faire, les grandeurs ecclésiastiques
elles-mêmes présentent un danger pour
l'homme, qu'elles exposent à s'élever dans
son cœur. Je serai débarrassé de tout cela,
et je retournerai à Paris, où je me remet-
trai à confesser mes enfants des rues, ce

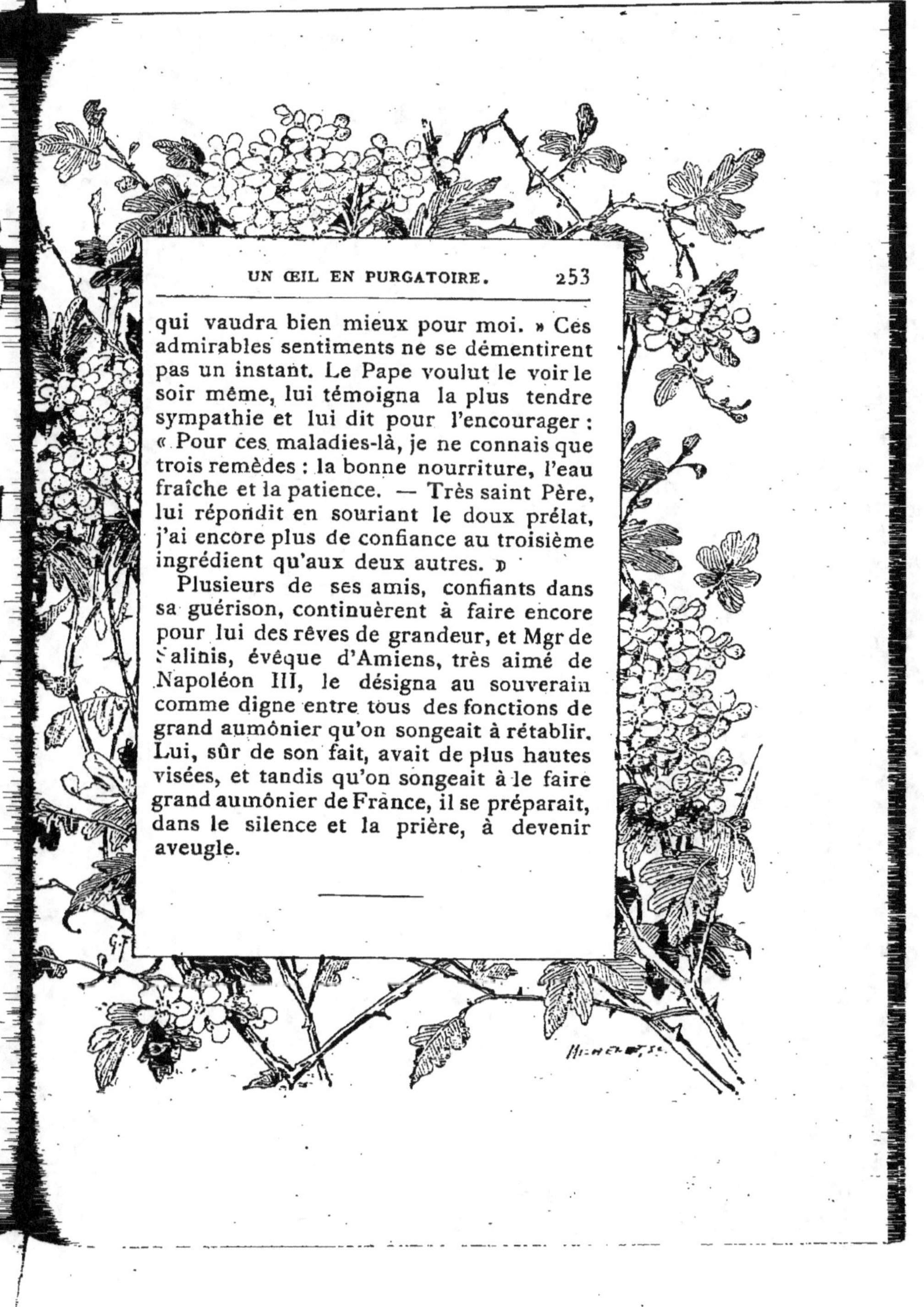

qui vaudra bien mieux pour moi. » Ces admirables sentiments ne se démentirent pas un instant. Le Pape voulut le voir le soir même, lui témoigna la plus tendre sympathie et lui dit pour l'encourager : « Pour ces maladies-là, je ne connais que trois remèdes : la bonne nourriture, l'eau fraîche et la patience. — Très saint Père, lui répondit en souriant le doux prélat, j'ai encore plus de confiance au troisième ingrédient qu'aux deux autres. »

Plusieurs de ses amis, confiants dans sa guérison, continuèrent à faire encore pour lui des rêves de grandeur, et Mgr de Salinis, évêque d'Amiens, très aimé de Napoléon III, le désigna au souverain comme digne entre tous des fonctions de grand aumônier qu'on songeait à rétablir. Lui, sûr de son fait, avait de plus hautes visées, et tandis qu'on songeait à le faire grand aumônier de France, il se préparait, dans le silence et la prière, à devenir aveugle.

FLEURS DE SACRIFICE.

—

A mesure que les arbres grandissent, l'écorce devient plus rude ; des nœuds se forment, ét le vert tendre se change insensiblement en un feuillage sombre. C'est beaucoup moins joli qu'au commencement, mais c'est plus fort ; et sans cette force, l'arbre ne pourrait porter ses fruits. Vous grandissez, ma chère fille, et la joie toute lisse, toute gracieuse des premières années dé la grâce, fait place peu à peu à la vie crucifiée, austère, douloureuse, amère de Jésus en sa petite servante. C'est moins doux qu'autrefois, mais c'est meilleur et plus sanctifiant. Le tout de la vraie

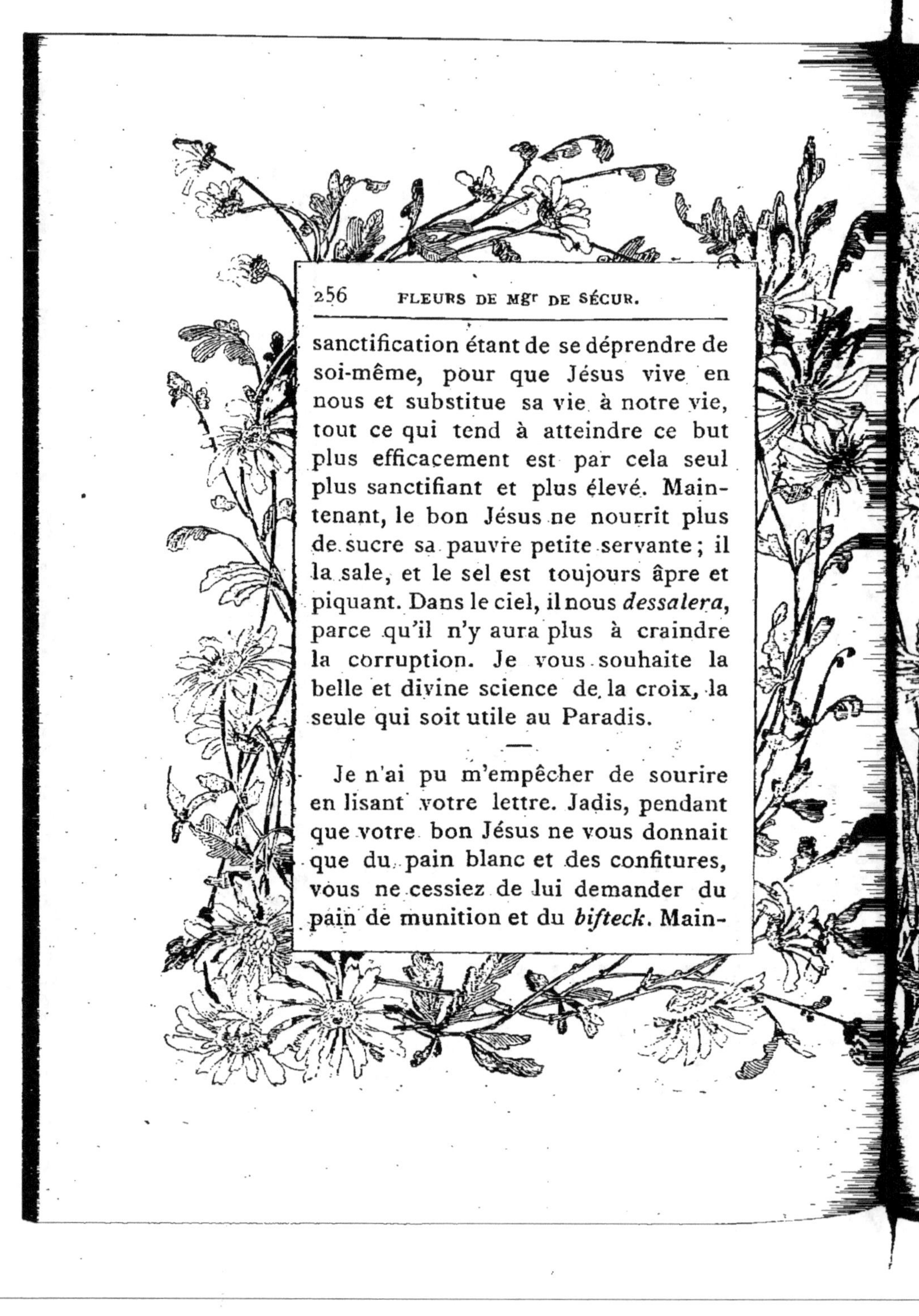

sanctification étant de se déprendre de soi-même, pour que Jésus vive en nous et substitue sa vie à notre vie, tout ce qui tend à atteindre ce but plus efficacement est par cela seul plus sanctifiant et plus élevé. Maintenant, le bon Jésus ne nourrit plus de sucre sa pauvre petite servante ; il la sale, et le sel est toujours âpre et piquant. Dans le ciel, il nous *dessalera*, parce qu'il n'y aura plus à craindre la corruption. Je vous souhaite la belle et divine science de la croix, la seule qui soit utile au Paradis.

—

Je n'ai pu m'empêcher de sourire en lisant votre lettre. Jadis, pendant que votre bon Jésus ne vous donnait que du pain blanc et des confitures, vous ne cessiez de lui demander du pain de munition et du *bifteck*. Main-

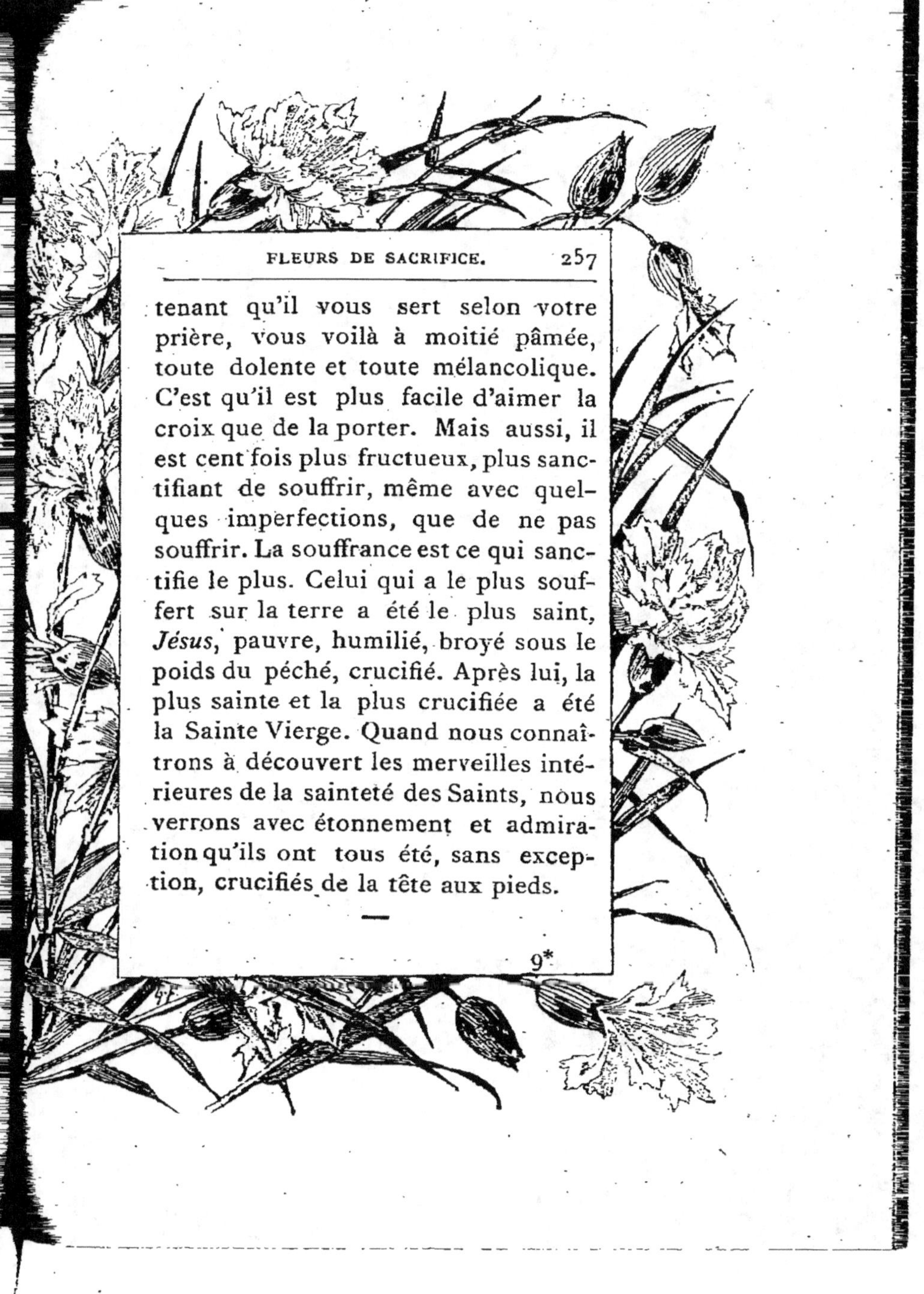

tenant qu'il vous sert selon votre prière, vous voilà à moitié pâmée, toute dolente et toute mélancolique. C'est qu'il est plus facile d'aimer la croix que de la porter. Mais aussi, il est cent fois plus fructueux, plus sanctifiant de souffrir, même avec quelques imperfections, que de ne pas souffrir. La souffrance est ce qui sanctifie le plus. Celui qui a le plus souffert sur la terre a été le plus saint, *Jésus*, pauvre, humilié, broyé sous le poids du péché, crucifié. Après lui, la plus sainte et la plus crucifiée a été la Sainte Vierge. Quand nous connaîtrons à découvert les merveilles intérieures de la sainteté des Saints, nous verrons avec étonnement et admiration qu'ils ont tous été, sans exception, crucifiés de la tête aux pieds.

—

Vous avez mangé, cette année du
moins, le pain blanc le premier ; bé-
nissez-en le bon Dieu, tout en vous
acheminant vers le pain bis qui a bien
aussi son genre de mérite. Il est fort
nourrissant, quoique moins fin, et il
sent plus le froment. Le froment,
c'est Notre-Seigneur crucifié, et le
goût de ce divin froment, c'est l'esprit de mortification, de renoncement
à soi-même et de crucifiement de la
pauvre nature.

—

Nous pensons souvent à vous, ma
bonne petite sœur, à vous, à votre
âme, à votre œil. Je prie Dieu, lumière du monde, de vous garder cet
œil, s'il doit servir à sa gloire. Autrement, à quoi bon vivre sur la terre !
La croix vaut cinquante mille fois
mieux que la vue ; et tout chrétien est

ordinairement dans les angoisses de la mort, et en même temps pour que les ravissements de la gloire s'en reviennent en rôtir, il continue ce double écrit. Voilà pourquoi il faut voir venir ainsi la Croix de Jésus, quelle que la ville soit. Voilà pourquoi il vaut mieux être aveugle, ou au moins borgne que clairvoyant, souffrante que jouissante, pauvre que riche, petite Sœur de la Visitation que comtesse, marquise ou princesse.

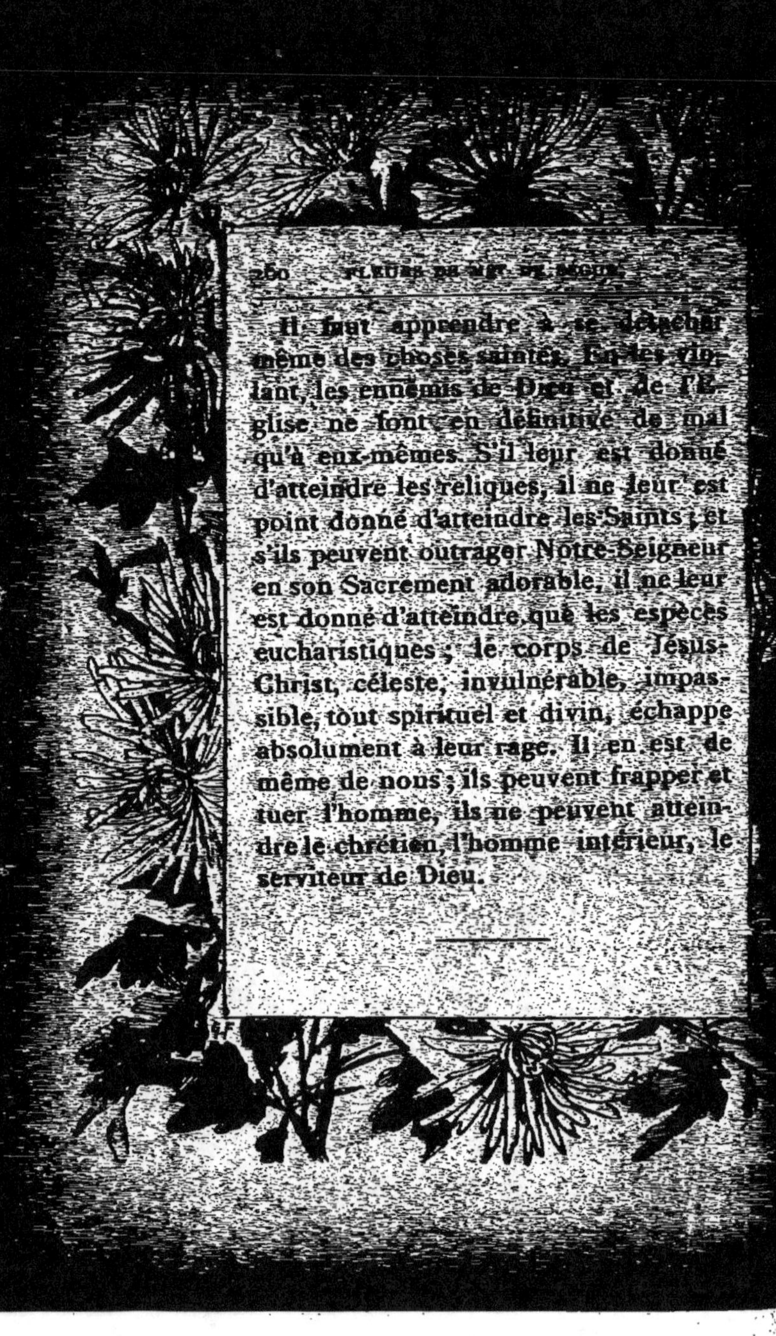

Il faut apprendre à se détacher même des choses saintes. En les violant, les ennemis de Dieu et de l'É-glise ne font en définitive de mal qu'à eux-mêmes. S'il leur est donné d'atteindre les reliques, il ne leur est point donné d'atteindre les Saints ; et s'ils peuvent outrager Notre-Seigneur en son Sacrement adorable, il ne leur est donné d'atteindre que les espèces eucharistiques ; le corps de Jésus-Christ, céleste, invulnérable, impas-sible, tout spirituel et divin, échappe absolument à leur rage. Il en est de même de nous ; ils peuvent frapper et tuer l'homme, ils ne peuvent attein-dre le chrétien, l'homme intérieur, le serviteur de Dieu.

ne rien dire à sa mère, afin de lui laisser quelques bonnes heures de plus.

A plusieurs reprises, elle vint dans sa chambre, et il s'entretint avec elle si tranquillement qu'elle ne se douta de rien. Au moment du dîner, il descendit, appuyé sur le bras de sa sœur aînée, et se mit à table. Sa mère ne soupçonnait pas encore la cruelle vérité. Tout à coup, elle s'aperçut qu'il ne se servait pas lui-même, et qu'une de ses sœurs, assise à côté de lui, lui découpait ses morceaux. Elle le regarda fixement sans rien dire, changea de visage, et comprit tout. Quel moment!

Les sanglots, longtemps contenus, éclatèrent. Lui seul ne pleurait pas et souriait. Aucun de ceux qui assistèrent à cette scène déchirante, qui virent le contraste de cette douleur humaine et de cette sérénité céleste, n'en perdront le souvenir jusqu'à leur dernier jour.

Il consola sa mère, tous les siens, avec une tendresse infinie ; et nous pouvons lui rendre ce témoignage que, dans cette journée et tous les jours suivants, il montra la même tranquillité joyeuse qu'ont

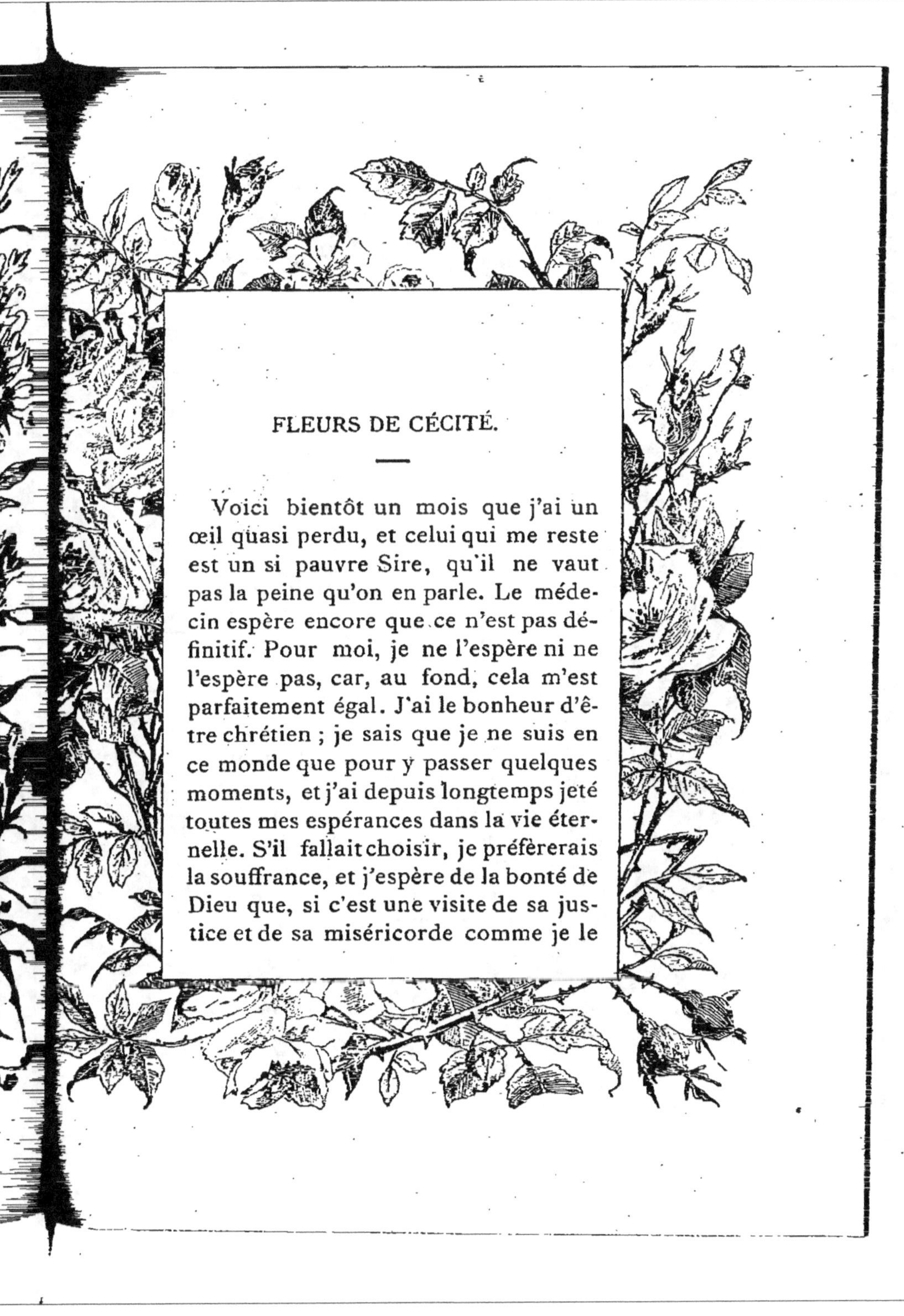

FLEURS DE CÉCITÉ.

—

Voici bientôt un mois que j'ai un œil quasi perdu, et celui qui me reste est un si pauvre Sire, qu'il ne vaut pas la peine qu'on en parle. Le médecin espère encore que ce n'est pas définitif. Pour moi, je ne l'espère ni ne l'espère pas, car, au fond, cela m'est parfaitement égal. J'ai le bonheur d'être chrétien ; je sais que je ne suis en ce monde que pour y passer quelques moments, et j'ai depuis longtemps jeté toutes mes espérances dans la vie éternelle. S'il fallait choisir, je préférerais la souffrance, et j'espère de la bonté de Dieu que, si c'est une visite de sa justice et de sa miséricorde comme je le

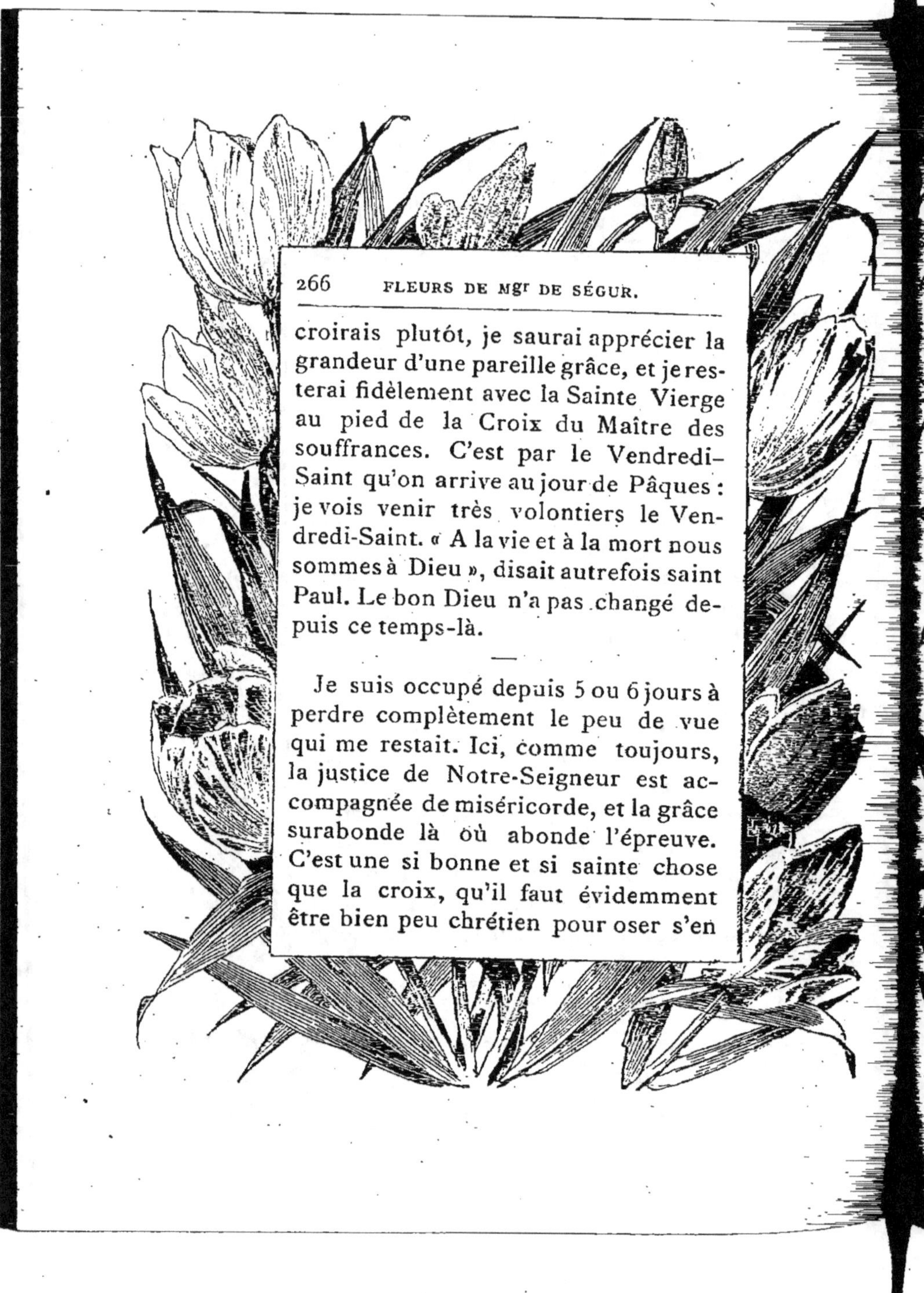

croirais plutôt, je saurai apprécier la
grandeur d'une pareille grâce, et je res-
terai fidèlement avec la Sainte Vierge
au pied de la Croix du Maître des
souffrances. C'est par le Vendredi-
Saint qu'on arrive au jour de Pâques :
je vois venir très volontiers le Ven-
dredi-Saint. « A la vie et à la mort nous
sommes à Dieu », disait autrefois saint
Paul. Le bon Dieu n'a pas changé depuis ce temps-là.

—

Je suis occupé depuis 5 ou 6 jours à
perdre complètement le peu de vue
qui me restait. Ici, comme toujours,
la justice de Notre-Seigneur est accompagnée de miséricorde, et la grâce
surabonde là où abonde l'épreuve.
C'est une si bonne et si sainte chose
que la croix, qu'il faut évidemment
être bien peu chrétien pour oser s'en

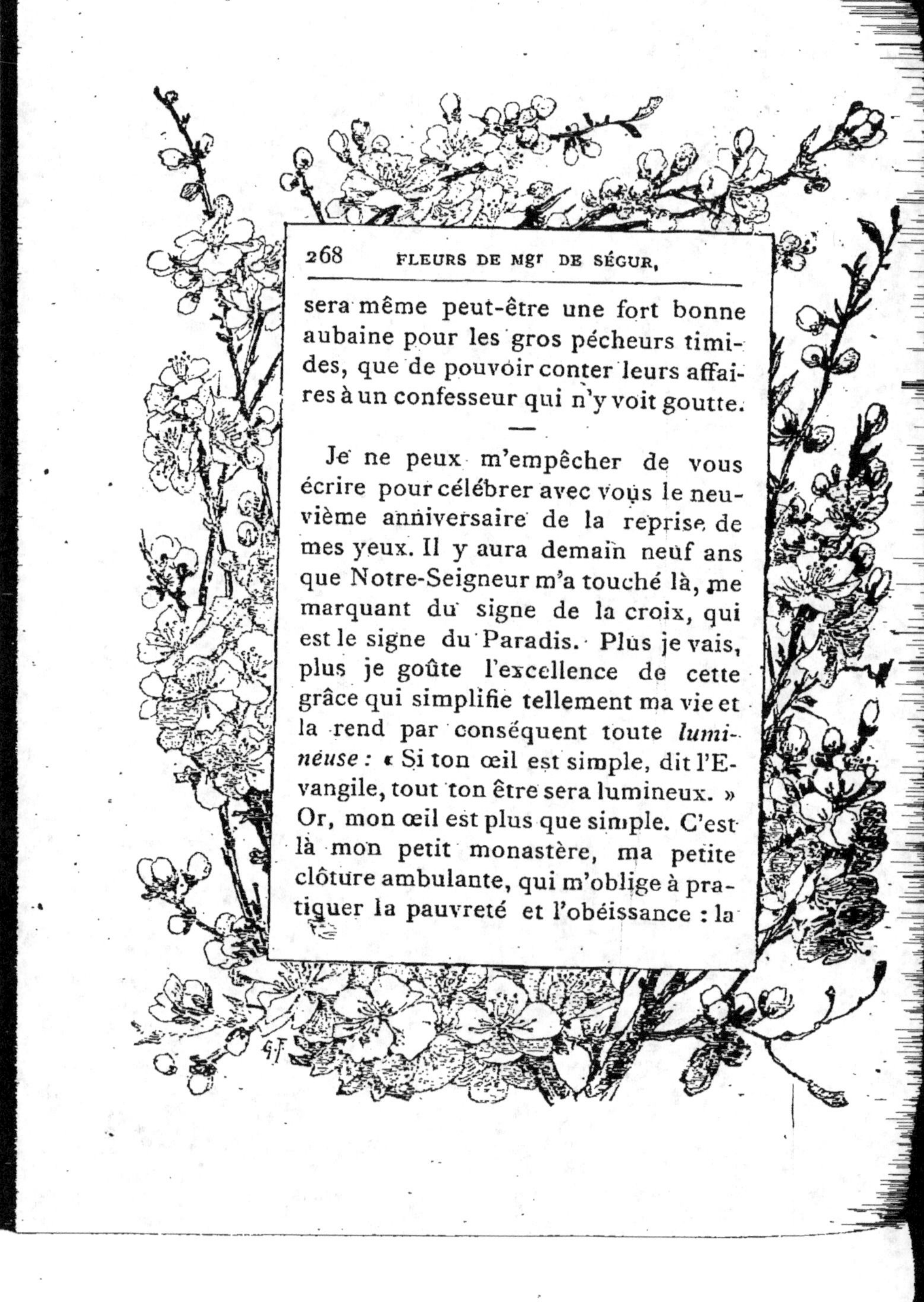

sera même peut-être une fort bonne
aubaine pour les gros pécheurs timi-
des, que de pouvoir conter leurs affaires à un confesseur qui n'y voit goutte.

—

Je ne peux m'empêcher de vous
écrire pour célébrer avec vous le neu-
vième anniversaire de la reprise de
mes yeux. Il y aura demain neuf ans
que Notre-Seigneur m'a touché là, me
marquant du signe de la croix, qui
est le signe du Paradis. Plus je vais,
plus je goûte l'excellence de cette
grâce qui simplifie tellement ma vie et
la rend par conséquent toute *lumineuse :* « Si ton œil est simple, dit l'E-
vangile, tout ton être sera lumineux. »
Or, mon œil est plus que simple. C'est
là mon petit monastère, ma petite
clôture ambulante, qui m'oblige à pratiquer la pauvreté et l'obéissance : la

monde qui travaillent à [illegible] [illegible] l'étranger [illegible] [illegible] des âmes [illegible] [illegible] une goutte attachée à ceux qui vont christianiser tous les peuplages de la terre, et une sorte d'élan contre le naturalisme. Aidez-moi à bénir Dieu de cette visite bien immértiée. Pendant l'éternité, nous aurons à peine le temps de remercier le bon Dieu de la grâce des croix qu'il nous accorde.

Vous le savez comme moi, s'il est bon de travailler pour Jésus-Christ, il est meilleur encore de souffrir pour lui, et jamais, pendant toute sa vie, le Fils de Dieu n'a travaillé aussi puissamment à la gloire de son Père et au salut des âmes, que pendant les quelques heures qu'il a passées, immobile et silencieux, sur sa terrible

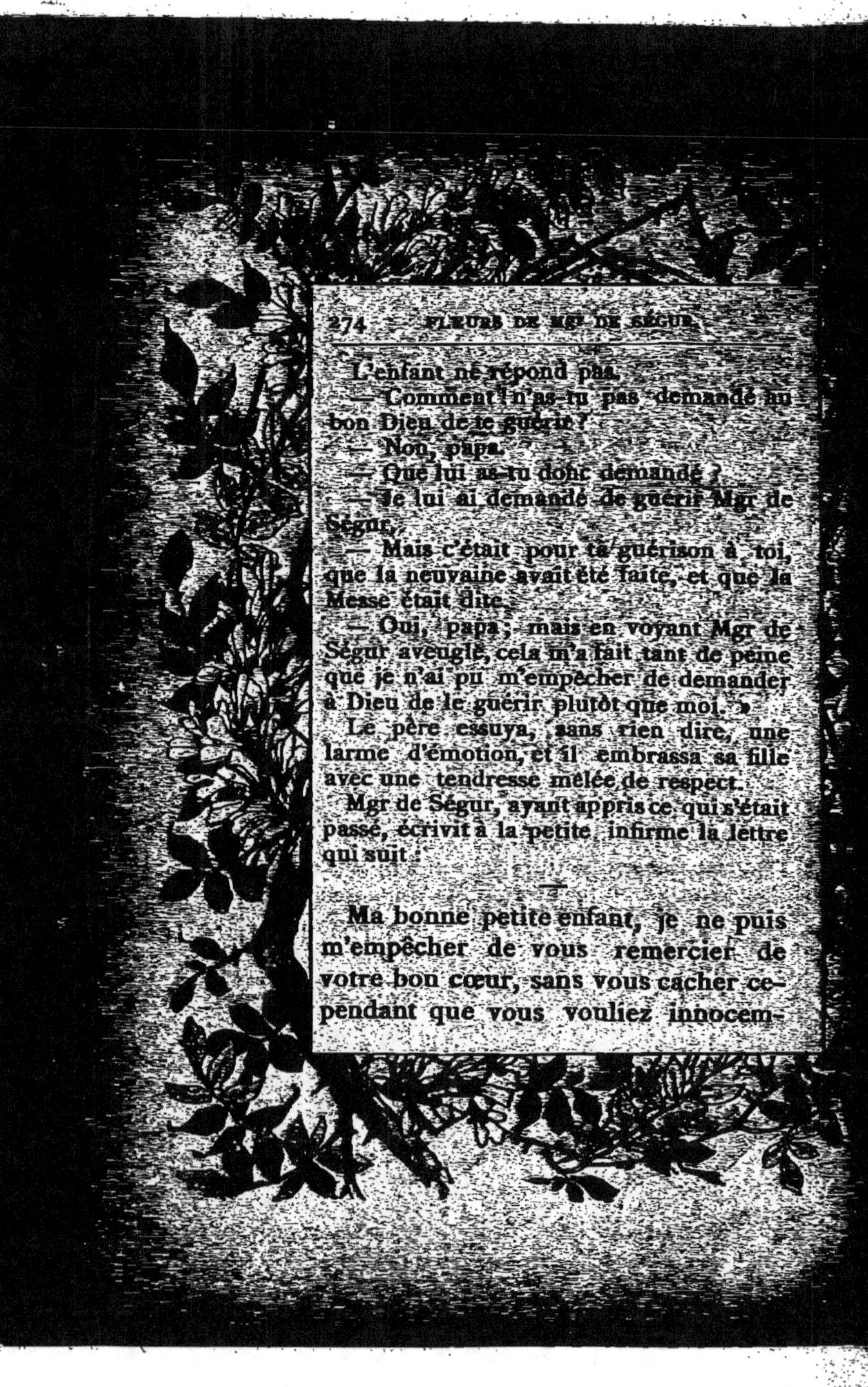

L'enfant ne répond pas.

— Comment ! n'as-tu pas demandé au bon Dieu de te guérir ?

— Non, papa.

— Que lui as-tu donc demandé ?

— Je lui ai demandé de guérir Mgr de Ségur.

— Mais c'était pour ta guérison à toi, que la neuvaine avait été faite, et que la Messe était dite.

— Oui, papa ; mais en voyant Mgr de Ségur aveugle, cela m'a fait tant de peine que je n'ai pu m'empêcher de demander à Dieu de le guérir plutôt que moi. »

Le père essuya, sans rien dire, une larme d'émotion, et il embrassa sa fille avec une tendresse mêlée de respect.

Mgr de Ségur, ayant appris ce qui s'était passé, écrivit à la petite infirme la lettre qui suit :

—

Ma bonne petite enfant, je ne puis m'empêcher de vous remercier de votre bon cœur, sans vous cacher cependant que vous vouliez innocem-

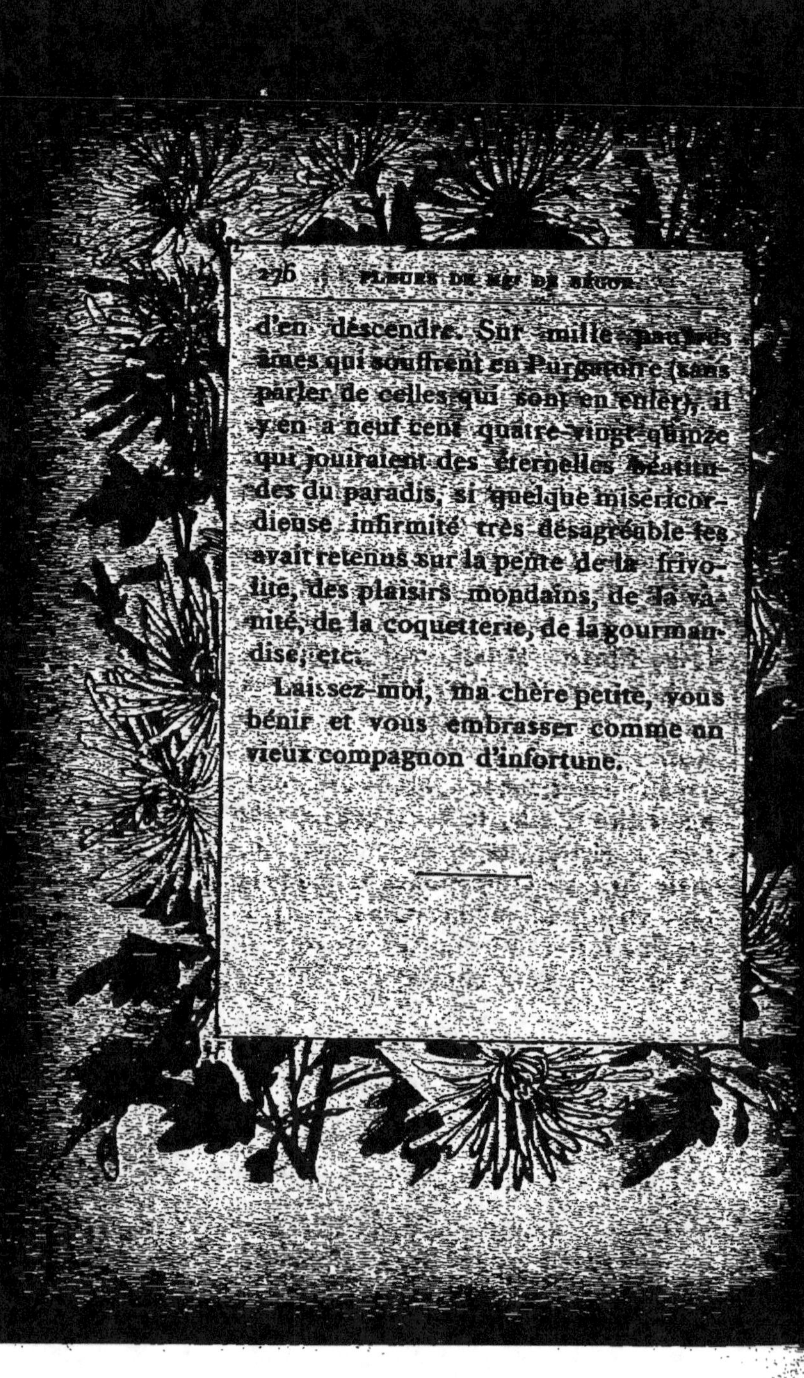

d'en descendre. Sur mille pauvres âmes qui souffrent en Purgatoire (sans parler de celles qui sont en enfer), il y en a neuf cent quatre-vingt-quinze qui jouiraient des éternelles béatitudes du paradis, si quelque miséricordieuse infirmité très désagréable les avait retenus sur la pente de la frivolité, des plaisirs mondains, de la vanité, de la coquetterie, de la gourmandise, etc.

Laissez-moi, ma chère petite, vous bénir et vous embrasser comme un vieux compagnon d'infortune.

O bonne croix ! Si nous l'avions soli-
dement planté dans notre pauvre
cœur, nous serions toujours dans la
paix et dans la joie spirituelle, à la
barbe des méchants et de tous les démons de l'enfer.

Ce n'est pas en vain que Jésus-Christ
a voulu que Marie fût debout au pied
de sa croix, et qu'elle nous y fût mon-
trée assistant à sa mort comme un
grand témoin de la divinité, du sang
qu'il répandait pour le salut du monde.
La croix s'appuie ainsi sur Marie autant que Marie s'appuie sur la croix.
« Otez Marie, et la croix tombe »,
disait saint Cyrille au Concile œcu-
ménique d'Éphèse. La Vierge avait
enfanté sans douleur le Christ trois
fois saint. Maintenant que son fils et
son Dieu avait accompli sa mission

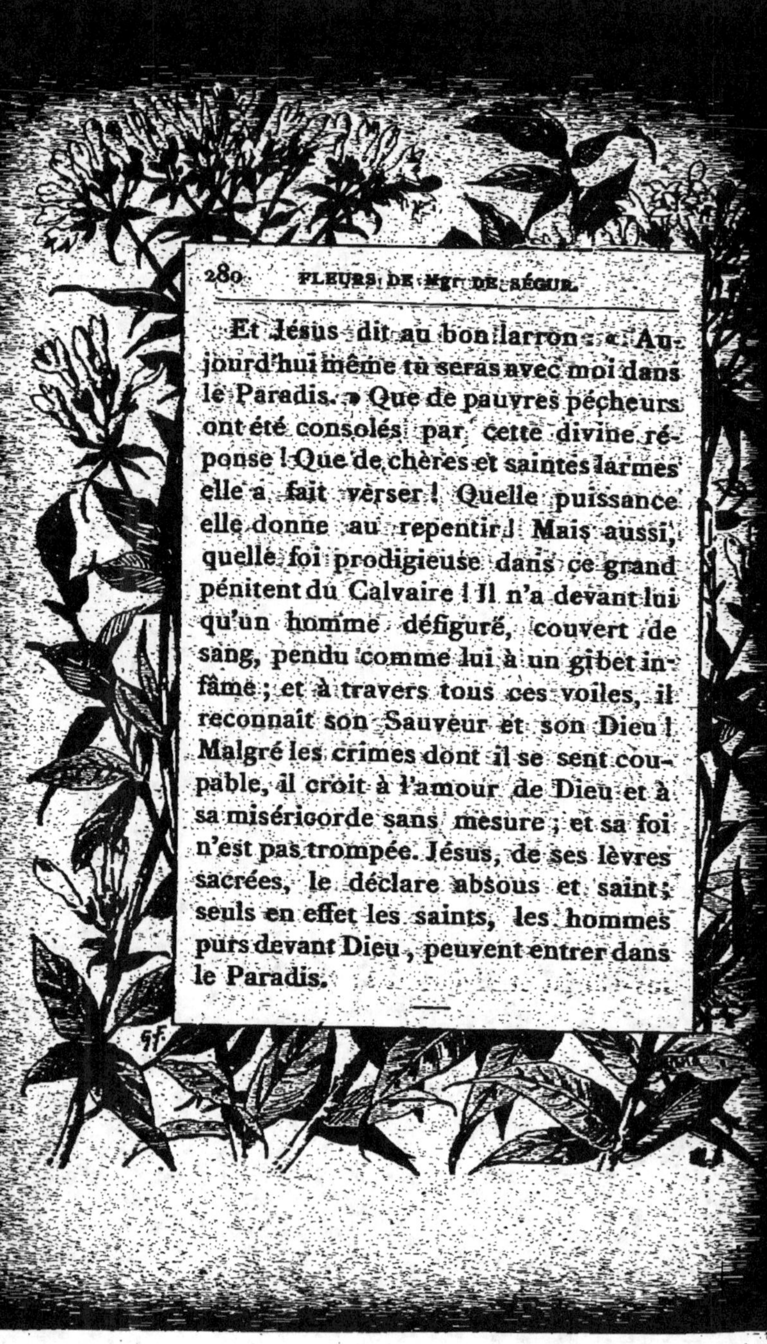

Et Jésus dit au bon larron : « Aujourd'hui même tu seras avec moi dans le Paradis. » Que de pauvres pécheurs ont été consolés par cette divine réponse ! Que de chères et saintes larmes elle a fait verser ! Quelle puissance elle donne au repentir ! Mais aussi, quelle foi prodigieuse dans ce grand pénitent du Calvaire ! Il n'a devant lui qu'un homme défiguré, couvert de sang, pendu comme lui à un gibet infâme ; et à travers tous ces voiles, il reconnaît son Sauveur et son Dieu ! Malgré les crimes dont il se sent coupable, il croit à l'amour de Dieu et à sa miséricorde sans mesure ; et sa foi n'est pas trompée. Jésus, de ses lèvres sacrées, le déclare absous et saint ; seuls en effet les saints, les hommes purs devant Dieu, peuvent entrer dans le Paradis.

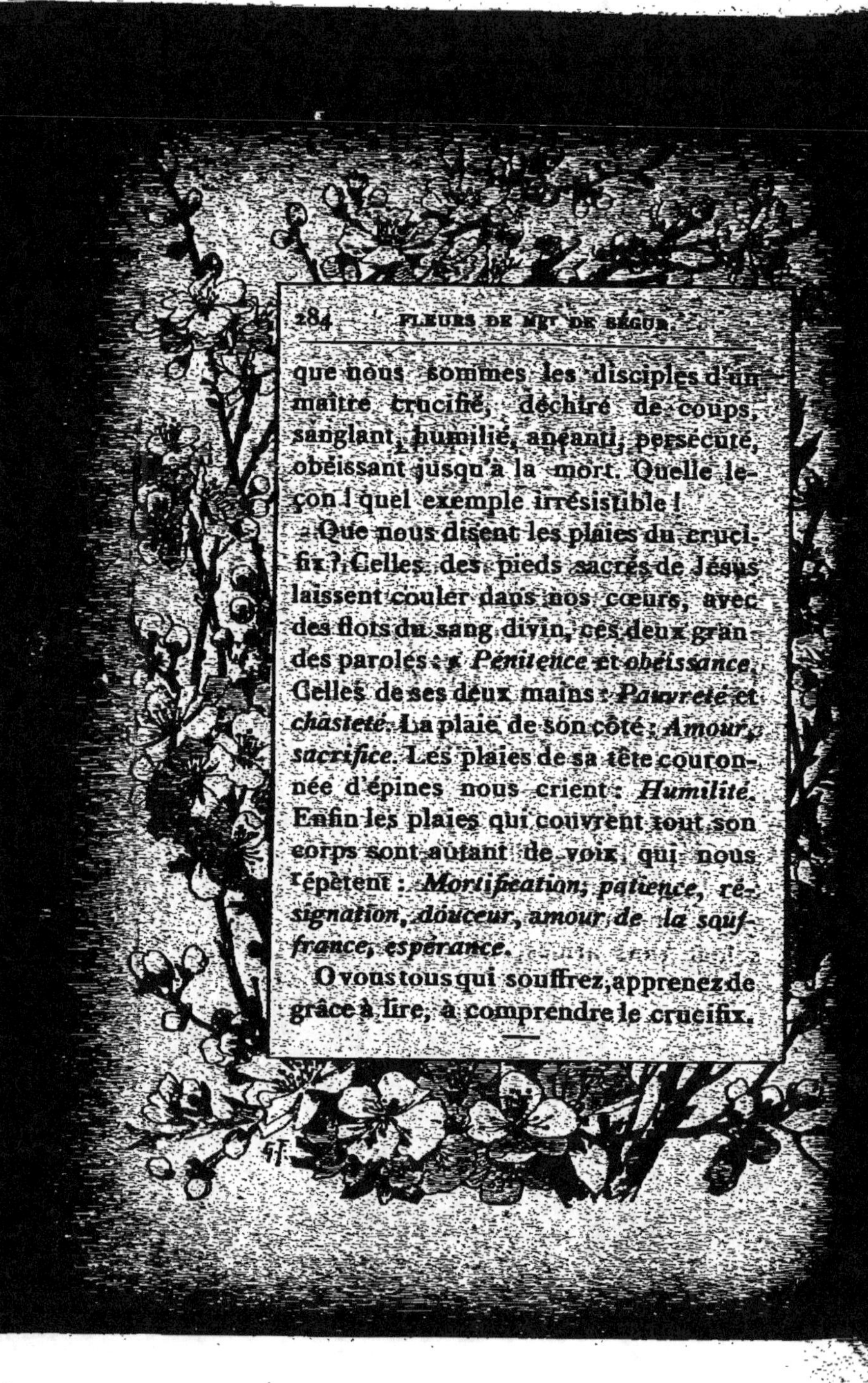

que nous sommes les disciples d'un
maître crucifié, déchiré de coups,
sanglant, humilié, anéanti, persécuté,
obéissant jusqu'à la mort. Quelle le-
çon ! quel exemple irrésistible !

Que nous disent les plaies du crucifix ? Celles des pieds sacrés de Jésus
laissent couler dans nos cœurs, avec
des flots du sang divin, ces deux grandes paroles : *Pénitence et obéissance.*
Celles de ses deux mains : *Pauvreté et
chasteté.* La plaie de son côté : *Amour,
sacrifice.* Les plaies de sa tête couron-
née d'épines nous crient : *Humilité.*
Enfin les plaies qui couvrent tout son
corps sont autant de voix qui nous
répètent : *Mortification, patience, résignation, douceur, amour de la souffrance, espérance.*

O vous tous qui souffrez, apprenez de
grâce à lire, à comprendre le crucifix.

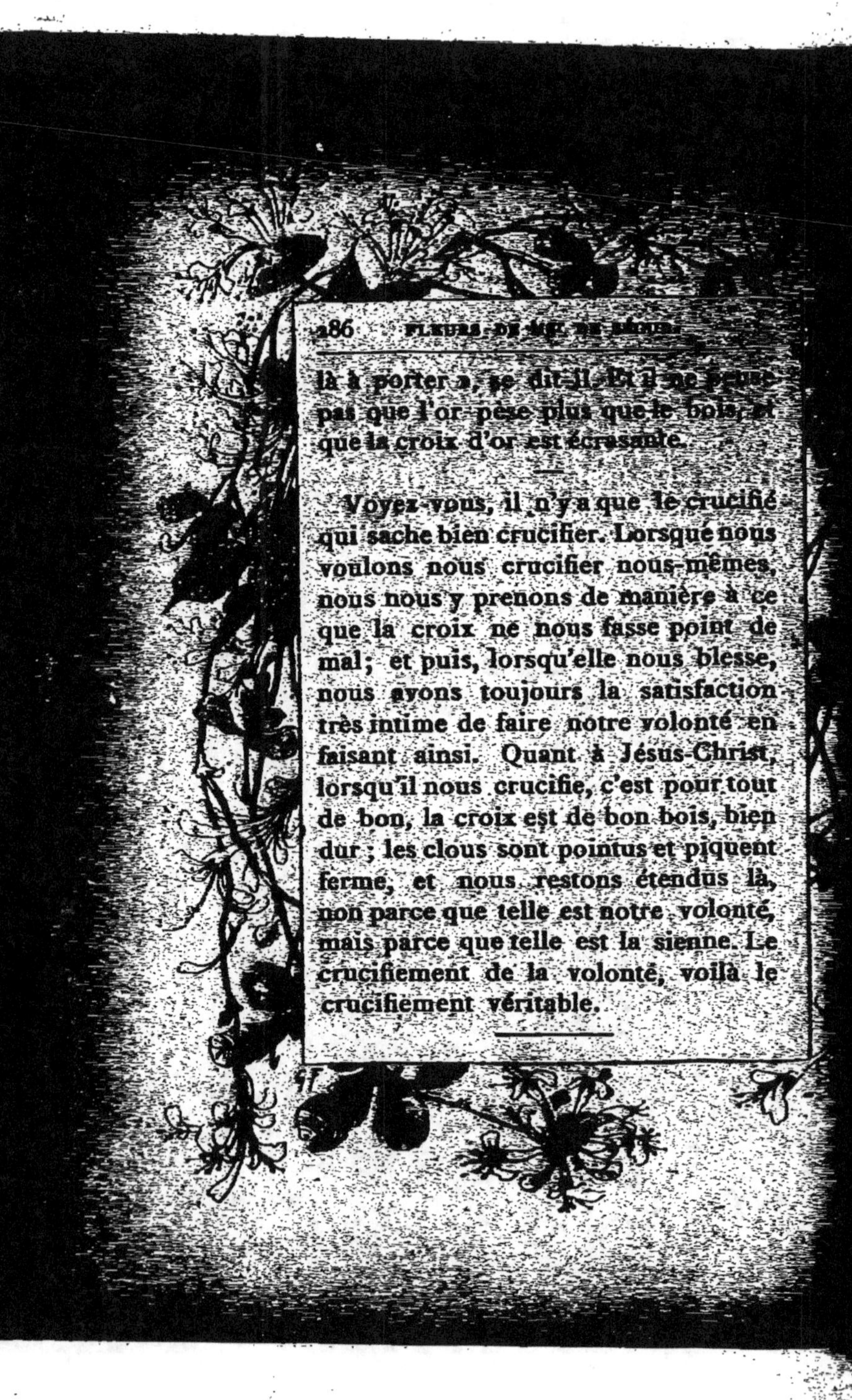

là à porter », se dit-il. Et il ne pense
pas que l'or pèse plus que le bois, et
que la croix d'or est écrasante.

———

Voyez-vous, il n'y a que le crucifié
qui sache bien crucifier. Lorsque nous
voulons nous crucifier nous-mêmes,
nous nous y prenons de manière à ce
que la croix ne nous fasse point de
mal ; et puis, lorsqu'elle nous blesse,
nous avons toujours la satisfaction
très intime de faire notre volonté en
faisant ainsi. Quant à Jésus-Christ,
lorsqu'il nous crucifie, c'est pour tout
de bon, la croix est de bon bois, bien
dur ; les clous sont pointus et piquent
ferme, et nous restons étendus là,
non parce que telle est notre volonté,
mais parce que telle est la sienne. Le
crucifiement de la volonté, voilà le
crucifiement véritable.

et l'a fait reposer pendant deux ou
trois ans sur sa poitrine, comme sur
un délicieux lit de repos. Elle seule,
et saint Joseph à ses côtés, a demeuré
continuellement avec cet adorable
Sauveur, durant les trente-trois années qu'il a passées sur la terre. Chose
étonnante, le Fils de Dieu est descendu ici-bas pour sauver tous les hommes, et cependant il ne leur a donné
directement que trois ans et trois
mois de sa vie, tandis qu'il a consacré
plus de trente ans à sa sainte Mère
pour la sanctifier toujours de plus en
plus. Oh ! de quels feux le divin Cœur
de Jésus, fournaise d'amour très ardente, embrasait le cœur immaculé de
sa très sainte Mère, alors qu'elle vivait,
qu'elle priait avec lui et qu'elle entendait les paroles qui sortaient de sa
bouche adorée, semblables à autant de

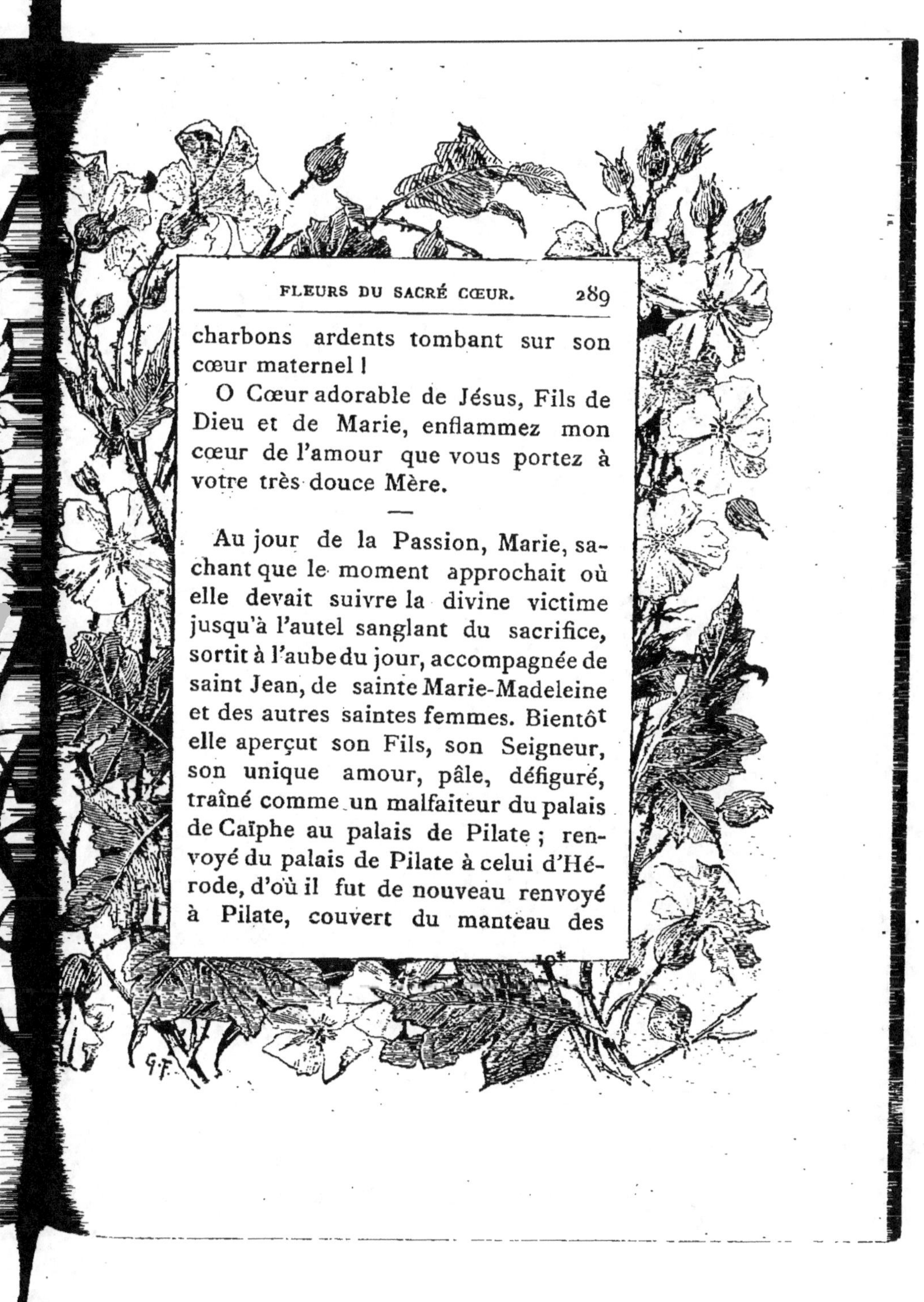

charbons ardents tombant sur son cœur maternel !

O Cœur adorable de Jésus, Fils de Dieu et de Marie, enflammez mon cœur de l'amour que vous portez à votre très douce Mère.

—

Au jour de la Passion, Marie, sachant que le moment approchait où elle devait suivre la divine victime jusqu'à l'autel sanglant du sacrifice, sortit à l'aube du jour, accompagnée de saint Jean, de sainte Marie-Madeleine et des autres saintes femmes. Bientôt elle aperçut son Fils, son Seigneur, son unique amour, pâle, défiguré, traîné comme un malfaiteur du palais de Caïphe au palais de Pilate ; renvoyé du palais de Pilate à celui d'Hérode, d'où il fut de nouveau renvoyé à Pilate, couvert du manteau des

tous le compagnie... dérisoire de royauté. Elle le vit... dans... pour... couronné d'épines et montré au peuple. Elle l'entendit condamner à mort.
A ses oreilles la foule meurtrière hur-
lait l'horrible blasphème : « Crucifiez-le ! crucifiez-le ! Nous n'avons
d'autre roi que César. »

Le cortège lugubre se mit en marche. La brebis pouvait suivre son
agneau à la trace même de son sang.
Elle mêlait à ce sang divin le sang
de son cœur, c'est-à-dire ses larmes.
Elle vit son bien-aimé, son Jésus,
tomber sous le poids de la croix. Elle
le vit gravir la pente du Calvaire. Elle
le vit cloué sur la terrible croix, s'élever comme un drapeau sanglant de
salut et d'espérance, d'amour et de

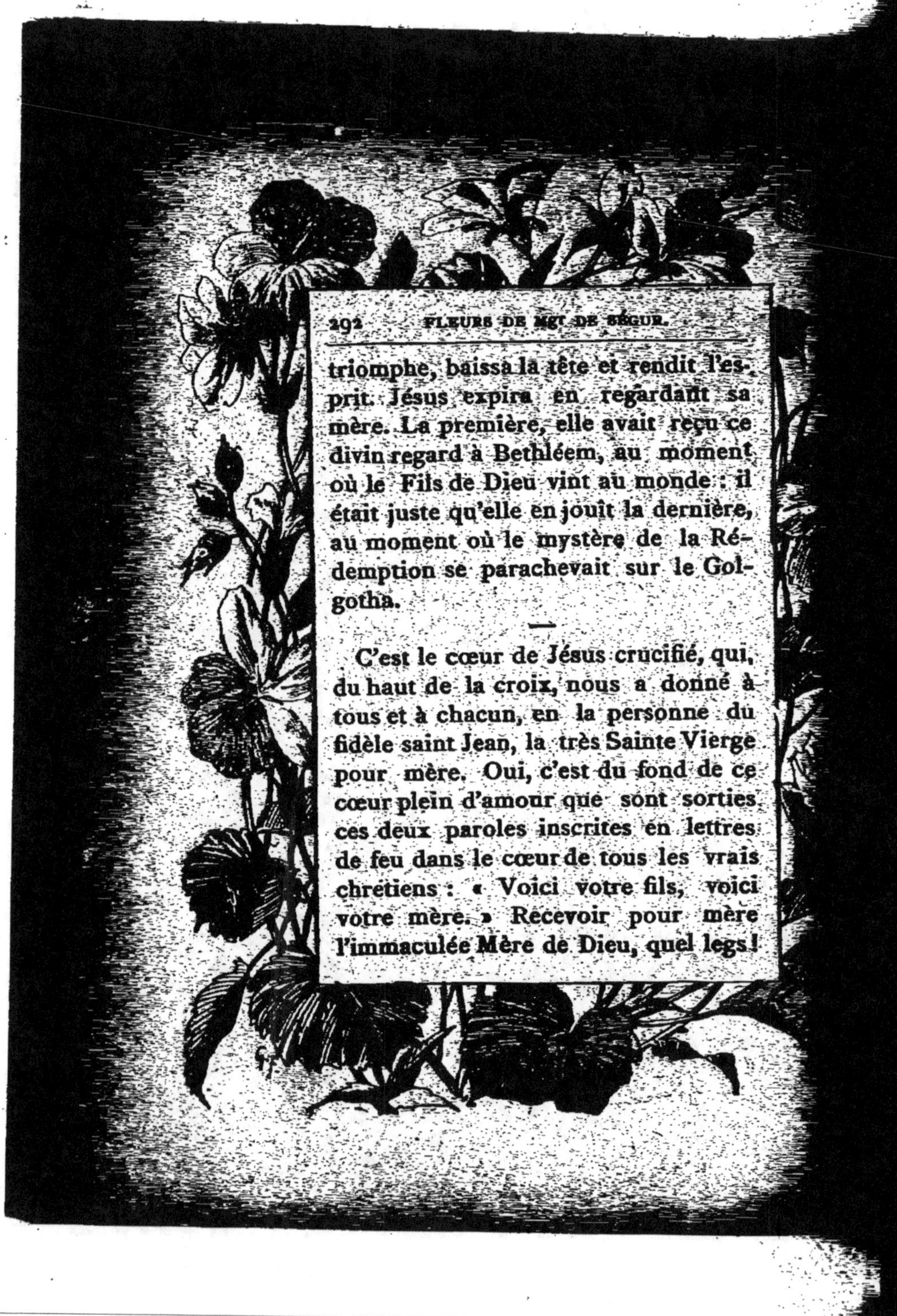

triomphe, baissa la tête et rendit l'esprit. Jésus expira en regardant sa mère. La première, elle avait reçu ce divin regard à Bethléem, au moment où le Fils de Dieu vint au monde : il était juste qu'elle en jouît la dernière, au moment où le mystère de la Rédemption se parachevait sur le Golgotha.

—

C'est le cœur de Jésus crucifié, qui, du haut de la croix, nous a donné à tous et à chacun, en la personne du fidèle saint Jean, la très Sainte Vierge pour mère. Oui, c'est du fond de ce cœur plein d'amour que sont sorties ces deux paroles inscrites en lettres de feu dans le cœur de tous les vrais chrétiens : « Voici votre fils, voici votre mère. » Recevoir pour mère l'immaculée Mère de Dieu, quel legs !

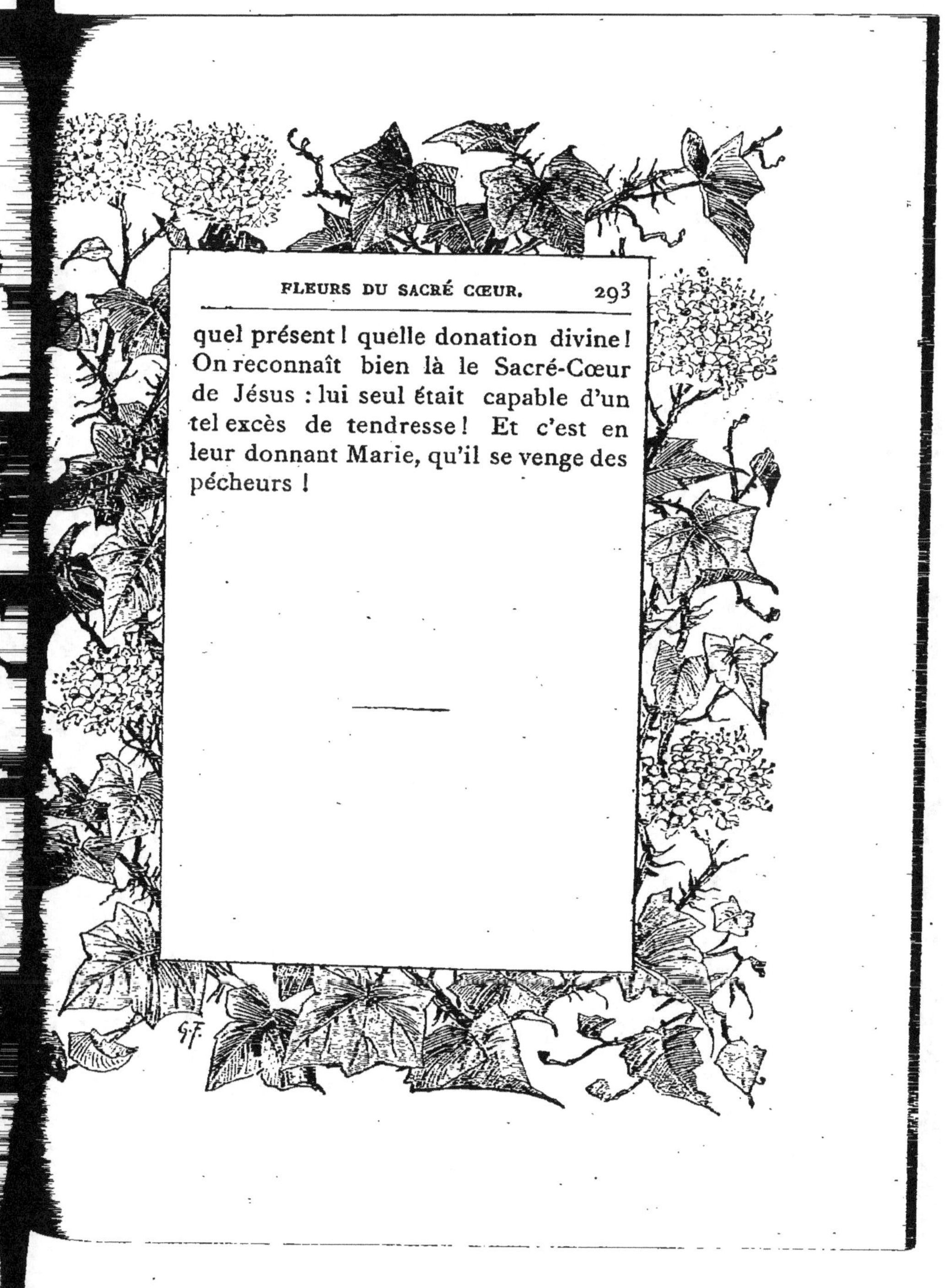

quel présent ! quelle donation divine !
On reconnaît bien là le Sacré-Cœur
de Jésus : lui seul était capable d'un
tel excès de tendresse ! Et c'est en
leur donnant Marie, qu'il se venge des
pécheurs !

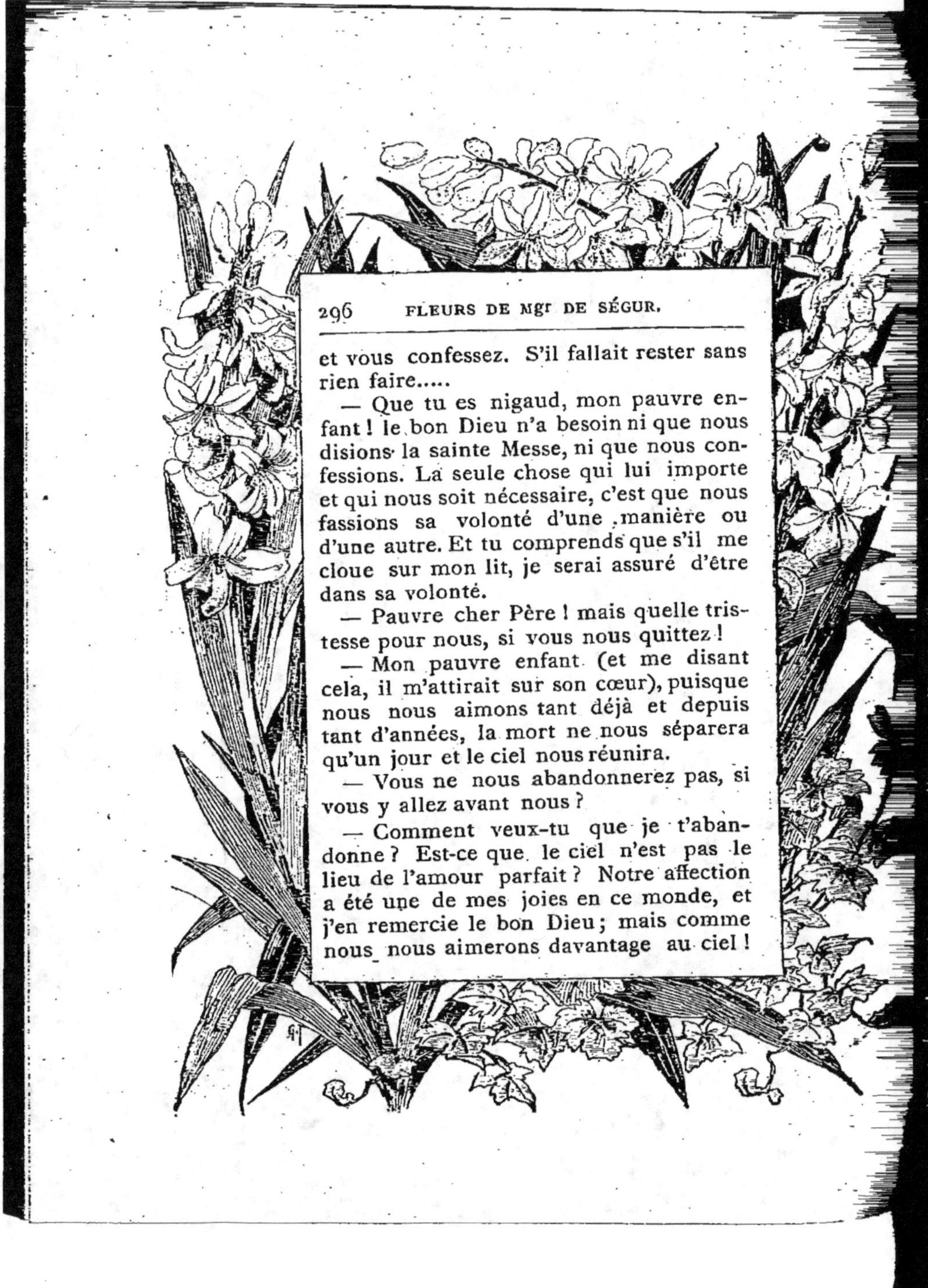

et vous confessez. S'il fallait rester sans
rien faire.....

— Que tu es nigaud, mon pauvre enfant ! le bon Dieu n'a besoin ni que nous
disions la sainte Messe, ni que nous con-
fessions. La seule chose qui lui importe
et qui nous soit nécessaire, c'est que nous
fassions sa volonté d'une manière ou
d'une autre. Et tu comprends que s'il me
cloue sur mon lit, je serai assuré d'être
dans sa volonté.

— Pauvre cher Père ! mais quelle tristesse pour nous, si vous nous quittez !

— Mon pauvre enfant (et me disant
cela, il m'attirait sur son cœur), puisque
nous nous aimons tant déjà et depuis
tant d'années, la mort ne nous séparera
qu'un jour et le ciel nous réunira.

— Vous ne nous abandonnerez pas, si
vous y allez avant nous ?

— Comment veux-tu que je t'aban-
donne ? Est-ce que le ciel n'est pas le
lieu de l'amour parfait ? Notre affection
a été une de mes joies en ce monde, et
j'en remercie le bon Dieu ; mais comme
nous nous aimerons davantage au ciel !

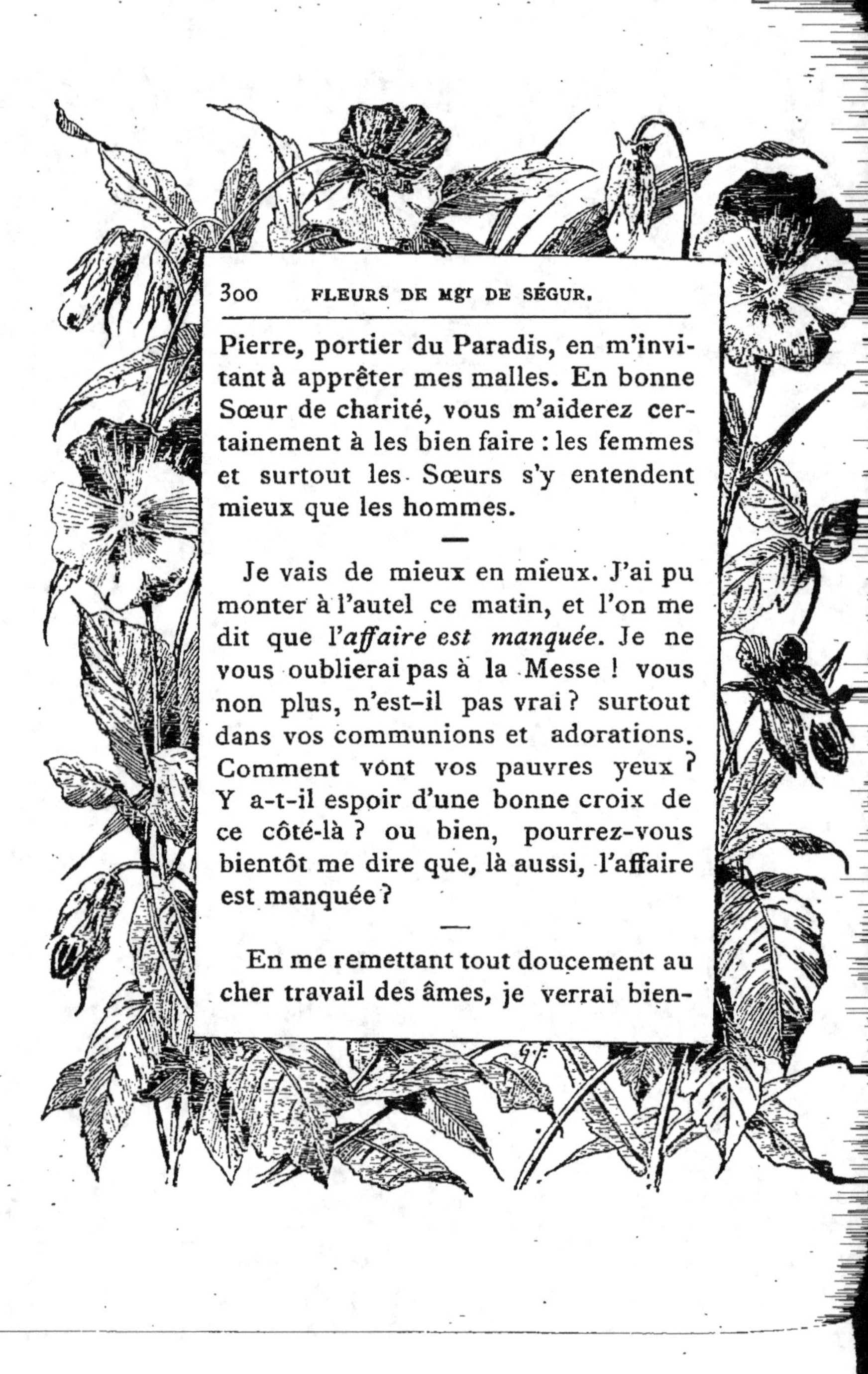

Pierre, portier du Paradis, en m'invi-
tant à apprêter mes malles. En bonne
Sœur de charité, vous m'aiderez cer-
tainement à les bien faire : les femmes
et surtout les Sœurs s'y entendent
mieux que les hommes.

—

Je vais de mieux en mieux. J'ai pu
monter à l'autel ce matin, et l'on me
dit que *l'affaire est manquée.* Je ne
vous oublierai pas à la Messe ! vous
non plus, n'est-il pas vrai ? surtout
dans vos communions et adorations.
Comment vont vos pauvres yeux ?
Y a-t-il espoir d'une bonne croix de
ce côté-là ? ou bien, pourrez-vous
bientôt me dire que, là aussi, l'affaire
est manquée ?

—

En me remettant tout doucement au
cher travail des âmes, je verrai bien-

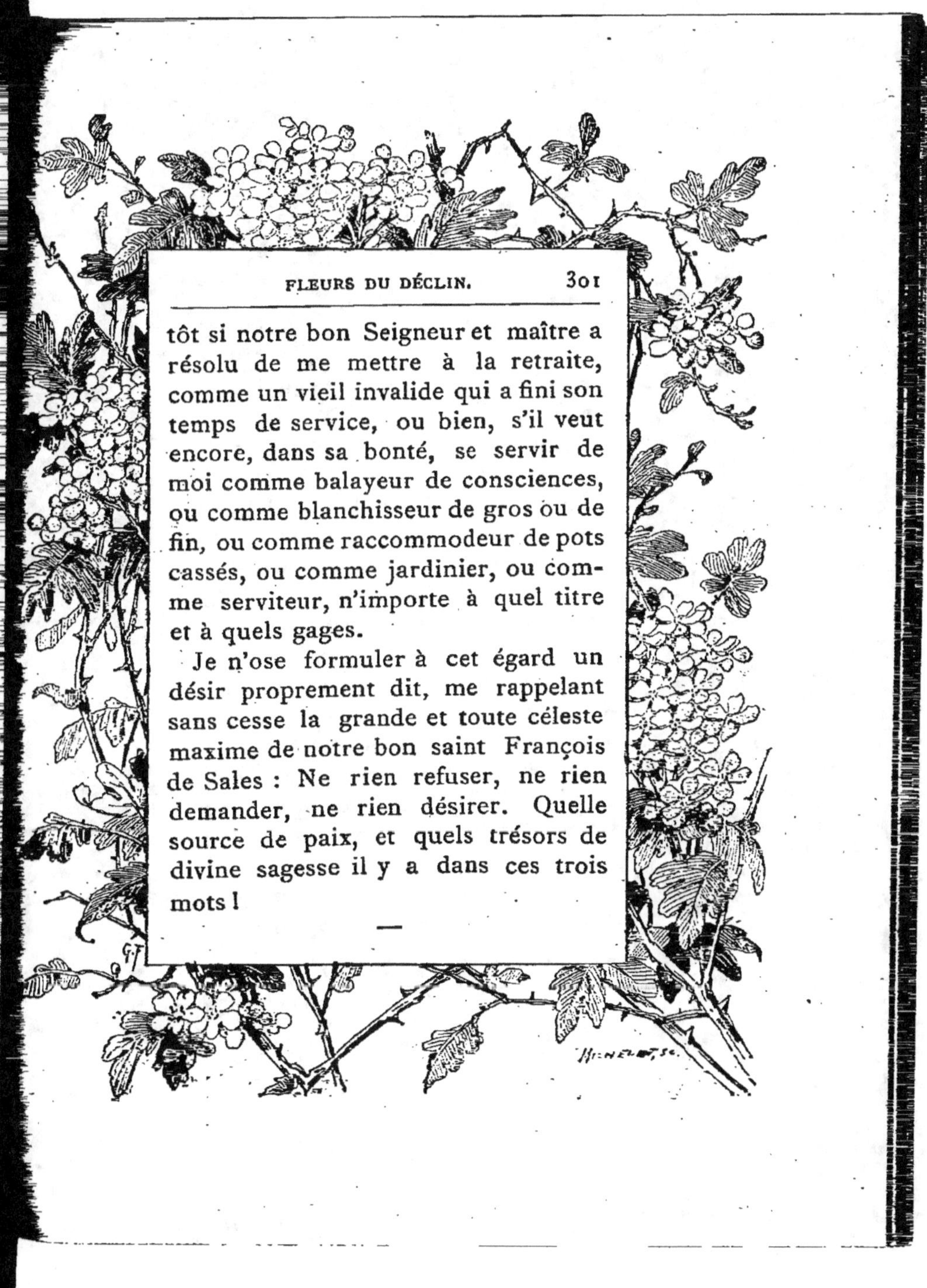

tôt si notre bon Seigneur et maître a résolu de me mettre à la retraite, comme un vieil invalide qui a fini son temps de service, ou bien, s'il veut encore, dans sa bonté, se servir de moi comme balayeur de consciences, ou comme blanchisseur de gros ou de fin, ou comme raccommodeur de pots cassés, ou comme jardinier, ou comme serviteur, n'importe à quel titre et à quels gages.

Je n'ose formuler à cet égard un désir proprement dit, me rappelant sans cesse la grande et toute céleste maxime de notre bon saint François de Sales : Ne rien refuser, ne rien demander, ne rien désirer. Quelle source de paix, et quels trésors de divine sagesse il y a dans ces trois mots !

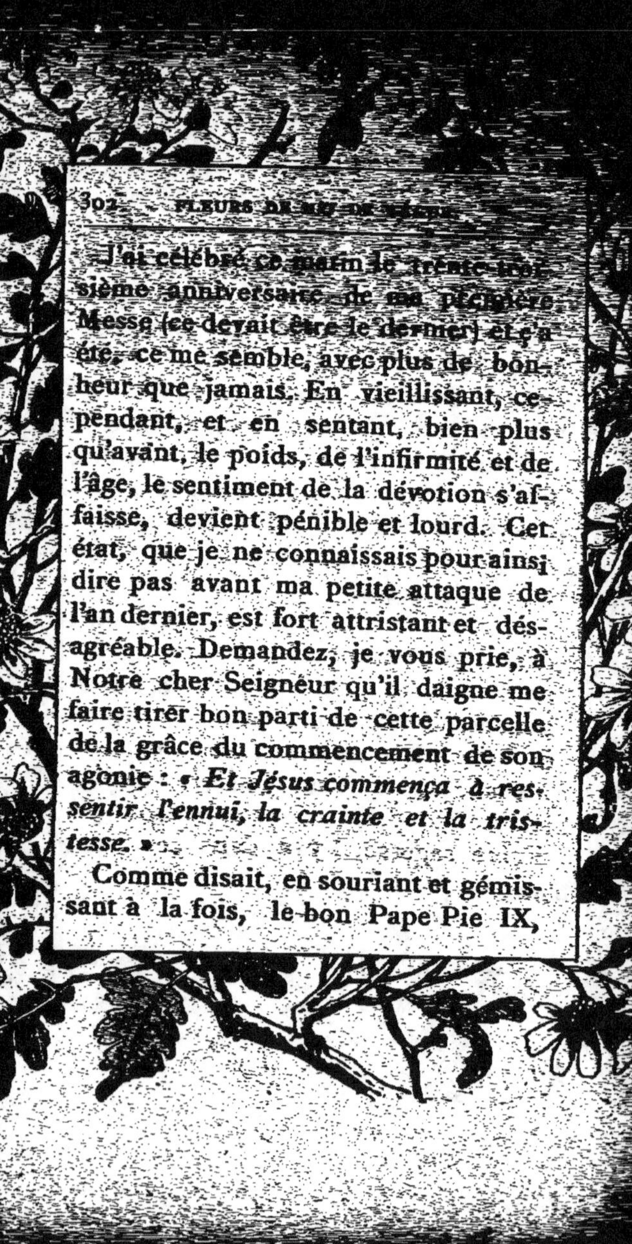

J'ai célébré ce matin le trente-troi-
sième anniversaire de ma première
Messe (ce devait être le dernier) et ç'a
été, ce me semble, avec plus de bonheur que jamais. En vieillissant, cependant, et en sentant, bien plus
qu'avant, le poids, de l'infirmité et de
l'âge, le sentiment de la dévotion s'af-
faisse, devient pénible et lourd. Cet
état, que je ne connaissais pour ainsi
dire pas avant ma petite attaque de
l'an dernier, est fort attristant et désagréable. Demandez, je vous prie, à
Notre cher Seigneur qu'il daigne me
faire tirer bon parti de cette parcelle
de la grâce du commencement de son
agonie : « *Et Jésus commença à ressentir l'ennui, la crainte et la tristesse.* »

Comme disait, en souriant et gémis-
sant à la fois, le bon Pape Pie IX,

je ne puis plus prêcher, même un peu; à peine puis-je donner Jésus *tout bas*, presque à demi-voix, aux chères âmes que j'aime tant.....

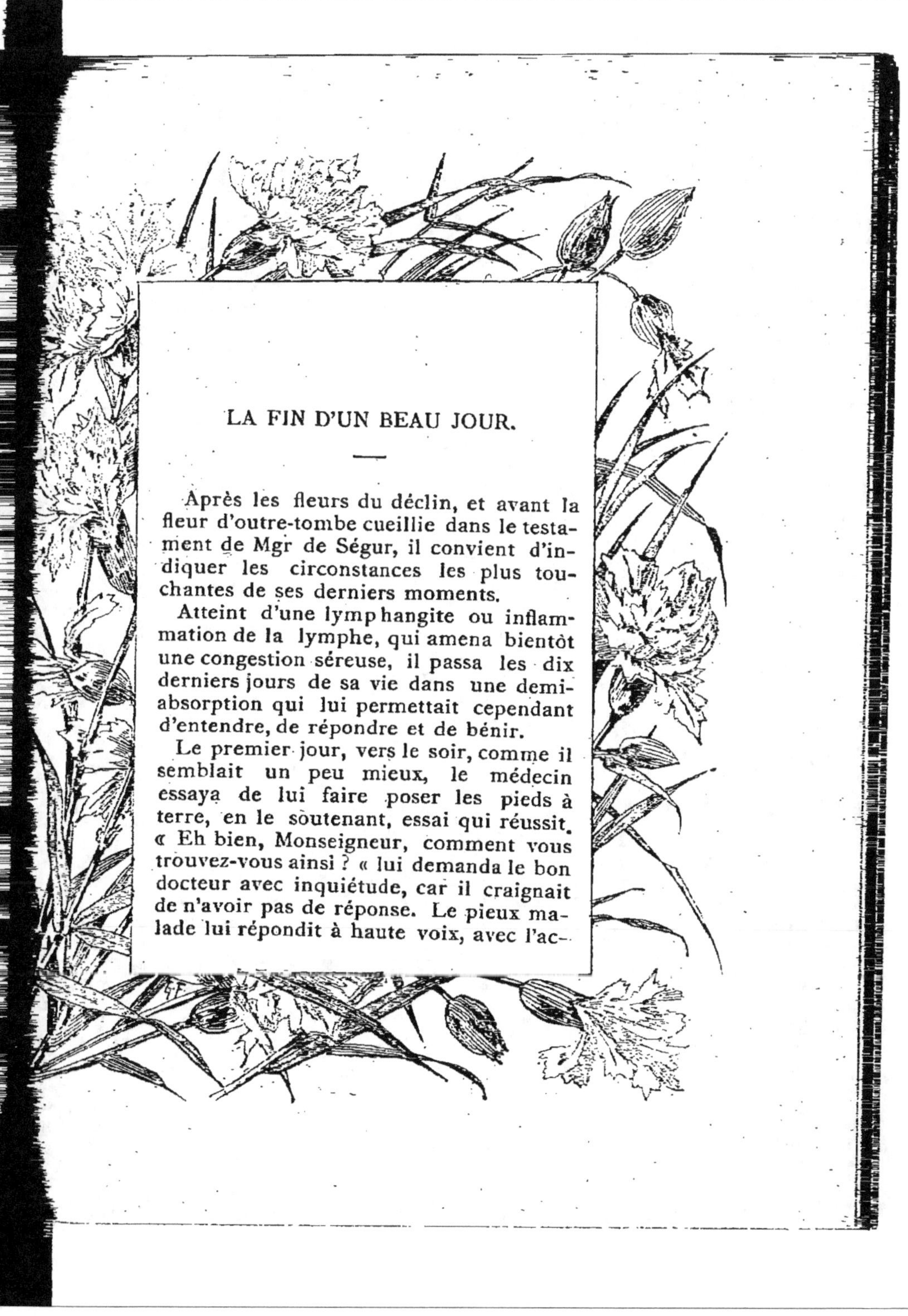

LA FIN D'UN BEAU JOUR.

—

Après les fleurs du déclin, et avant la fleur d'outre-tombe cueillie dans le testament de Mgr de Ségur, il convient d'indiquer les circonstances les plus touchantes de ses derniers moments.

Atteint d'une lymphangite ou inflammation de la lymphe, qui amena bientôt une congestion séreuse, il passa les dix derniers jours de sa vie dans une demi-absorption qui lui permettait cependant d'entendre, de répondre et de bénir.

Le premier jour, vers le soir, comme il semblait un peu mieux, le médecin essaya de lui faire poser les pieds à terre, en le soutenant, essai qui réussit. « Eh bien, Monseigneur, comment vous trouvez-vous ainsi ? « lui demanda le bon docteur avec inquiétude, car il craignait de n'avoir pas de réponse. Le pieux malade lui répondit à haute voix, avec l'ac-

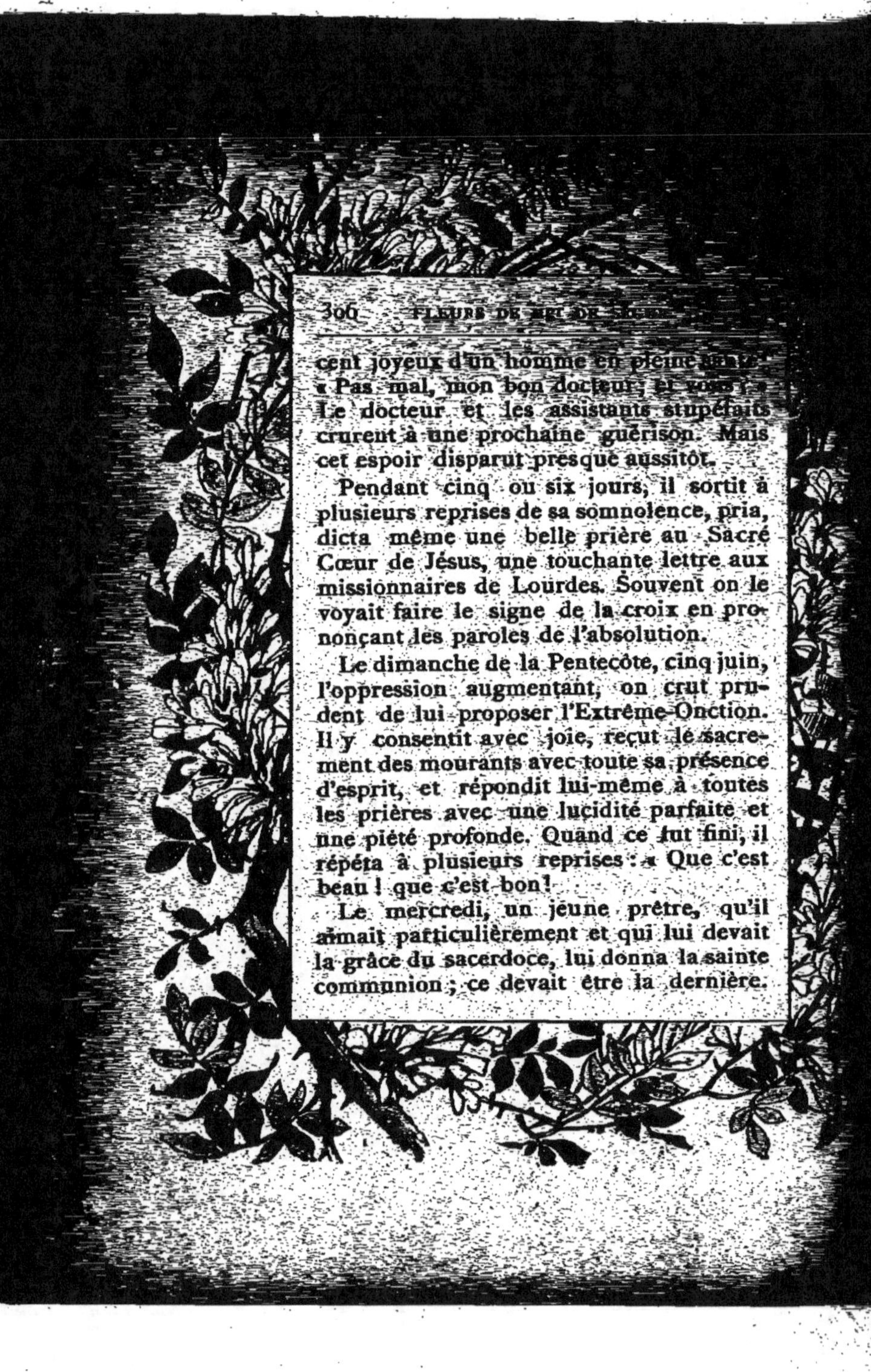

cent joyeux d'un homme en pleine santé :
« Pas mal, mon bon docteur ; et vous ? »
Le docteur et les assistants stupéfaits
crurent à une prochaine guérison. Mais
cet espoir disparut presque aussitôt.

Pendant cinq ou six jours, il sortit à
plusieurs reprises de sa somnolence, pria,
dicta même une belle prière au Sacré
Cœur de Jésus, une touchante lettre aux
missionnaires de Lourdes. Souvent on le
voyait faire le signe de la croix en pro-
nonçant les paroles de l'absolution.

Le dimanche de la Pentecôte, cinq juin,
l'oppression augmentant, on crut pru-
dent de lui proposer l'Extrême-Onction.
Il y consentit avec joie, reçut le sacrement des mourants avec toute sa présence
d'esprit, et répondit lui-même à toutes
les prières avec une lucidité parfaite et
une piété profonde. Quand ce fut fini, il
répéta à plusieurs reprises : « Que c'est
beau ! que c'est bon ! »

Le mercredi, un jeune prêtre, qu'il
aimait particulièrement et qui lui devait
la grâce du sacerdoce, lui donna la sainte
communion ; ce devait être la dernière.

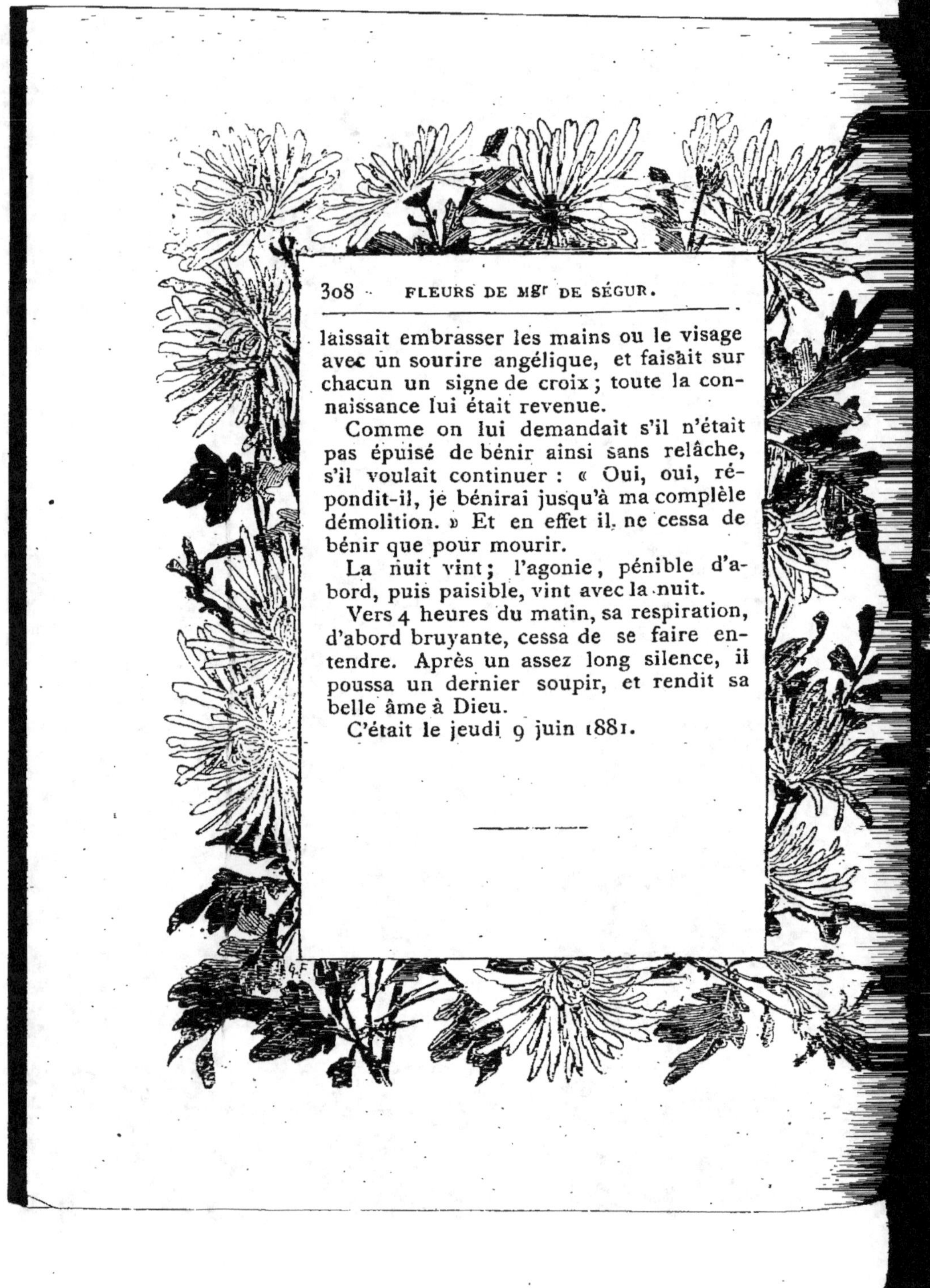

laissait embrasser les mains ou le visage avec un sourire angélique, et faisait sur chacun un signe de croix ; toute la connaissance lui était revenue.

Comme on lui demandait s'il n'était pas épuisé de bénir ainsi sans relâche, s'il voulait continuer : « Oui, oui, répondit-il, je bénirai jusqu'à ma complèle démolition. » Et en effet il ne cessa de bénir que pour mourir.

La nuit vint ; l'agonie, pénible d'abord, puis paisible, vint avec la nuit.

Vers 4 heures du matin, sa respiration, d'abord bruyante, cessa de se faire entendre. Après un assez long silence, il poussa un dernier soupir, et rendit sa belle âme à Dieu.

C'était le jeudi 9 juin 1881.

Que mon cher Père saint François et mon cher patron, protecteur, ami, saint François de Sales, daignent m'obtenir la grâce d'une sainte mort et me présenter eux-mêmes à Notre-Seigneur Jésus-Christ !

Le deux septembre mil huit cent quatre-vingt, vingt-sixième anniversaire du jour mille fois béni où je suis devenu aveugle.

† Louis-Gaston DE SÉGUR.

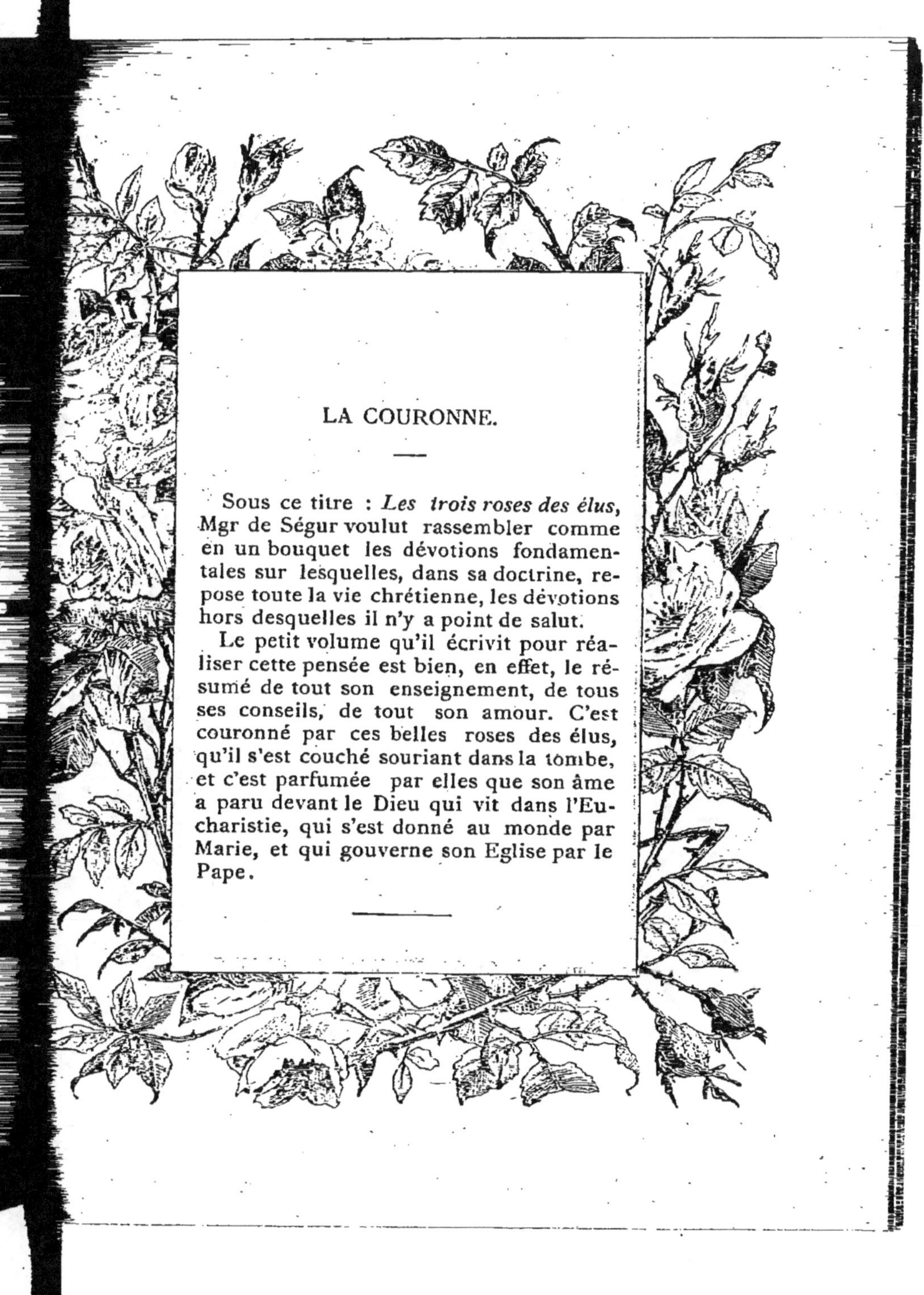

LA COURONNE.

Sous ce titre : *Les trois roses des élus,*
Mgr de Ségur voulut rassembler comme
en un bouquet les dévotions fondamen-
tales sur lesquelles, dans sa doctrine, repose toute la vie chrétienne, les dévotions
hors desquelles il n'y a point de salut.

Le petit volume qu'il écrivit pour réaliser cette pensée est bien, en effet, le résumé de tout son enseignement, de tous
ses conseils, de tout son amour. C'est
couronné par ces belles roses des élus,
qu'il s'est couché souriant dans la tombe,
et c'est parfumée par elles que son âme
a paru devant le Dieu qui vit dans l'Eucharistie, qui s'est donné au monde par
Marie, et qui gouverne son Eglise par le
Pape.

LES TROIS ROSES DES ÉLUS.

—

Je vous offre dans ce volume, bon
et cher lecteur, comme résumé de
ma vie et de mon sacerdoce, un petit
bouquet composé de trois belles roses.
Leur parfum vient du ciel ; il se répand avec une force et une suavité
merveilleuses dans le cœur de tous
les vrais enfants de Dieu. C'est le parfum de la vraie et solide piété chrétienne ; c'est le parfum des élus.

La rose est la reine des fleurs. Son
parfum est le plus suave de tous et sa
délicatesse n'a point d'égale. La rose,
dit saint François de Sales, repré-
sente l'amour ; ses feuilles ont toutes
la forme de cœurs.

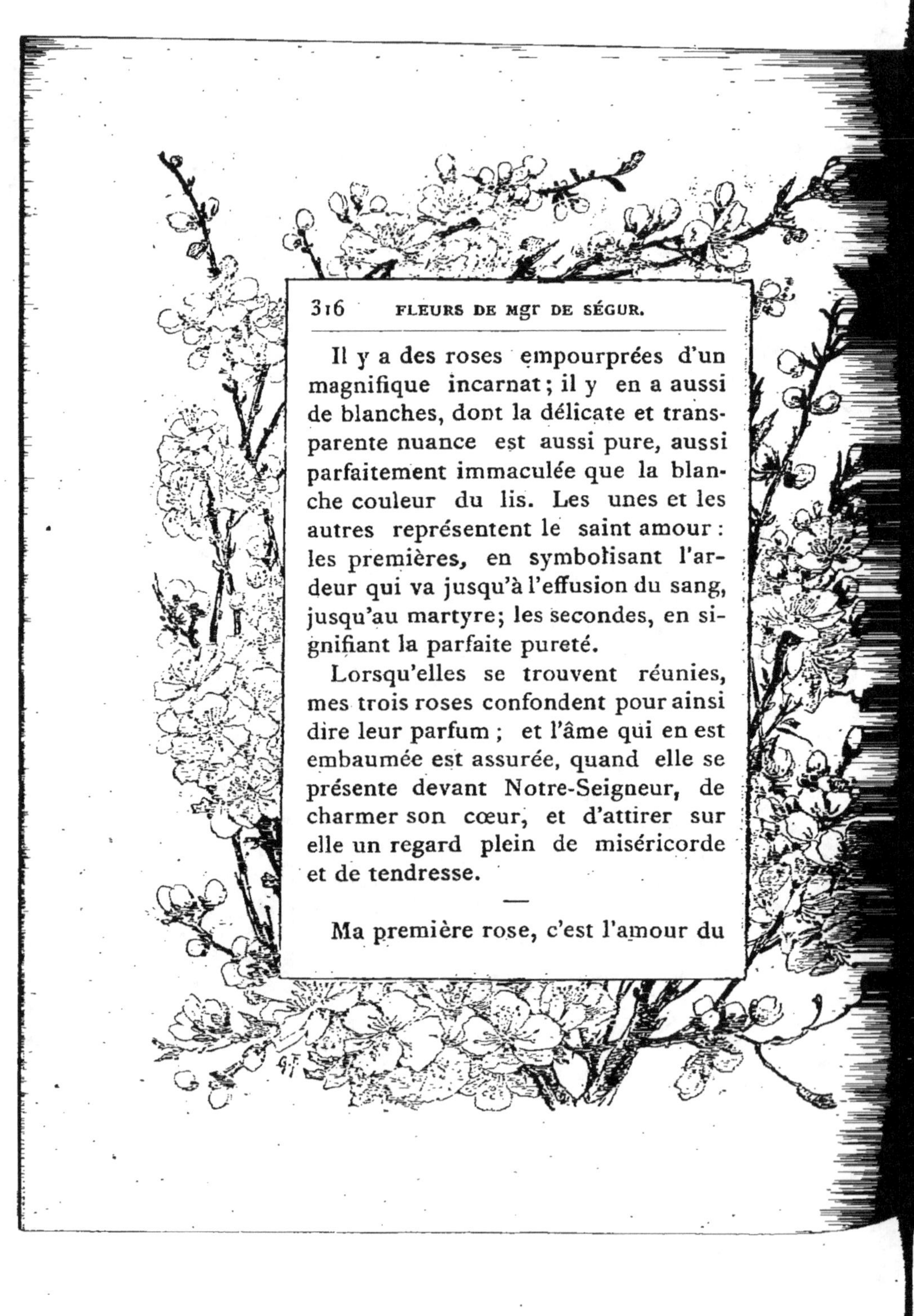

Il y a des roses empourprées d'un magnifique incarnat ; il y en a aussi de blanches, dont la délicate et transparente nuance est aussi pure, aussi parfaitement immaculée que la blanche couleur du lis. Les unes et les autres représentent le saint amour : les premières, en symbolisant l'ardeur qui va jusqu'à l'effusion du sang, jusqu'au martyre ; les secondes, en signifiant la parfaite pureté.

Lorsqu'elles se trouvent réunies, mes trois roses confondent pour ainsi dire leur parfum ; et l'âme qui en est embaumée est assurée, quand elle se présente devant Notre-Seigneur, de charmer son cœur, et d'attirer sur elle un regard plein de miséricorde et de tendresse.

—

Ma première rose, c'est l'amour du

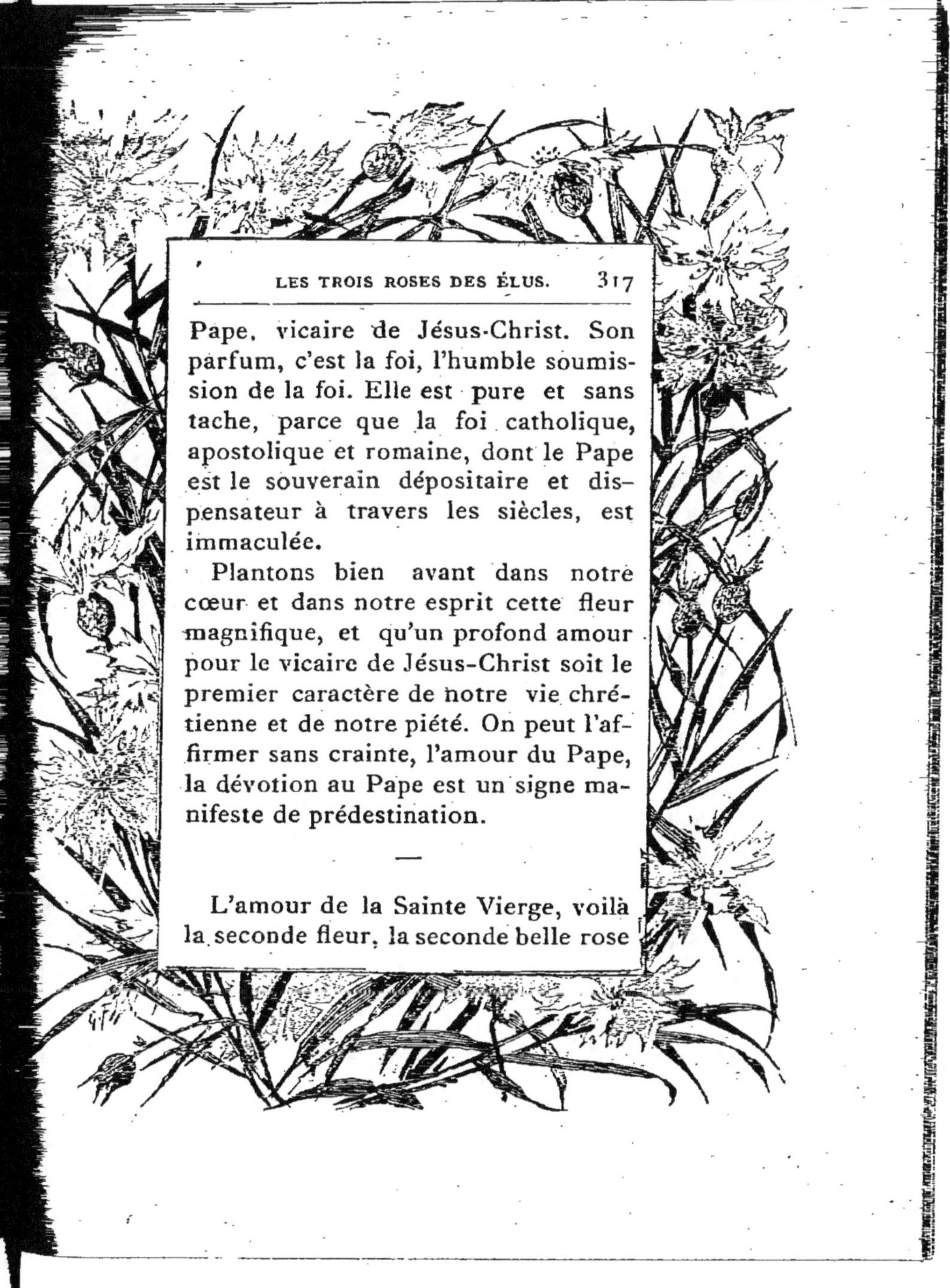

Pape, vicaire de Jésus-Christ. Son parfum, c'est la foi, l'humble soumission de la foi. Elle est pure et sans tache, parce que la foi catholique, apostolique et romaine, dont le Pape est le souverain dépositaire et dispensateur à travers les siècles, est immaculée.

Plantons bien avant dans notre cœur et dans notre esprit cette fleur magnifique, et qu'un profond amour pour le vicaire de Jésus-Christ soit le premier caractère de notre vie chrétienne et de notre piété. On peut l'affirmer sans crainte, l'amour du Pape, la dévotion au Pape est un signe manifeste de prédestination.

—

L'amour de la Sainte Vierge, voilà la seconde fleur, la seconde belle rose

que je vous présente, comme à un
véritable enfant de Dieu.

Le parfum de celle-ci, c'est l'espérance, ainsi que la sainte pureté. Sa
place toute naturelle est à côté de la
première: l'amour de la Mère de Dieu,
à côté de l'amour du Vicaire de Dieu;
la douceur de l'espérance; à côté de
la force de la foi; la chasteté à côté
de l'humilité. O parfum céleste, qui
de nos cœurs monte infailliblement
jusqu'au cœur de Jésus-Christ, et
nous prépare le ciel!

—

Ma troisième rose, ma troisième
fleur d'amour, toute belle et toute
immaculée, comme les deux premières, c'est la rose de l'amour du Saint
Sacrement. Son parfum c'est l'amour
de Dieu, c'est la sainte charité, insé-
parable, en ce monde, de l'esprit de

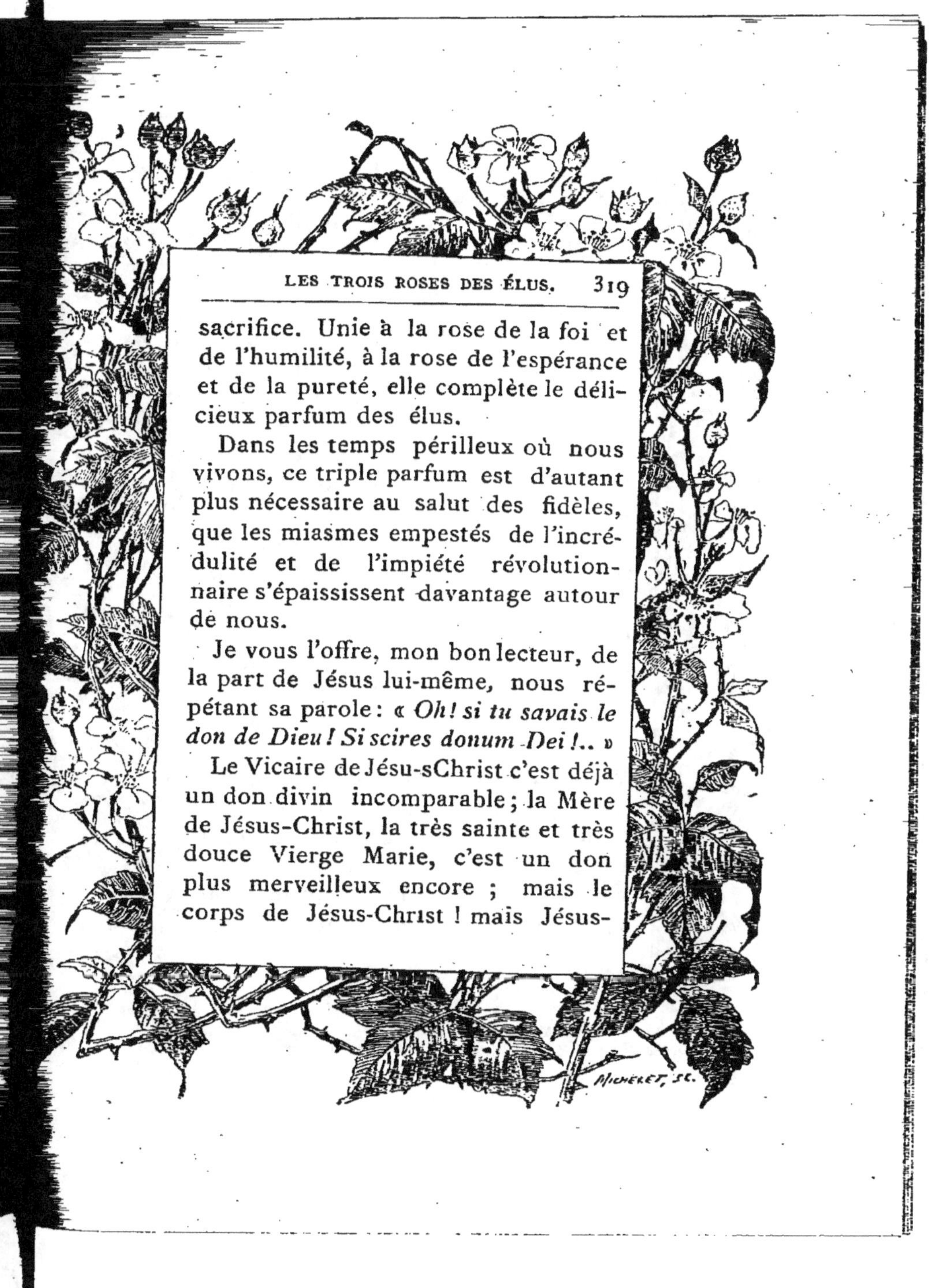

sacrifice. Unie à la rose de la foi et de l'humilité, à la rose de l'espérance et de la pureté, elle complète le délicieux parfum des élus.

Dans les temps périlleux où nous vivons, ce triple parfum est d'autant plus nécessaire au salut des fidèles, que les miasmes empestés de l'incrédulité et de l'impiété révolutionnaire s'épaississent davantage autour de nous.

Je vous l'offre, mon bon lecteur, de la part de Jésus lui-même, nous répétant sa parole : « *Oh! si tu savais le don de Dieu! Si scires donum Dei!..* »

Le Vicaire de Jésu-sChrist c'est déjà un don divin incomparable ; la Mère de Jésus-Christ, la très sainte et très douce Vierge Marie, c'est un don plus merveilleux encore ; mais le corps de Jésus-Christ ! mais Jésus-

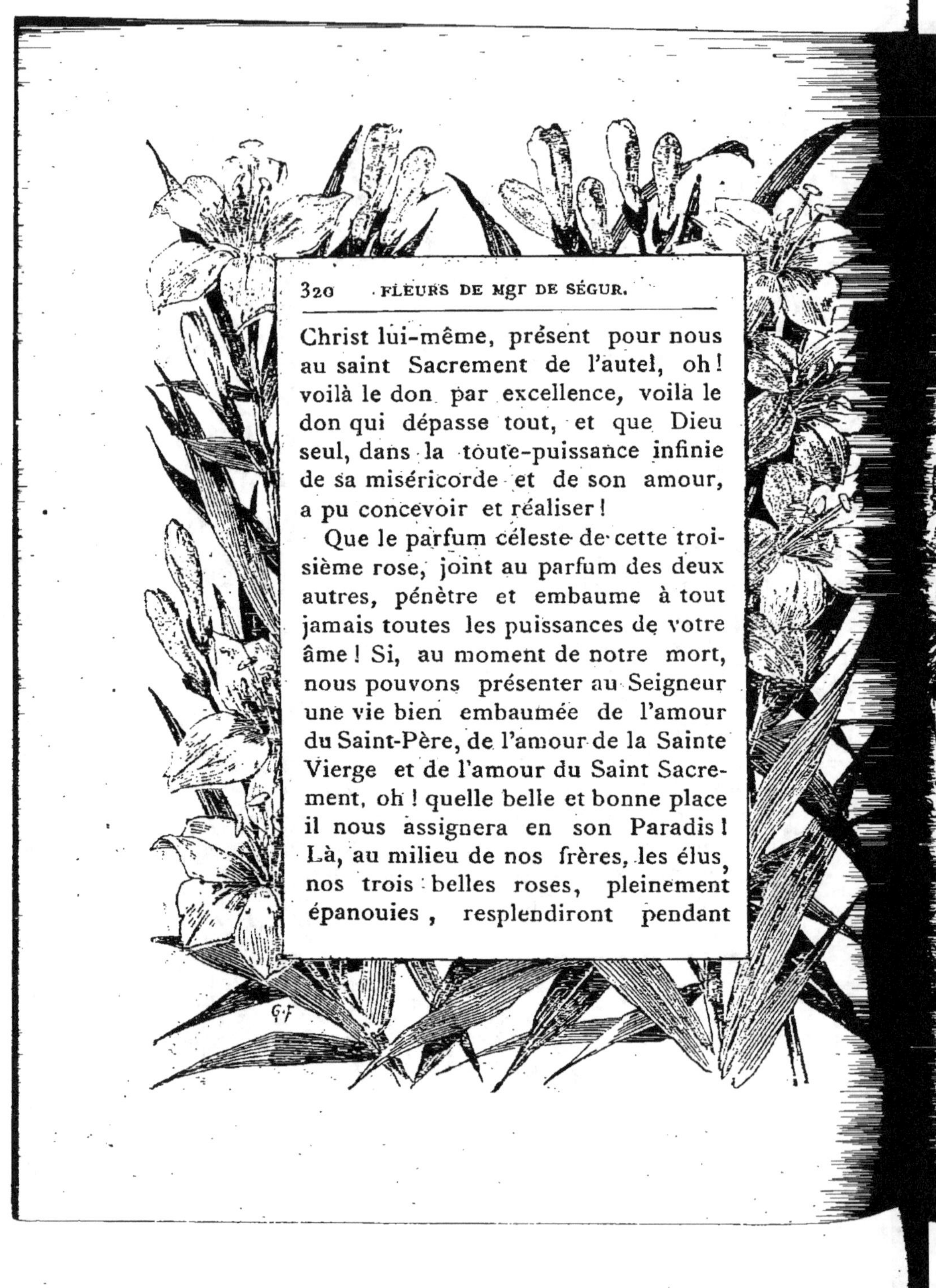

Christ lui-même, présent pour nous au saint Sacrement de l'autel, oh! voilà le don par excellence, voilà le don qui dépasse tout, et que Dieu seul, dans la toute-puissance infinie de sa miséricorde et de son amour, a pu concevoir et réaliser!

Que le parfum céleste de cette troisième rose, joint au parfum des deux autres, pénètre et embaume à tout jamais toutes les puissances de votre âme! Si, au moment de notre mort, nous pouvons présenter au Seigneur une vie bien embaumée de l'amour du Saint-Père, de l'amour de la Sainte Vierge et de l'amour du Saint Sacrement, oh! quelle belle et bonne place il nous assignera en son Paradis! Là, au milieu de nos frères, les élus, nos trois belles roses, pleinement épanouies, resplendiront pendant

toute l'éternité sur nos têtes, comme
la triple couronne de la foi, de l'espérance et de l'amour.

FIN.

TABLE DES MATIERES

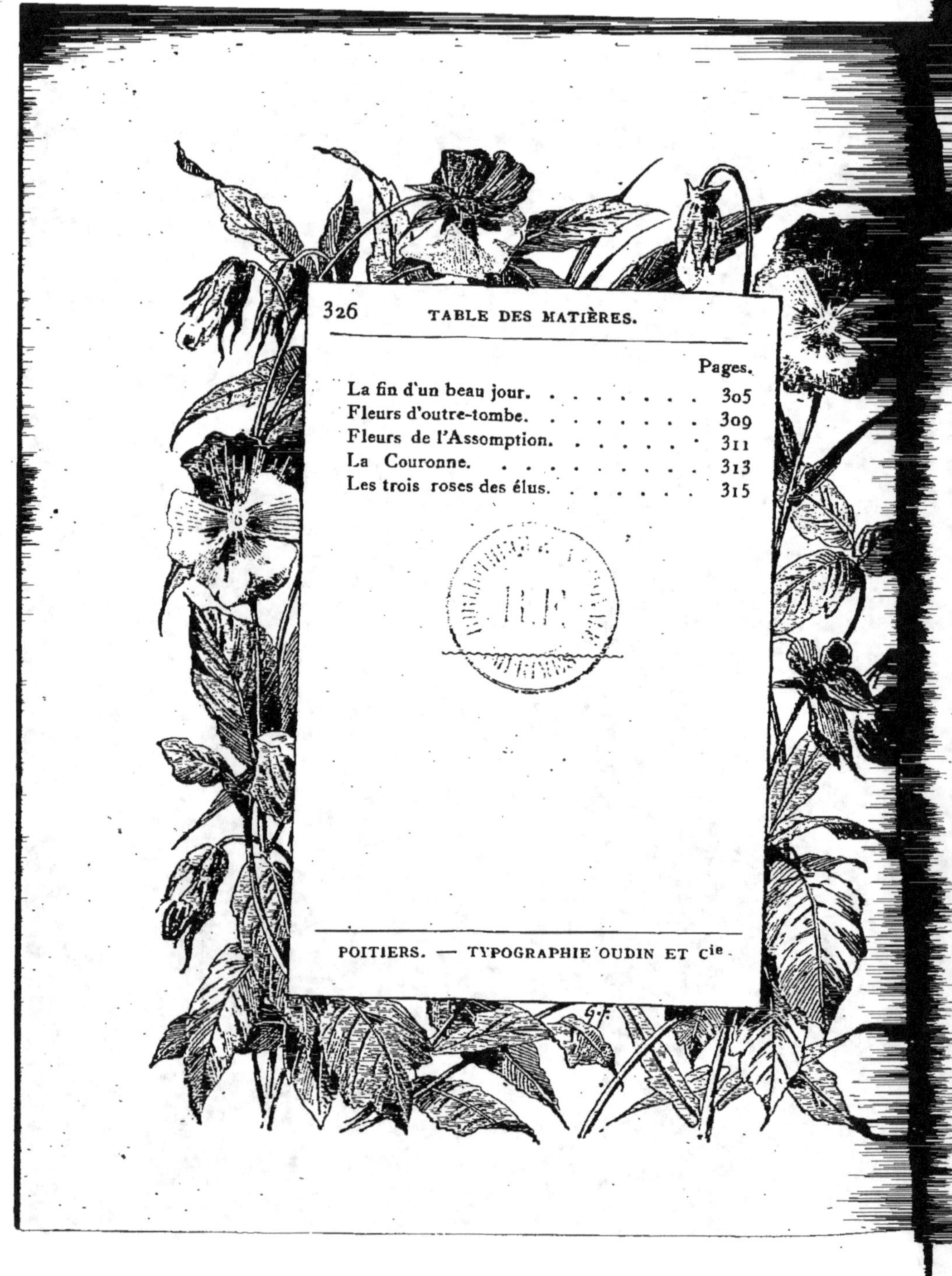

POITIERS. — TYPOGRAPHIE OUDIN ET Cie.

www.ingramcontent.com/pod-product-compliance
Lightning Source LLC
LaVergne TN
LVHW050309060726
842525LV00002B/468